무슬림 전도학개론

"이슬람 이해와 무슬림 친구와의
대화를 위한 기독교인 지침서"

안드리아스 마우러 지음
이승준 · 전병희 옮김

기독교문서선교회

기독교문서선교회(Christian Literature Crusade: 약칭 **CLC**)는
1941년 영국 콜체스터에서 켄 아담스에 의해 시작되었으며
국제 본부는 영국의 쉐필드에 있습니다.
국제 CLC는 59개 나라에서 180개의 본부를 두고, 약 650여 명의
선교사들이 이동도서차량 40대를 이용하여 문서 보급에 힘쓰고 있으며
이메일 주문을 통해 130여 국으로 책을 공급하고 있습니다.
한국 CLC는 청교도적 복음주의 신학과 신앙서적을 출판하는
문서선교기관으로서, 한 영혼이라도 구원되길 소망하면서
주님이 오시는 그날까지 최선을 다할 것입니다.

ASK YOUR MUSLIM FRIEND

An Introduction to Islam and a Christian's Guide
for Interaction with Muslims

by
Andreas Maurer

translated by
Seung Lee & Byeong Jun

Copyright © 2008 by Andreas Maurer, Author
Originally published in English under the title as
ASK YOUR MUSLIM FRIEND
Published by AcadSA Publishing
Translated and Used by the pemission of
Andreas Maurer
P.O. Box 12322,
Edleen, Kempton Park, 1625 Rep. South Africa

All rights reserved

Korean Edition
Copyright © 2011 by Christian Literature Crusade
Seoul, Korea

추천사 1

강승삼 교수
(사) 한국세계선교협의회 대표회장
전 총신대학교 선교대학원장

  안드리아스 마우러가 지은 본서는 전문가의 현장경험이 이론과 균형을 잘 맞추어 정리된 훌륭한 무슬림 전도 교안과 같은 책이다. 본서는 우선 이슬람교와 무슬림에 대한 전반적인 이해를 돕고 있으며, 무슬림에게 가까이 접근하여 개인적으로 대화를 꾀할 수 있도록 실제적인 방안을 제시해 주고 있다. 이 귀한 책을 아시아와 아프리카에서 섬기고 있는 두 사역자가 정성을 다하여 한국어로 번역하여 내어 놓았다. 너무나 귀한 일이다.
  이러한 교재는 한국의 여러 신학대학(원)에서 "이슬람개론" 혹은 "무슬림 전도학"과 같은 학과목의 내용으로 다뤄지면 좋을 것이다. 신학대학(원)뿐만 아니라 각 교단 선교부와 선교단체에서도 기본적으로 이러한 내용을 알고 사역에 임할 수 있도록 하면 효과적일 것이다. 그리고 이미 사역에 임하고 있는 현장 사역자들에게도 많은 도움이 될 것이라 생각한다.
  사실 이슬람의 세계제패 전략과 한국을 향한 공략의 문제는 신학생이나 무슬림 사역자에게만 해당되는 것이 아니다. 이슬람이 유럽을 제패했다고 공언하고 아시아의 전진기지로 한국을 2020년까지 제패하려는 전략이 날이 갈수록 가까이 다가오고 있는 현 시점에서 이슬람에 대한 인식과 무슬림을 이해하는 지식을 갖춤이 절대적으로 요청된다. 더 나아가 무슬림 형제들에게 그리스도의 복음을 전하는 것이 필요하다. 이러한 주제는 앞으로 개교회 차원에서도 평신도를 위한 교육 프로그램으로 개설되어야 한다. 물론 이 교육은 1단계로 인식, 2단계로 지식교육 그리고 3단계로 실제적인 기술이 따라야 할 것이다.

이슬람에 대한 인식과 지식을 습득하고 현장에 적용하도록 이끄는 점에서 본 전도교안은 다가오는 무슬림에 대하여 한국 교회가 적절한 행동을 취할 수 있도록 돕는 실제적인 지침서가 될 것이라 믿는다. 한국 교회가 이슬람에 대해 기본적인 이해와 지식을 갖추고 저들 개인에게 접근하는 대화의 기술과 복음의 지혜가 필요한 이때에 본서가 무슬림 현장에서 사역하고 있고 또한 이슬람학의 전문가들인 두 분에 의해 번역되어 나오게 됨을 기쁘게 생각하며 그 노고를 치하하고 이 교안이 귀하게 사용되기를 바라는 바이다.

추천사 2

전철한 목사
한국외국인선교회 대표
이주자선교를 위한 한국 교회네트워크(이·선·한 네트워크) 공동대표

 본서의 저자 안드리아스 마우러는 내가 남아공 케이프타운에서 사역할 때에 스위스 선교사로 SIM Life Challenge와 협력선교하던 선교동역자요 가까운 친구였다. 그는 원래 스위스인 기계기술자로 꼼꼼하게 사역하면서 발전시킨 현장경험의 내용들과 이슬람의 이론적인 면을 연구하였다. 이렇게 오랜 선교경험과 연구를 바탕으로 선교사로서, 그리고 이슬람학을 연구한 학자로서도 손색이 없는 책을 냈다. 그는 당시 선교하던 방법과 전략들을 잘 정리하였다.
 제1부에서 이슬람에 대한 가르침으로 이슬람의 역사, 꾸란, 전통, 이슬람법, 이슬람의 믿음과 의무에 관한 가르침, 이슬람 그룹들, 종교, 문화 그리고 관습을 다루었다.
 제2부에서 무슬림 반론에 대한 대답으로 충돌이 있는 신학적인 영역들, 무슬림의 성경에 대한 반론, 예수 그리스도에 대한 반론, 기독교 가르침에 대한 반론을 포함하고 있다.
 제3부에서 무슬림과의 만남으로 이슬람의 도전에 대한 기독교인의 반응, 실제적인 지침들, 무슬림에게 복음 설명하기, 공통점 접근법, 지역 교회에서 비전을 실현하기, 개종과 제자훈련, 정치적인 이슈, 사회적인 이슈를 다루었다.

오늘날 한국에서 무슬림들이 근로자로 유학생으로 그리고 다문화 가정으로 우리의 이웃이 되고 있다. 한국 교회가 이들에게 어떻게 그리스도의 사랑과 복음을 전할 수 있는가 하는 과제를 갖고 있는데, 이러한 책이 나오게 되어 좋은 전도의 도구로 사용되리라 믿는다. 무슬림을 만나 어떻게 대화를 이끌어 가며 기독교 복음을 전할지 고민하며 사역하는 선교사, 목사, 평신도 사역자들 그리고 무슬림에게 복음을 전하고자 하는 모든 교인들에게 좋은 교과서라고 할 수 있다.

본서의 번역자는 무슬림을 대상으로 사역하고 있는 현장선교사들로서 현장과 대학에서 가르치고 훈련하는 사역을 하고 있다. 두 분 사역자가 무슬림에게 복음을 전하고자 하는 열정으로 한국 교회 성도들을 위해 이 귀한 책을 번역하여 선사하게 됨을 기쁘게 생각하며 훌륭한 번역서로 추천하는 바이다.

감사의 글

본서는 남아프리카공화국에서 필자가 오랜 세월에 걸쳐 무슬림을 위한 개인전도사역에 종사한 이후 1997년에 정리한 것이다. 그때 함께 동역하였던 남아공의 SIM 소속의 팀(Life Challenge) 동료들과 MERCSA, 그 외 전문가들과 요하네스버그의 Mondeor 감리교회 여러분을 기억하며 감사를 드린다.

새롭게 정리한 지금의 영어판은 발전해 가는 최근 이슬람의 현황과 무슬림 개인에게 다가가는 데 새로운 통찰을 줄 것이다. 이 출판이 가능하도록 옆에서 든든히 도와준 Christian Bibollet, Don Heckman, David Greenlee, ML Howard, Manfred Jung, Andreas Kaplony, Carrie Lyon, Elsie Maxwell, Renato 그리고 Hala Mazzei, Gerhard Nehls, Roland Weber, Abe Wiebe와 Aida Zollinger-Khalifa에게 감사를 드린다. 본서를 편집하는 일에 정성을 들인 Greg Kernaghan에게도 심심한 감사를 표하며 더불어 편집디자인을 해준 Peter Schäublin과 그의 팀(www.atk.ch)에게도 감사를 드린다.

독자에게 바라기는 본서의 나중판이 더 나아지도록 여러분의 경험과 도움이 될 만한 비평을 서슴없이 해 주기를 바란다.

2008년 1월
안드리아스 마우러 박사

감사의 글
(한국어 번역판)

본서의 영문 개정판은 2008년에 출판되었다. 여기에 최근의 이슬람이 발전한 것들을 그리고 무슬림과의 개인적인 열띤 대화를 위한 새로운 통찰들을 포함하였다. 그동안 본서를 지역 교회들과 신학교 현장에서 적용해 오다가 한국어로 번역하기로 결정하신 전병희 박사께 감사를 표하며 번역하느라 수고를 아끼지 않으신 두 분 사역자의 노고에 감사를 드린다. 본서를 한국어판으로 출판하게 된 것을 기쁘게 생각하며 CLC에 특별히 감사를 드리고 싶다.

나는 본서가 무슬림 선교를 지향하는 한국 교회에 그들을 더 잘 이해하고 예수 그리스도의 복음의 메시지를 그들에게 효과적으로 전하는 데 유용하게 사용될 것을 믿는다. 본서는 한국 교회뿐만 아니라 신학대학, 선교기관 그리고 전 세계에 흩어져 사역하는 선교사들에게도 유익하게 쓰일 것이다. 본서가 무슬림 전도를 위한 훈련자료로서 사용되기를 바라며 본서를 통하여 한국의 기독교인들이 무슬림을 향한 사역을 더 많이 할 수 있도록 기도한다.

독자 여러분에게 바라기는 본서의 나중판이 더 나아지도록 여러분의 경험과 도움이 될 만한 비평을 서슴없이 해 주기를 바란다.

2011년 3월
안드리아스 마우러 박사

역자 서문

무슬림 전도라는 용어를 들으면 먼저 일대일 접촉을 생각하게 된다. 이러한 일대일 접촉을 효과적으로 하기 위해서는 먼저 상대방에게 접근하기 위한 교육과 훈련이 필요하다. 나는 여러 지역 교회뿐만 아니라 대학을 비롯한 여러 신학교에서 이슬람과 무슬림 전도 과목을 가르치면서 본서를 주 교재로 혹은 참고자료로 사용해왔다.

이 과목은 강의를 기본으로 하고 있지만 현장에서의 만남이 절대적으로 필요하다. 학습자는 귀를 기울여 상대방의 필요를 통찰력 있게 관찰하여 이해하고 필요에 따라 복음으로 대답해 줄 수 있어야 한다. 그런데 전 세계 무슬림은 제각기 다양한 배경과 개인신앙의 유형을 갖고 있다. 심지어는 같은 가족 안에서도 다른 이슬람의 신앙을 표현한다. 이러한 면에서 상대방 개인을 제대로 파악하는 것이 중요하다. 무슬림 개인이 그의 신앙에 대해 그리고 어떤 특정 주제에 대해 무슨 생각을 하고 있는지 물어보며 그에게서 먼저 들어보아야 한다. 그리고 교실로 돌아와 책을 읽으며 그룹을 나누어 의견을 발표하고 서로 나누게 되면 상황에 적합하게 대처하는 방법론을 배우게 된다.

본서는 이론적인 면에서 이슬람의 기원과 교리의 기본들을 잘 서술하고 있으며, 현장에서 실제적인 변증과 반대질문에 대응하는 기술을 잘 보여 주고 있어 교실과 현장에서 많은 도움이 되리라 생각한다. 본서의 저자 마우러 박사님은 이 분야를 먼저 거쳐 간 모범적인 선교사님으로 이곳 남아공 사역자들에게 잘 알려져 있다. 이렇게 신앙의 선배가 끼친 영향이 여러모로 크다.

본서의 출판을 위해 바쁜 중에도 분담 번역에 동참해 준 이승준 선교사님에게 감사를 표하며, 특별히 이 귀한 책을 출판하기로 결정해 주신 CLC 박영호 사장님과 원고 교정에 정성을 기울여주신 편집진 여러분께 깊은 감사를 드린다.

아무쪼록 한국 교회와 신학교가 본서를 교본 삼아 무슬림 전도 교육과 훈련에 도움을 입게 되기를 기대한다.

2011년 1월
현장연구실에서 **전병희** 드림

목차

추천사 1(강승삼 교수) _ 5
추천사 2(전철한 목사) _ 7
감사의 글 _ 9
감사의 글(한국어 번역판) _ 10
역자 서문 _ 11
주목할 사항 _ 20
저자 서문 _ 21

제1부 이슬람의 가르침

제1장 이슬람의 역사
1. 무함마드 이전의 아라비아 _ 30
2. 무함마드와 이슬람의 기원 _ 39
3. 4인의 칼리프 _ 46
4. 왕조 _ 49
5. 제국 _ 51
6. 세계 속 이슬람의 확장 _ 55

제2장 꾸란

1. 출처 _ 73
2. 기원과 전달 _ 75
3. 내용과 중요한 제목 _ 76
4. 파기의 문제 _ 78
5. 사탄의 구절들 _ 79

제3장 전통

1. 필요불가결한 것 _ 83
2. 하디스의 수집 _ 84
3. 하디스에서 나타난 중요한 주제 _ 86
4. 순니와 시아 전통 간의 차이 _ 90

제4장 이슬람법

1. 기원 _ 93
2. 네 권위 _ 95
3. 실제적인 적용 _ 96
4. 현시대의 실상 _ 98
5. 아다트 법 _ 99

제5장 믿음과 의무에 관한 가르침

1. 6가지 믿음 조항 _ 102
2. 이슬람의 다섯 가지 의무 _ 105
3. 이슬람의 지하드 _ 110
4. 선교에 대한 이슬람의 이해 _ 114

5. 생존을 가능하게 하는 꾸란의 훈령들 _ 115
6. 이슬람에서 배교 _ 116
7. 이슬람의 신정정치 _ 119

제6장 이슬람 그룹들
1. 순니파와 시아파의 기원 _ 122
2. 하리즈파, 와하비, 무아타질라파 _ 123
3. 수피즘: 이슬람의 신비주의 _ 126
4. 타블리히 자마아트 _ 129
5. 아흐마디야 운동 _ 131
6. 드루즈 _ 133
7. 바하이 _ 135
8. 원리주의 혹은 이슬람주의 _ 139
9. 여러 다른 그룹과 운동 _ 144
10. 대중적인 이슬람 _ 145

제7장 종교, 문화 그리고 관습
1. 종교와 문화 _ 151
2. 사회에서 모스크의 역할 _ 152
3. 이슬람의 여성 _ 153
4. 이슬람연대기와 축제 _ 157
5. 관습과 규정식의 법조항 _ 160

제2부 무슬림의 반론에 대한 대답

제8장 충돌이 있는 신학적인 영역들 _ 165

제9장 성경에 대한 무슬림의 반론
    1. "성경은 하나님의 계시가 아니다" _ 167
    2. "성경은 하나님의 말씀이 아니다" _ 169
    3. "기독교인은 모순되는 본문들로 구성된 성경을 가지고 있다" _ 174

제10장 예수 그리스도에 대한 무슬림의 반론
    1. "예수님은 평범한 선지자 이상이 아니다" _ 177
    2. "예수님은 하나님의 아들이 아니다" _ 180
    3. "예수님은 하나님이 될 수 없다" _ 182
    4. "예수님은 십자가에 죽지 않았다" _ 183
    5. "무함마드의 생애는 예수님보다 더욱 위대했다" _ 187

제11장 기독교 가르침에 대한 무슬림의 반론
    1. "하나님은 성경에 잘못 묘사되어 있다" _ 191
    2. "삼위일체가 없다" _ 193
    3. "낙원에 가는 길은 예수님의 죽음에 의해서 획득될 수 없다" _ 196
    4. "원죄가 없다" _ 199
    5. "기독교인들의 기도는 무효이다" _ 201
    6. "기독교인들은 금식하지 않는다" _ 204

제12장 추가 무슬림 반론
  1. "바나바서는 사실이다" _ 209
  2. "무함마드는 성경에 예언되어 있다" _ 211

제3부 무슬림들과의 만남

제13장 이슬람의 도전에 대한 기독교인의 반응
  1. 성경은 무엇이라고 말하는가 _ 219
  2. 어느 것이 적당한 태도인가 _ 221
  3. 상호작용이 어떻게 일어나는가? _ 223
  4. 비위협적인 접근: 질문하기 _ 224

제14장 실제적인 지침들
  1. 열 가지 기본적인 규칙 _ 228
  2. 문화와 종교 이슈 _ 231
  3. 대화하기 _ 232
  4. 무슬림 모스크를 방문하기 _ 235
  5. 여성에 관한 특별한 이슈들 _ 237
  6. 무슬림 어린이들과의 만남 _ 240

제15장 무슬림에게 복음 설명하기
  1. 일반적인 가이드라인 _ 243
  2. 복음제시 방법 _ 244
  3. 특별 성경공부 _ 246
  4. 예화, 비유 그리고 이야기 사용하기 _ 248

제16장 공통점 접근법
    1. 아브라함, 하나님의 친구 _ 254
    2. 예수 그리스도의 유일성 _ 256
    3. 메시아 _ 257
    4. 하나님의 어린양 _ 259
    5. 추가 주제들 _ 260

제17장 지역 교회에서 비전 실현하기
    1. 동기부여와 교육 _ 262
    2. 특공대 조직하기 _ 263
    3. 특공대의 책임 _ 264
    4. 가능한 사역 _ 265
    5. 무슬림과의 특별한 만남 만들기 _ 268

제18장 개종과 제자훈련
    1. 개종의 동기 _ 272
    2. 이슬람에서 기독교로 개종 _ 275
    3. 제자훈련 _ 277
    4. 기독교에서 이슬람으로 개종 _ 278

제19장 정치적 이슈
    1. 샤리아, 민주주의 그리고 인권 _ 281
    2. 이슬람의 폭력과 테러 _ 283
    3. 이슬람의 위기 _ 287
    4. 음모설과 이에 반응하는 방법 _ 289

제20장 사회적 이슈
    1. 기독교인과 무슬림의 결혼 _ 291
    2. 비이슬람 국가에서 무슬림의 통합 _ 292
    3. 상황화 _ 294
    4. 현대 이슬람의 얼굴 _ 299

참고문헌과 추천도서 _ 302
자료 _ 307
약어표 _ 308
아랍어 용어 모음 _ 309
색인 _ 322

주목할 사항

- 꾸란의 절 번호 체계뿐만 아니라 인용구도 유숩 알리(A. Yusuf Ali)의 번역을 따랐다(edition 1946, printed 4/1993). 절 번호 체계는 꾸란의 여러 번역들 간에 약간 차이를 보인다.
- 아랍어 인명과 용어들은 보통 영어 철자들로 나타나는 곳에 설명되었거나 혹은 부록에 "아랍어/이슬람 용어 모음"에 서술되었다. 아랍어 용어들은 이탤릭체로 표기되었다.
- 무슬리마(Muslima)와 같은 여성형은 본서에서 생략되었다. 대신 남녀를 포함하는 포괄적인 용어로 무슬림(Muslim)이 사용되었다.
- 각주에 있는 참고문헌은 약식으로 표기되었다. 구체적인 참고정보들은 "참고문헌과 추천도서"를 보라.
- 하나님의 개념이 꾸란과 성경에서 다르게 인식되기 때문에 이 용어가 이슬람 맥락에서 나타날 때에는 "알라"(Allah)라고 표기하였다.
- 더 많은 정보와 자료를 위해서는 다음의 웹사이트를 참고하라. www.aymf.net (www.ask-your-muslim-friend.net).

저자 서문

　제2차 세계대전 이후 이슬람 국가들은 자체적으로 점점 더 막강한 종교적·정치적인 통일체로 그 기치를 더하여 왔다. 그리고 무슬림들이 비이슬람 국가들에 전례 없이 이주함으로 인해 많은 비무슬림이 이주해온 무슬림들과 친구가 되었다. 2001년 9월 11일에 미국에서 무슬림이 저지른 공격과 셀 수 없이 많은 테러는 이슬람에 대한 주의와 관심을 끌었고 자연히 이 종교에 대한 질문들이 부각되었다. 이제 이슬람은 보편적으로 받아들여지는 의미 즉, 순수하게 개인적인 확신으로서의 종교가 아니라는 것이 명백해졌다. 그와는 달리, 이슬람은 개인과 국가 위에, 삶의 모든 영역(믿음, 도덕, 법, 사회질서, 예술, 교육, 경제 그리고 정치) 위에 있는 종교였다.

　본서에서 나는 이슬람 종교의 개관을 다루며, 기본적인 성경적 믿음에 대항하여 황산을 끼얹는 것 같은 이슬람의 공격들에 대해 고려해 보고자 하였다. 나는 기독교인들이 어떻게 그들이 흔히 가지고 있는 이상한 인식들을 교정하며 자신감을 갖고 사랑하는 마음으로 무슬림 이웃들과 관계를 맺을 수 있는지를 탐구할 것이다.

　독자들이 교재를 쉽게 이해하도록 하기 위해 노력을 기울였는데, 이러한 주제에 대한 더 깊은 연구를 위해서는 웹사이트(www.aymf.net)에 방문하고 책 뒤에 나오는 참고문헌과 추천도서를 참고하기 바란다.

강조사항

1. 본서는 이슬람 종교에 대하여, 그리고 무슬림이 그들의 종교를 어떻게 실천하는지에 대하여 기본적인 통찰을 주기 위해 체계적으로 구성하였다. 본서의 내용을 소화한 후에 독자들은 일반적인 무슬림이 그들의 종교에 대해 아는 것보다 이슬람에 대해 더 많이 알게 된 것을 깨달을 것이다. 하지만 목표는 기독교인이 무슬림의 믿음에 대하여 그들을 바로잡으려고 하는 것이 아니다. 대신에 기독교인들은 무슬림 개인이 말하는 것에 대해 예리한 관심을 가지고 파악하며 논증하여야 한다.
2. 본서를 통해서 우리가 얻게 되는 정보는 무슬림들이 진술하는 것과 대조될 수도 있는데, 이것은 우리 기독교인들로 하여금 무슬림들이 처한 사실과 그들이 바라는 것 사이의 차이를 구별할 수 있도록 도울 것이다.
3. 이런 사전지식을 가지고 기독교인들은 무슬림들로 하여금 그 자신과 창조주 사이의 관계에 대해 생각하도록 도전하는 더 효과적인 질문들을 만들 수 있을 것이다. 즉각적으로 대답을 제시하는 것보다는 차라리 무슬림들이 먼저 도전을 받고 그들 스스로 대답들을 찾도록 하는 것이 더 나을 것이다.
4. 그 다음에야 비로소 기독교인들이 그들의 믿음을 무슬림들과 나누고 성경의 가르침을 설명할 수 있을 것이다.

다음의 대화는 이 요점들을 예시한다.

> **대화 1**
> 무슬림: 좋은 무슬림이 되기 위해 나는 하루에 다섯 번 기도해야 됩니다!
> 기독교인: 오! 그것 흥미있네요! 하루에 다섯 번 기도해야 한다고 하는 것이 어디에 쓰여 있는지 내게 보여 주실 수 있는지요?
> 무슬림: 꾸란에 쓰여 있지요!
> 기독교인: 괜찮으시다면 그것을 내가 읽어봐도 되는지, 그 관련구절을 제게 보여 주실 수 있는지요?
> 무슬림: 그것을 먼저 찾아봐야 해요!
>   (…약간의 시간이 흐른 후)
> 무슬림: 꾸란에 기도에 관한 절들이 여러 군데 있는데… (주의: 꾸란에는 무슬림이 하루에 다섯 번 기도해야 한다고 명확히 말하는 관련구절이 없다. 기독교인은 무슬림을 조롱하지 않고 친절한 방법으로 그와 같은 사실을 무슬림이 깨닫도록 도와야 한다).
> 기독교인: 꾸란의 이 절들을 내게 보여주셔서 감사해요. 성경에서는 기도에 대해 어떻게 말하는지를 보여드려도 될까요?

> **대화 2**
> 기독교인: 당신이 어떻게 무슬림이 되었는지 말씀해 주시겠어요?
> 무슬림: 글쎄요, 저는 사우디아라비아에서 태어났거든요.
> 기독교인: 만약 당신이 일본에서 태어났다면 불교신자가 되었을까요?
>   (이런 대화는 종종 더 깊은 대화로 이어져서 그들이 다음과 같이 물어올지도 모른다)
> 무슬림: 글쎄요, 당신은 어떻게 기독교인이 되었나요?

본서의 목적은 기독교인들이 무슬림들에게 복음을 증거하는 데 있어서 더 효과적이도록 기독교인을 무장시키고자 함에 있다. 본서의 연구를 통하여 하나 하나 탐구된 지식은 무슬림들의 믿음이 잘못되었다고 고치려는 것이 아니라 다음의 목표들을 향한다.

1. 기독교인들이 무슬림들을 만날 때 자신감을 가지게 하며, 두려움이나 편견, 잘못된 태도 등을 없애고자 함이다.
2. 기독교인들이 알맞은 질문을 하여 무슬림들로 하여금 자신의 믿음에 대해 생각하게 하고 도전과 자극이 되는 알맞은 질문들을 하도록 돕고자 함이다.
3. 무슬림들이 그들의 신앙에 관하여 가지고 있는 낙관적인 환상과 실상 간의 차이를 극복하고자 함이다.
4. 기독교인들이 무슬림들의 반론에 대해 효과적으로 대답할 수 있도록 능력을 갖추고자 함이다.
5. 기독교인들이 종교적인 인식에 있어서 너무 다른 무슬림들과 복음을 효과적으로 나누는 기술을 발전시키고자 함이다.

나의 확신과 경험에 의하면 그리스도의 복음으로 무슬림들에게 미치는 최선의 책략들 중의 하나는 지성을 갖춘 질문들을 하는 것이다. 이것은 이슬람과 성경에 대한 기본 이해를 필요로 한다.

주의할 점

1. 질문들을 하는 목적은 무슬림들을 궁지에 빠뜨리려는 것이 아니고(무슬림은 우리가 하는 질문에 대한 답을 잘 모를 것이다) 공격적인 반응을 불러 일으키려 하는 것도 아니다. 기독교인들은 관점과 진지한 의견을 더 깊이 주고 받도록 격려하는, 기독교의 사랑에 적합한 접근 방식들을 개발할 필요가 있다(제3부 13장과 14장을 보라). 각 상황은 다르고 독특하다. 그러므로 기독교인들은 이 책에서 제안된 질문들을 선택하는 데 지혜로와야 한다. 모든 질문이 각 상황에 다 적용되는 것은 아니다. 종종 시작 지점에서는 단순히 일반적인 질문으로 접근하는 것이

지혜이다. 만약 상황이 허락한다면 특별한 질문을 하고 "그게 무슨 의미인지요"라고 묻는다.
2. 질문을 하는 것에 더하여 무슬림들에게 타당한 다른 접근들이 많이 있다. 복음을 즉각적으로 제시하는 것도 하나의 가능한 방법이겠지만 성령의 인도하심에 민감해야 한다.

이 책의 세 가지 주요 부분

1. 이슬람의 가르침: 이슬람교의 기본적인 개요를 제목별로 체계적인 순서로 제시하였다.
2. 무슬림의 반론들에 대한 대답들: 기독교 신앙에 대항하여 무슬림들에 의해 제기된 일부 흔한 반론들에 대해서는 검증되고 알맞은 대답들을 하였다.
3. 무슬림과의 만남: 기독교인들이 무슬림들과 처음 접촉하는 것과 더불어 그들과 오랜 기간 관계를 형성해 가는 데 도움이 될 효과적인 지침들을 언급하였다.

하나님은 모든 사람이 구원을 받으며
진리를 아는 데 이르기를 원하시느니라 (딤전 2:4)

하나님이 우리에게 주신 것은
두려워하는 마음이 아니요
오직 능력과 사랑과 근신하는 마음이니
그러므로 네가 우리 주의 증거와
또는 주를 위하여
갇힌 자 된 나를 부끄러워 말고
오직 하나님의 능력을 좇아
복음과 함께 고난을 받으라 (딤후 1:7-8)

제 1 부
이슬람의 가르침

제1부에서는 다음과 같은 주제를 다룬다.
  a) 이슬람의 기원과 확장에 대한 개관
  b) 이슬람의 선지자 무함마드 소개
  c) 이슬람의 성전(聖典) 꾸란(Qur'an)의 중요성에 대한 지식
  d) 이슬람 신학과 여러 단체 소개
  e) 이슬람 여성의 지위와 무슬림 축제 등 추가정보

　무슬림들과 효과적으로 의사소통하기 위해서는 그들이 생각하고 살아가는 방식을 이해하는 것이 중요하다. 헌신된 기독교인들은 이슬람에 대해 정확히 알기를 원한다. 사실 이슬람에 대한 통속적인 이미지들은 종종 잘못된 정보에 근거한 것으로, 우리에게 도움보다는 두려움을 불러 일으킨다.

　본서는 대체적으로 정통 순니파(Sunni) 이슬람을 탐구한다. 다양한 이슬람 분파들의 가르침은 서로 차이를 보인다.[1] 그러므로 무슬림 개인들에게 다른 분파들과 구별되는 그들만의 고유한 신앙과 해석에 대해 물어볼 것을 권한다. 이슬람의 다양한 표현들을 고려하지 않고 이슬람을 연구한다는 것

---

1) 제1부 제6장을 보라.

은 불가능하다. 이에 대해서는 책 뒤에 나오는 아랍어 용어 모음에 설명하였다.

> **실화**
>
> 아프리카에서 나는 한 모스크에 들어가서 그들이 무엇을 믿고 있는지 물어보았다. 그들은 내게 꾸란의 색다른 이야기들을 해주었고, 예수님이 십자가에 못 박혔을지라도 죽은 것이 아니라 기절한 상태였다고 말했다. "이건 순니 믿음과 정반대이네요"라고 내가 말하자 그들은 스스로를 "아흐마디야"(Ahmadiyya)라고 부르면서 그들이 다른 무슬림보다 꾸란을 더 잘 안다고 말했다. 그들은 내게 자신들이 진짜 유일한 무슬림들이라고 주장하면서 그들의 번역과 주석으로 된 꾸란을 보여주었다.

> **주목하기**
>
> - 무슬림들이 믿는 것을 내가 아는 것처럼 보이지 말라. 그들에게 그냥 개인적으로 물어보라.
> - 다양한 많은 무슬림 단체가 있고 각 무슬림들은 그들 스스로 자기들이 진짜 이슬람을 대표한다고 생각한다.

제 1 장

이슬람의 역사

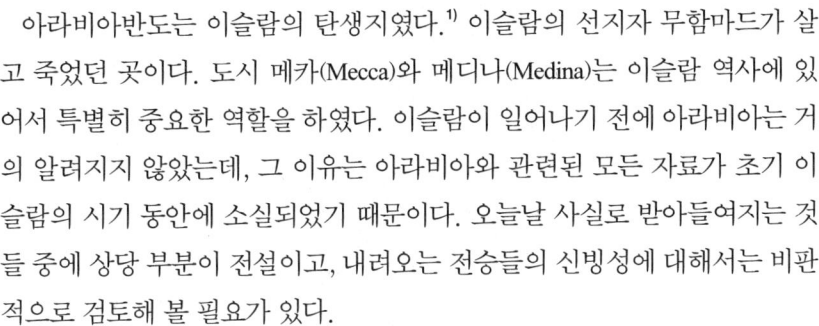

아라비아반도는 이슬람의 탄생지였다.[1] 이슬람의 선지자 무함마드가 살고 죽었던 곳이다. 도시 메카(Mecca)와 메디나(Medina)는 이슬람 역사에 있어서 특별히 중요한 역할을 하였다. 이슬람이 일어나기 전에 아라비아는 거의 알려지지 않았는데, 그 이유는 아라비아와 관련된 모든 자료가 초기 이슬람의 시기 동안에 소실되었기 때문이다. 오늘날 사실로 받아들여지는 것들 중에 상당 부분이 전설이고, 내려오는 전승들의 신빙성에 대해서는 비판적으로 검토해 볼 필요가 있다.

> **! 역사를 공부하는 것이 왜 중요한가…이 이야기가 사실인가?**
>
> "무함마드가 메카에서 메디나로 도주하였을 때 그의 적들로부터 피신하기 위해 한 동굴에 숨었는데 그때 마침 한 거미가 그 동굴의 조그마한 입구에 집을 지었다. 사람들이 무함마드를 찾으러 왔을 때 그들은 동굴 입구에 거미줄이 쳐있는 것을 보고 '무함마드가 여기에는 숨어 있지 않을 거야!'라고 말했다. 그래서 그들은 멀리 떠나갔다는 이야기이다. 알라가 그의 선지자를 어떻게 보호하였는지 놀라운 일이 아닌가"(무슬림이 전해 준 이야기다.)

---

1) 많은 무슬림들은 이에 동의하지 않고 아담이 첫 무슬림이었다고 말한다.

1. 무함마드 이전의 아라비아

아라비아의 부족 생활: 무슬림들은 무함마드(주후 570년) 이전 시대를 "무지의 시대"(age of ignorance; al-jahiliyya)[2]라고 부른다. 당시 두 거대한 세력들이 6세기에 동방을 점령하였는데, 이들은 비잔틴과 페르시아의 사산 왕조[3]였다. 그 시기에 아라비아는 두 주요 국가들의 가장자리에서 어떤 의미로는 자신의 세계 안에서 독립적으로 존재했다. 그러나 아라비아반도는 두 왕국에 접하였기에 그들 사이의 권력투쟁에 부분적으로 말려들었다. 계속되는 싸움의 결과로 두 제국은 약해지고 세력의 공백기를 맞게 된다.[4]

그 당시 무역이 실크로드[5]와 유럽을 경유하여 동부 아프리카와 동부 아시아를 잇는 홍해를 따라서 대상 무역로가 흥왕하였다. 메카는 중요한 무역의 중심지가 되었고 또한 종교적인 중심지요 성지순례의 장소였다. 우상 판매는 수입의 중대한 원천이었고 그 땅에 사회적인 부조리와 부정이 만연하였다. 많은 딸을 갖는 것은 아버지에게 치욕거리로 여겨져 출생한 딸들이 종종 산 채로 매장되었다. 이 한 예를 봐도 이해할 수 있듯이 당시 사회는 여인들에게 소수의 권리를 주었을 뿐이고 그들을 거의 보호하지 않았다.

아라비아반도의 가장 발달된 지역은 예멘이었는데 거기에는 관개시설의 발달로 풍족한 농경생활이 발달하였다. 예멘 왕국들은 부분적으로 유

---

2) 무슬림들은 이 용어에 대해 수많은 다른 이유들을 낸다. 주로 그 요점은 아랍인들이 많은 우상들을 예배했고 한 유일하신 하나님만이 있다는 것에 무지했다는 것이다.
3) 사산 왕조(Sassanid Empire or Sassanian Persian Dynasty)는 226년부터 651년까지 계속되었다. 이 왕조의 주요 종교는 조로아스터교(www.zawa.asn.au)였다. 조로아스터교도들은 제2칼리프 우마르의 시대 동안 아랍 침입자들로부터 핍박을 받았다. 대부분은 무력에 의해 그리고 죽음의 두려움하에 이슬람으로 개종하였다.
4) Endress(2002:111)를 보라.
5) 실크로드는 주로 소아시아와 지중해와 함께 중국을 잇는 아시아 대륙의 여러 지역들을 통하여 하나로 연결된 일련의 고대 무역로들이다. 그것은 내륙과 바다에 8,000km (5,000miles) 이상 펼쳐져 있다. 실크로드에서의 무역은 중국, 메소포타미아, 페르시아, 인도, 로마의 거대한 문명들의 발달에 중대한 요소였고, 현대 세계를 위한 기초들을 놓는 데 도왔다. 실크 로드는 독일어 *Seiden-straße*로부터의 번역이다. 이 용어를 사용한 첫 사람은 1877년에 독일 지리학자인 폰 리히트호펜(F. von Richthofen)이었다.

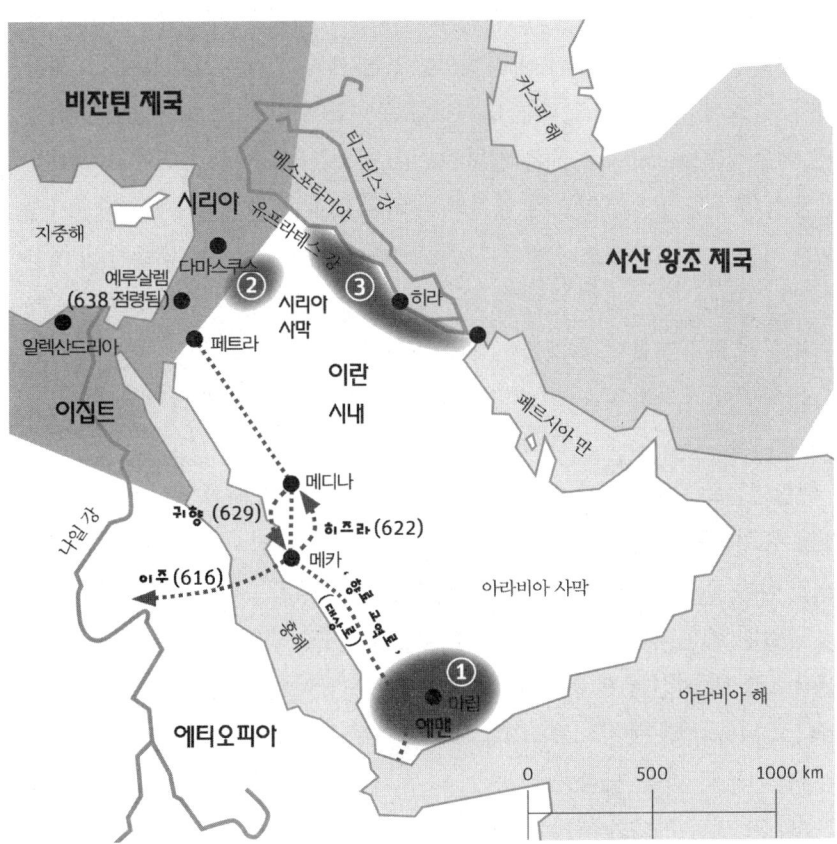

▲ 무함마드 시대의 아라비아반도(기독교인이 살았던 세 지역을 보여줌)

교의 믿음을 수용하였다. 그들의 언어는 그들이 속한 반도의 다른 지역에서 사용하는 아랍어와 동일하지는 않지만 아주 유사한 남방 아랍어였다. 6세기 말엽에 이 댐들이 무너지고 남아라비아 왕국들이 몰락하자 예멘은 사산조 페르시아인들(Sassanid Persians)에 의해 점유되었다.

이슬람 이전 아랍 문화의 다른 두 중심지는 비잔틴 문화를 가진 기독교인에 의해 지배되던 시리아와 조로아스터교와 페르시아 문화를 가진 메소포타미아(이라크)의 사막 가장자리에 있었다. 이 두 지역에 기독교인 아랍 왕들이 통치하였는데 후에 무슬림 확장을 준비하는 곳이 되었다.

정주한 아랍인들은 농부와 어부로 일하면서 예멘과 아라비아반도의 해안을 따라 살았다. 그 외에 아라비아반도는-메카와 메디나와 같은 도시들에서 더 크게 정착하는 것과는 별개로-유목민들과 반(半)유목민들로 붐비었다. 베두인(Bedouin) 부족들은 영구적으로 서로 간에 갈등이 있었고 변화무쌍한 동맹들을 형성하였으며 일치와 계속된 평화는 존재하지 않았다. 가장 강한 자들이 통치하였으나 반목은 흔히 있는 일이었다. 다른 부족들에 대한 습격은 사막의 문서화되지 않은 법의 부분이었다. 사람들은 유목민들이 자주 방문하고 시장들과 축제들이 열리는 곳으로 경제적인 중심지가 된 오아시스 지역에 정착하였다. 그때 벌써 아랍 시(詩)가 풍부하게 발달하였다.

아랍인들의 종교: 당시 대부분의 아랍인들은 정령숭배자들[6]이었다. 모든 것을 통치하는 "높은 신"(High God)이라는 모호한 개념이 널리 유행하였다. 높은 신은 필수적이었으나 사람들은 그들의 운명을 직접적으로 지도한다고 믿었던 종속적인 신들이 큰 신을 충족시킨다고 믿었다. 예를 들어, 메카 안팎으로 세 여신들이 추앙받았는데, 이들은 알라의 딸들이라고 불리어진 마나트(Manat), 알 웃자(al-Uzza) 그리고 알라트(Allat)였다(꾸란 53:19).

유목민들과 마을 사람들은 동굴, 나무, 샘물 그리고 돌에 영(spirits)이 거주한다고 믿었고 그들에게 헌물을 가져왔다. 무함마드가 속했던 꾸라이쉬(Quraish) 부족은 메카를 종교활동의 중심지(주후 550-600년)로 삼았는데 특히 360가지의 우상들로 둘러싸여 지어진 카아바(Ka'ba)는 다신교 예배의 중심이었다. 카아바는 실제로 정육면체(cube) 모양이었고 그 외벽에는 여러 신성한 돌들이 끼워 넣어졌는데 그 중에서도 벽에 부착된 검은 돌(black stone)은 특별한 숭배(veneration)의 대상이었다. 이 돌에 입 맞추며 숭배(revered) 하는 것은 연례적인 성지순례의 목표였다.[7]

---

[6] 정령숭배자란 자연에 있는 그리고 인간이 사용하는 사물들에 영이 내재하는 것으로 여기는 사람들이다.

[7] 카아바의 신성함은 그것의 검은 돌에 기인하였다. 고대 아랍인들의 종교는 본질적으로 특별한 돌들과 나무들에 관련된 신들을 예배하는 것이다(Gibb & Kramers 1953:197).

당시의 유대교: 예루살렘으로부터 로마인들에 의해 주후 70년에 많은 유대인들이 추방당하면서 아라비아의 서부지역인 히자즈(Hijaz)에 거주하게 되었다. 그들은 부지런하였고 무역, 농업 그리고 무기제조에 재능이 있었으므로 좋은 평판을 얻었다. 야트립(Yathrib: 지금의 메디나)에서 그들은 서로 떨어진 지역들에서 그들의 씨족(banu) 중심으로 살았는데, 유대인들은 그들 자신을 "선택받은 민족"으로 생각하였다. 그들은 한 하나님을 믿었고 토라(Torah)라고 하는 책을 가졌다. 아마도 그들 때문에 무함마드는 자신의 민족도 하나님으로부터 주어진 특별한 책이 필요하다는 생각을 하게 되었을 것이다. 무함마드는 유대인들과 잦은 만남을 갖고 그들과 종교적인 주제들에 대해 토론하였는데, 오늘날 꾸란에서 발견되는 것과 같이 탈무드[8]로부터 많은 것을 배웠다.

당시의 기독교: 사산 제국(Sassanid Empire) 기독교인들은 소수지만 중요하고 영향력이 있었던 반면에 대부분의 기독교인은 비잔틴 제국에 있었다. 주후 600년경에 아라비아에서는 미개척지역 변방에 잘 세워진 기독교회의 흔적들이 발견되었다. 아라비아의 외곽에 세 군데의 주요 기독교 지역들이 있었다.[9] 그 지역들은 다음과 같다.

1) 오늘날 예멘으로 알려져 있는 아라비아 반도의 남서쪽 지역, 특히 나즈란이라는 마을에 많이 있었다. 홍해의 반대편 해변에 있는 (현재의 에티오피아와 에리트레아) 악슘(Axum)의 기독교 왕국이 기독교 보급의 선구자였다.
2) 북서쪽으로는 예루살렘과 지중해까지 비잔틴 제국 변방의 일부 아랍인 부족들이 기독교를 받아들였다.
3) 이라크와의 접경지대인 북동쪽 지역은 사산 제국의 지방이었다. 이

---

[8] 탈무드는 유대교 법, 윤리, 관습들 그리고 역사에 관한 랍비의 토론(rabbinic discussion)의 기록이다.
[9] 앞 페이지의 지도를 보라. 더 자세한 정보에 대해서는 Goddard(2000:11-17)를 보라.

지역의 통치자 중의 한 사람이었던 무아만 이븐 문디르드(Nu'man ibn Mundhird)[10]는 기독교로 개종한 사람이었다(주후 583-602년).

그 외에도 아라비아의 수많은 아랍부족이 기독교를 받아들였다. 아랍인들은 기독교가 낯선 종교였지만 현대적 종교로 인식하고 받아들인 것이다.[11] 무함마드와 그의 아랍인들과 더불어 대부분의 기독교인은 북예멘과 이웃 나라들로부터 온 이들과 접촉을 가졌다. 유대교 배경을 가진 기독교인들 외에 무함마드는 에티오피아와 시리아로부터 온 기독교인들과도 만났다. 그리고 이단으로 몰려 여러 곳에서 쫓겨난 많은 기독교인이 아라비아반도에 정착하여 그들 자신의 문화와 언어를 유지해 나갔다.

무함마드가 친숙해진 기독교는 보편적으로 믿음의 일치를 보이지 못하고 서로 간에 다투며 파당을 만들고 있었다.[12] 이들은 주로 그들 예배의 형식들에 의해 규정될 수 있었는데, 동정녀 마리아 숭배는 아랍인의 우상숭배와 비슷하였다. 결과적으로 무함마드는 그것을 우상숭배로 정죄하였다.[13]

기독교는 일치가 없는 것으로 보였고, 신학적 갈등과 주교들 간의 자리다툼과 내부적인 박해로 특징지워졌다. 꾸란은 이렇게 부분적인 기독교에 대한 잘못된 생각들을 반영한다. 무함마드는 성경적인 이야기들, 전통들 그리고 민간전승 같은 것들을 유대인과 기독교인에게서 구전을 통해 전해 들었다. 꾸란에 나타난 성경적인 주제에 관한 내용을 보면 무함마드 자신이 결코 성경을 읽지 않았다는 결론을 내릴 수 있다.[14]

---

10) 그는 가산 조(Ghassanid) 왕이었다. 가산인들(Ghassanids)은 주후 250년에 예멘으로부터 시리아 남쪽의 하우란(Hauran)에 이주해온 아랍 기독교인들이었다. 가산(Ghassan)이란 용어는 가산인들(Ghassanids)의 왕국을 의미하고 하우란에 있는 샘의 이름이다.
11) 유대인처럼 기독교인은 아랍인이 여태 갖지 않은 어떤 종교의 기초로서 "하나님의 책"(Book of God)을 가졌다.
12) 주요한 차이는 하나님의 본질(nature), 예수 그리스도의 위격(person) 그리고 삼위일체(Trinity)에 관한 견해들이었다.
13) 꾸란 5:119를 보라.
14) 꾸란에 언급된 성경적 주제들은 대부분이 분명치 않은 형태로 나타난다. 아마도 무함마드는 성경적인 진술들과 전통들과 민간전승을 구별하지 못했던 것 같다.

기독교가 아랍인에게 끼친 또 다른 중요한 영향은 이집트로부터 온 수도원제도의 확산이었다. 수도승들은 자주 그들의 종교행위 방식에 있어서 성경과 일치하지 않게 행하였다. 일부 수도승들은 메카 순례에 참가하고 아라비아의 이교신앙으로부터 나온 습관을 채용하였다. 그리고 어떤 수도승들은 공개적으로 카아바 부근에서 설교하였다. 무함마드는 이 수도승들을 향하여 동정어린 마음을 품게 되었다.[15]

무함마드가 메카에서 사역한 첫 기간 동안의 기독교인과 유대인에 대한 꾸란의 진술들은 그들이 주로 "성경의 백성"(ahl al-kitab: people of the Book)으로 보여진다는 긍정적인 견해들이었다. 그러나 두 번째 기간 동안의 메디나에서의 진술들은 그들이 다신교(shirk) 혹은 불신앙(kufr)의 죄가 있는 것으로 보이기 때문에 죽임을 당해야 한다고 제창하며 부정적이었다. 기독교 교회는 현존하였고 특히 아라비아 변방에서 영향을 끼치긴 하였으나 아라비아의 중심지역에서는 주요한 역할을 하지 못했다.

---

15) 꾸란 5:85와 이븐 이스하끄(Ibn Ishaq)에 의해 쓰여진 것으로 무함마드의 전기를 편집한 시라(*Sira*) 이븐 히샴(Ibn Hisham) (Ibn Hisham, d. 833 AD)을 보라.

* 코끼리의 해 – 무함마드 출생의 해[16]

이슬람이 시작하기 직전 아비시니아(Abyssinia)의 왕 아브라하(Abraha)는 기독교가 남부 아라비아에서 지배적이 되게 하려 했다. 그래서 그는 사나아(San'a)시에 근사한 성당을 짓고 모든 아랍인이 성지순례처럼 이곳에 오도록 하고자 하였다(비록 그가 지은 성당이 자취를 감춘 지 오래이지만 그 도시는 오늘날까지 존속하는데 그것이 지금의 예멘이다).

더불어 아브라하 왕은 사나아를 아라비아반도의 상업 중심지로 만들고자 결심하고 성당이 완성된 후 곧 모든 아랍인이 해마다 이곳을 의무적으로 방문하도록 했다. 그는 메카에 있는 카아바의 대중성을 익히 알고 있었기에 그 성당을 아라비아의 상업과 종교의 중심지로 대치하려고 꾀하였던 것이다. 그러나 그의 포고는 크게 주목받지 못했고 예멘의 기독교 왕 힘야르(Himyar)는 해마다 메카로 떠나는 성지순례자들을 애처롭게 지켜보았다.[17]

어느 날 아브라하 왕은 케나나(Kenanah) 아랍부족 사람들이 성당에 들어와서 동물의 똥을 흩뿌리고 모욕하였다는 소식을 듣게 된다. 그러나 그를 더욱 격노케 한 것은 주변 부족들이 그의 통치에 반대하여 반란을 일으키고 그의 협력자였던 모다르(Modar)의 왕인 무함마드 이븐 쿠자아(Muhammad ibn Khuza'a)를 암살하였다는 소식이었다. 그는 오로지 카아바를 파괴할 목적으로 메카로 원정을 떠나기로 하였다.

그리하여 수많은 군사와 마병의 대열이 갖춰졌고 굉장한 모양새의 군대와 여러 동물 사이에 한 마리 코끼리를 포함하였다(후에 그 행군이 일어난 해를 일컬어 "코끼리의 해"〈Year of the Elephant[주후 570년]〉라고 불렀다). 메카의 아랍인들은 이 거대한 군대에 압도되어 근처 언덕들로 도망갔는데, 메카인들의 지도자였던 무함마드의 할아버지 압둘 무탈립('Abd al-Muttalib)은 카아바의 보호를 놓고 기도하고 있었다.

---

16) 더 자세한 정보를 위해서는 Gilchrist(1994:11-14)를 보라.
17) 메카는 이미 이슬람 이전 시대에 예배의 중심지였다.

그러던 중에 코끼리에게 축제 의상이 입혀져서 군대 앞으로 나아오게 되었다. 전설에 의하면 행군 인솔자 누파일(Nufayl)은 그 앞으로 나가기를 꺼리며 단호한 음성으로 코끼리더러 무릎을 꿇으라고 명령하였다. 이에 아브라하 왕은 화가 치밀었으나 그 코끼리를 일으켜 행군하도록 명령할 다른 방법이 없었다.

군대가 얼마나 비참하게 되었는지는 기록이 없어 알 수 없으나 갑자기 극적인 일이 발생하여 행군하던 군대의 많은 군사들이 죽임을 당하게 된다. 아마도 꾸라이쉬(Quraish) 부족들이 군대가 언덕에 이르사 돌과 바위를 빗발치듯 군대에 퍼부어 그들이 철수하게 만들었을 수도 있고 아니면, 천연두와 같은 역병으로 아브라하 왕은 그의 목표를 완수하지 못하고 철수했을 수도 있다. 그러나, 곧바로 생겨난 전설에 따르면 기적적으로 새 떼가 몰려와 바위와 돌을 군사들 위에 집어던졌다고 전해진다.

이에 대한 기록은 꾸란 105장(sura; chapter)에 코끼리(The Elephant)라고 일컫는 장의 제목으로 나타난다.

> 너희의 주님이 코끼리와 함께 온 자들을 어떻게 다루었는지 보지 못했느냐? 알라께서는 그들의 계획이 수포로 돌아가도록 하지 아니하셨느냐? 알라는 그들에게 떼 지은 새들을 보내시어 달궈진 돌덩어리를 그들에게 던지셨다. 이와 같이 그들을 썩어버린 지푸라기 조각같이 만드셨다(꾸란 105:1-5).

군대의 나머지는 예멘으로 돌아갔다. 많은 군사들이 도중에 사망했는데, 대부분이 필경 천연두와 같은 역병으로 죽었을 것이라 한다. 꾸란은 이 전설을 액면 그대로 취한다. 카아바가 파괴되지 않고 보존된 것을 두고 아랍인들은 이 사건이야말로 그들의 사당이 신에 의해 성별되었음을 보여주는 기적이자 징표라고 여겼다. 무슬림들이 어떤 근거로 무함마드가 "우주적인 선지자직"을 소유한다고 주장하는지에 대해 두 가지 다른 요인들을 언급할 필요가 있다.

첫째, 아비시니아의(Abyssinian) 통치자에 대한 항의를 주도한 사람이 바로 그의 할아버지였기 때문이다. 그는 무함마드에게 "카아바의 주인"[18]은 마치 아랍 두목이 그의 집을 돌보는 것같이 그 자신의 집을 돌보아야 한다며 확인시켜 주었다.

둘째, 항상 무슬림 역사가들에 의해 믿어진 것으로서, 무함마드가 "코끼리의 해"인 주후 570년에 태어났다는 것이다. 이것은 아브라하 왕의 군대를 함락시킨 최후의 메신저의 절박한 일어남의 징표로서 역사적 관례로 남은 것인데 신의 영감을 받은 경전의 명상을 통하여 그에게 주어진 알라의 궁극적인 계시를 파괴하려는 이교도들과 불신자들의 모든 시도를 잘 견디도록 하는 것이었다.

---

18) "카아바의 주인" 혹은 "영토의 주인"(Lord of the Territory)이라고 불리어진 것으로 메카에 있는 우두머리 신들 중의 하나라고 믿어진 것이다.

> **결론적으로 다음의 요점들을 기억하자.**
> - 무슬림은 이러한 이야기를 역사적인 사건으로 믿고, 메카는 비무슬림에 의해 접촉되거나 파괴될 수 없는 성지순례 장소로서 중요하게 부각시키며, 이것을 알라에 의해 확인된 징표로 보았다.
> - 무슬림은 이 사건을 통하여 "카아바의 신적 특성"이 확인되었고 이와 비슷한 기적적인 방도로 미래에 있을 기독교인의 어떠한 공격에도 알라가 카아바와 이슬람을 보호할 것이라 믿었다.
> - 카아바의 방어를 위해 주도권을 가지고 이끈 지도자가 무함마드의 할아버지 압둘 무탈립('Abd al-Muttalib)이었는데, 이런 사실은 무슬림에게 무함마드가 최후의 참된 선지자라는 확증적인 징표로 보였다.
> - 무슬림은 이 사건을 이슬람이 일어나기 이전에 기독교에 대항한 첫 승리라고 여겼다.
> - "코끼리의 해"에 태어난 무함마드는 알라가 보낸 영원한 최후의 선지자(비무슬림에 의해 카아바가 파괴될 수 없다는 것을 확실히 할)로서 또 하나의 징표라고 여겼다.

2. 무함마드와 이슬람의 기원[19]

무슬림의 강령(creed)[20]에서 알라의 이름과 확실히 연결된 사람은 누구인가? 전 세계의 무슬림이 바로 이 사람, 무함마드를 이슬람의 선지자로 존중한다. 무슬림에게 그는 최후의 가장 위대한 선지자이다. 그는 가난한 가성에서 태어나서 강력한 정치가가 되었다. 무함마드는 그의 민족의 종교적이고 사회적인 특색을 변화시키도록 예정되었고 결과적으로 기독교 믿음을 계승하는 세계의 제1종교의 유일한 설립자가 되도록 운명지어졌다고 한다. 무슬림은 한번은 그를 "한 사람 안에 모든 덕목들이 조합된 가장 위대한 본

---

19) 무함마드의 삶에 관한 주요 전통의 자서전적 자료는 이븐 이스하끄(Ibn Ishaq, 주후 750 사망)의 *Sirat Rasul Allah*(알라의 선지자의 삶)이다.
20) 무슬림 강령: "알라 외에는 신(god)이 없음을 그리고 무함마드는 알라의 사자임을 나는 증거하노라"(제1부 제5장 2항을 보라).

보기"로 묘사하였다. 무슬림은 그들이 존경하는 선지자의 삶을 가능한 대로 많이 모방하는 것이 동경이자 의무였다. 무함마드의 삶에 대한 짧은 개관은 다음과 같다.

▲ 메카의 카아바와 모스크

1) 출생과 어린 시절

주후 570년

무함마드가 실제로 메카(꾸라이쉬 부족)에서 태어났는지는 확실히 알려져 있지 않다. 그의 아버지 압달라 이븐 무탈립(Abdallah ibn Muttalib)은 그의 출생 이전에 세상을 떠났다. 무함마드는 어머니 아미나(Aminah)를 그의 나이가 겨우 6살이었을 때에 잃고 할아버지 압둘 무탈립의 손에서 양육받았다. 후에는 그의 숙부 아부 탈립(Abu Talib)에 의해 자랐다. 무함마드는 양치는 목자가 되었고 나중에는 상인이 되었다.

주후 582년

무함마드는 12살의 나이에 그의 숙부의 사업여행을 따라 다녔다.

2) 결혼과 환상 [21]

주후 595년

무함마드는 무역회사의 부유한 과부 하디자(Khadija) 밑에서 한동안 일하다가 25세의 나이에 그녀와 결혼했다. 이 결혼을 통하여 무함마드의 사회적인 위치가 눈에 띄게 좋아졌다. 무함마드보다 15년이나 연상인 하디자와의 결혼생활은 그녀가 죽을 때까지 25년간 계속되었는데, 행복한 결혼생활이었다고 전해진다. 그들의 두 아들은 어린 시절에 죽었는데, 이것이 무함마드를 매우 슬프게 만들었다. 네 명의 딸은 어린 시절에는 생존하였다.[22]

주후 610년

대략 40세 즈음에 무함마드는 메카 근처에 있는 히라(Hira) 산에 있는 동굴에서 명상하기 위해 몇 번이고 은둔하였다. 이 명상하는 동안에 무함마드는 그의 첫 환상을 받았던 것으로 전해지는데, 이로 인해 선지자로서의 소명을 갖게 되었다(꾸란 96:1-5). 그 환상들(visions)은 "천사 가브리엘"[23]에 의해 전달되었는데 무함마드는 매우 두려워하였고 그 첫 환상에 대해 몹시 의심스러워 했다. 그 이유는 그것이 알라로부터 온 것인지 아니면 악한 영들로부터 온 것인지 알 수 없었기 때문이다.[24] 이슬람의 전통은 무함마드가 그의 아내 하디자, 기독교인이라고 알려졌던 그녀의 사촌 와라카(Waraqa ibn Naufal) 그리고 무함마드의 사촌 알리로부터 위안을 받고 그의 소명을 믿도록 격려받았다고 말한다.[25] 새로운 환상이 여러 지역들과 상황에서 일어났다. 그 환상들은 후에 기록되었고 오늘날의 꾸란을 형성하였다. 이 환상들

---

21) 무하마드는 어떤 "영적인 경험"을 했다. 많은 학자들은 이 경험을 "환상이나 그림들"이라고 말하지 않고 그가 알라로부터 한 말씀, 즉 "이끄라"(*iqra*: 암송하라)를 받았다고 말한다.
22) 네 딸들의 이름은 라키야(Raqiyya), 자이납(Zainab), 움 쿨툼(Umm Kulthum) 그리고 파티마(Fatima)였다. 파티마는 후에 고결하게 헌신한 무슬림이 되었다고 전해진다.
23) 꾸란에서 가브리엘(Jibril)은 그 자신을 소개하지 않는 영적인 존재이다(꾸란 2:97-98; 66:4). 그 메시지가 성경과 일치하지 않기에 같은 천사를 말한다고 볼 수 없다(눅 1:26-33 참조).
24) Ibn Said, Kitab al-Tabagat al-Kabir, Vol.1, 225.
25) Mishkat IV, 356과 357을 보라.

의 결과로 무함마드는 메카에서 설파하기 시작했다.

주후 616년

"거기에는 단지 한 신(God) 알라만 있고 인간은 그에게 복종해야만 한다"라는 중심적인 요점을 포함한 무함마드의 일신론에 대한 메시지와 그것의 윤리적인 영향에 대해 처음에는 사람들 사이에서 거의 호응이 없었다. 처음에 "이슬람"이란 단어가 생긴 것은 복종(submission)과 부복(surrender)을 의미하는 전체적인 운동을 일컫고자 한 것이었다. 무함마드의 설파는 아랍 대상들로부터 점점 더 반대에 부딪혔다. 그 이유는 우상숭배에 반대하여 방향을 튼 것 때문이고 이것이 우상들로 인해 번영하던 상거래에 타격을 주었기 때문이다. 무함마드와 그의 첫 추종자들은 이와 같이 메카에서 핍박을 받았다. 일부 추종자들은 아비시니아(Abyssinia, 현재의 에티오피아) 기독교 왕국에 은신처를 두었다.

주후 619년

무함마드의 아내 하디자와 그의 숙부이자 보호자였던 아부 탈립이 죽은 후 점점 더한 핍박 때문에 무함마드의 상황은 점점 더 악화되었다. 심지어는 자신의 씨족(clansmen)에게서도 핍박을 받았다. 그래서 그는 더 이상 안전함을 느낄 수 없었다. 하디자가 죽은 지 두 달이 지난 후 무함마드는 아비시니아인 과부와 결혼하였고 그 뒤로도 다른 여인들과 결혼하였는데 결혼하여 신방에 들었던 신부 중에는 겨우 아홉 살에 불과했던 아이샤(Aisha)도 포함되어 있었다. 무함마드와 결혼했던 여인들 전체의 수는 논란이 있는데 대략 12-15명으로 추정된다.[26]

---

26) Hughes 1982: 399-400을 보라.

3) 메카에서 메디나로 이주(Hijra)

주후 622년(AH 시작의 해; 히즈라[Hijra] 이후 시작된 이슬람 월력)

메카에서 점점 더해가는 핍박 때문에, 그리고 메디나에서 그의 추종자들로부터 초대를 받게 되자 무함마드와 약 80명의 지지자들은 메디나로 이주하였다.[27] 그리고 나선 그의 자세가 돌연 바뀌게 되었다. 여기에서 무함마드는 더 이상 핍박받는 설파자가 아니었다. 모든 권위가 그에게 집중되어 그를 영향력 있는 지도자인 시장으로 임명하려 한 것이다. 이슬람의 연대기에 의하면 그 이주는 새로운 종교의 시작을 위한, 성공적인 작전의 행동이었던 것으로 증명된다.

4) 무함마드의 자세 변화(주후 622년)

메카	메디나(점차적으로 취해지는 무력)
· 작은 세력	· 힘세고 영향력 있는
· 단순한 설파자	· 종교 지도자
· 종국에 핍박받음	· 주권을 갖는 호전적 지도자
· 평범한 시민	· 정치적 수장
· 가난하게 됨	· 부유하게 됨

메디나에서의 사역 초반기에 그의 믿음이 유대인과 기독교인의 믿음과 같다고 확신하였던 무함마드는 세 지역 유대인 부족의 지지를 구하였다.[28] 그러나 유대인은 무함마드를 하나님의 참 선지자로 인정하려고 하지 않았는데 그 이유는 그들에게 그가 선지자라는 어떠한 증거도 보여주지 않았기

---

27) 메디나는 당시 야트립(*Yathrib*)이라 불렀다.
28) 무슬림들과 비무슬림들 간의 관계를 위한 다양한 모델이 주후 622-632년 사이의 무함마드의 이력에서 발견될 수 있다. 세 주요 합의가 그 기간으로부터 잘 알려져 있다. 한 예로, 카이바르(Khaybar)의 오아시스를 포함하여 무슬림은 무슨 이유로든 어느 때나 합의를 깨뜨리기 위한 권리를 보유하였다(Guillaume 1955:510-18을 보라).

때문이다.²⁹⁾ 결과적으로 적대감이 고조되었고 무함마드는 이슬람을 유일신을 믿는 두 "선행 종교들"(predecessor religions)³⁰⁾과 구분하였다. 메디나에 있는 유대인은 타국으로 이주하거나 이슬람을 받아들여야 했고, 혹은 죽임을 당하였고 그들의 아내와 아이들은 노예가 되었다. 그때로부터 이슬람 지역에 살고 있는 유대인과 기독교인은 특별세(tax, jizya)³¹⁾를 지불해야 하는 피지배자(dhimmi)들로 취급되었다. 메디나에서의 10년의 통치 기간에 무함마드는 작지만 강한 제국을 세웠는데, 부분적으로는 무력에 의해 그리고 일부는 외교에 의해 이룬 것이었다.

주후 624년

무함마드와 그의 추종자들은 메카의 대상들을 습격하여 추종자들을 위한 약탈을 일삼기 시작했다. 이 급습으로 메카 시민들과 몇 차례의 싸움을 벌였다.³²⁾

- 바드르(Badr) 전투: 324명의 메디나 무슬림이 세 차례에 걸쳐서 메카로부터 공격해온 수많은 군대를 물리쳤다.
- 우후드(Uhud) 전투(주후 625년): 무슬림은 메카 전사들에 의해 패배하였고 무함마드는 이 전투에서 상처를 입었다.
- 트렌치(Trench, 도랑) 전투(주후 627년): 무슬림은 그 도시의 노출된 지점

---

29) 유대인들은 무함마드로부터 징표(sign)를 요구하였는데 그는 그들에게 그것을 줄 수 없었다(꾸란 3:183-184; 6:3; 17:90-93을 보라).
30) 오늘날 무슬림이 간간이 믿는 대로, 무함마드는 아브라함과 그의 아들 이스마엘의 중요성을 강조하였다. 아마도 그들이 그의 조상이었을 것이라고 생각하면서 말이다(비록 이 추측에 증거가 없을지라도). 그는 기도의 방향을 예루살렘에서 메카로 바꾸고 카아바(Ka'ba)가 아브라함에 의해 세워진 성소라고 선언한다(꾸란 2:124-127; 2:142-144를 보라). 꾸란에 보면 무함마드의 태도의 변화가 드러난다. 메카와 초기 메디나 시대에는 우호적인 구절들(예를 들어, 꾸란 2:62; 3:199; 5:69)이, 후기 메디나 시대에는 적대적인 구절들(꾸란 5:75-76; 9:29)이 나타난다.
31) 이 제목에 대한 더 자세한 정보는 Ye'or의 책(1985)을 보라. 이슬람과 직면한 사람들은 다음과 같은 선택의 기로에 놓였다. 1) 이슬람에 복종하고 받아들임, 2) 그들 자신의 믿음을 유지하고 일종의 이등시민(second-class citizen)으로서 살면서 특별한 세금을 지불함, 3) 검에 의해 죽임을 당함.
32) 여기에 세 주요 전투가 언급되지만 더 많은 적대적인 충돌이 있었다.

들 둘레로 도랑을 팜으로써 성공적으로 메디나를 방어하였다.

5) 무함마드의 말년

주후 628년

메카의 시민들은 메디나의 무슬림과 알 후다이비야(al-Hudaibiya)[33] 협정에 서명을 하였는데 이 협정으로 인해 다음해에 무함마드와 그의 추종자들이 메카에 성지순례를 하도록 허락되었다. 이 협정에 서명을 한지 22개월만에 무함마드는 막강하게 그의 힘의 기반을 증강시켰고 새로운 정복들을 하였으며 바니 쿠자아(Bani Khuza'a)와 같은 강력한 부족들과 동맹을 맺었다. 결과적으로 주후 630년까지 그는 서명했던 때보다도 꾸라이쉬(Quraish)에 비하여 훨씬 더 강력해졌다. 꾸라이쉬 부족은 새로운 동맹을 맺는 데 그리 썩 잘하지는 못했으나 다른 강력한 부족 바니 바크르(Bani Bakr)와 동맹을 맺었다. 이 바니 쿠자아와 바니 바크르는 서로 가까이 살았고 반목의 오랜 역사를 가졌는데 주후 629년에 바니 바크르 부족 일부가 바니 쿠자아의 당 여러 명을 살해함으로 복수하였다. 이 소식을 듣자 무함마드는 메카를 공격하기 위해 즉각적으로 가장 격렬한 대응을 택하였다. 바야흐로 꾸라이쉬의 결정적인 세력 기반을 그들이 본토에서 공략할 때가 온 것이다.

주후 630년

무함마드는 약 1만 명의 전사들과 함께 메카로 돌아왔는데 이 우월한 병력에 직면한 메카 사람들은 저항 없이 굴복하였고 무슬림이 되었다.[34] 무함마드는 그의 고향 주민들을 위해 특사를 파견했다. 카바에 있던 우상들과 조각들은 제거되었고 파괴되었으며, 메카가 비무슬림에게는 접근이 금지

---

33) 알 후다이비야(*Al-Hudaibiya*)는 메카 근처에 있는 한 우물의 이름이다.
34) 무함마드의 의도는 피흘림이 없이 그의 고향 사람들을 정복하는 것이었다. 그러므로 그는 협정을 내세웠다. "만약 그들이 무함마드와 그의 종교에 복종하면 그는 메카가 모든 무슬림이 그들의 일생에 한 번 여행할 필요가 있는 예배의 장소로 여전히 남아 있을 것이며 이렇게 돈의 유출을 확보하는 것을 보장할 것이다"(Hudaybiyya 조약).

된 도시로 선포되었다. 다음 해에 무함마드는 우선적으로 강대국들에 대항하여 정복전쟁을 주도하였다. 당시 비잔티움과 페르시아는 서로 간에 전쟁으로 약해져 있었는데 무함마드는 거대한 전사들의 무리와 함께 비잔틴 시리아의 변방을 침략하였다.

주후 632년

무함마드는 후계자를 미처 지명하지 않은 상태로 633년에 메디나에서 갑자기 세상을 떠났다.[35] 그의 갑작스런 죽음은 그의 추종자들에게 큰 문제를 안겨 주었으며 궁지에 빠지게 하였는데 누가 그의 자리를 떠맡을 것이며 새롭게 세워진 무슬림 공동체를 이끌어서 결과적으로 본래 의도했던 연합(unity)이 유지될 것인가 하는 것이 문제였다.

3. 4인의 칼리프(Caliphs)[36]

주후 622년

히즈라(Hijra)의 해는 이슬람 월력의 공식적인 연대기의 시작이었다.

주후 630년

무함마드의 생애 끝 무렵에 그의 메시지는 유대인과 기독교인을 향해 더 비판적이 되었다. 그의 사후에는 무슬림이 "성경의 백성"(people of the Book)과 싸우도록 하는 그러한 태도가 지배적이었다. 호전적인 약탈은 아라비아 변방 지역에서부터 시작되었다.[37]

---

35) 무함마드의 죽음의 이유가 무엇이었는지는 확실히 알려져 있지 않다. 학자들은 병으로 전투에서 치명적으로 부상을 입음으로, 적들에 의해 독살되었거나, 혹은 이들의 복합적인 영향으로 말미암았을 것이라고 제안한다.
36) 칼리프(*Caliph*)는 국가의 우두머리이고 이슬람 공동체(움마; *umma*)의 지도자였는데 그것은 "계승자"(successor) 혹은 "대표자"(representative)를 의미했다.
37) 한 예는 가자(Gaza)에 있는 비잔틴 주둔군에게 주어진 선택이다. 그들은 그들의 믿음을

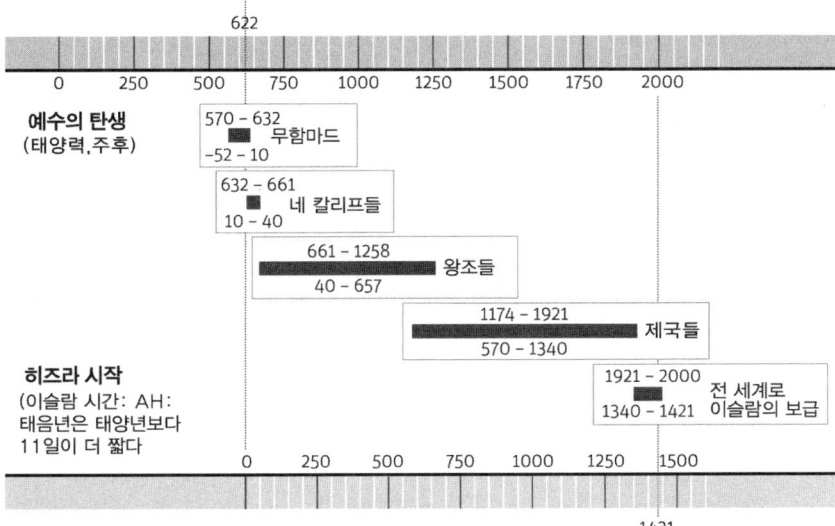

▲ 역사적 개관

주후 632-634년

1대 칼리프(무함마드의 계승자)이자 아이샤(Aisha, 무함마드의 아내들 중의 하나인)의 아버지인 아부 바크르(Abu Bakr)는 아라비아 부족들이 이슬람 공동체를 떠나는 것을 방지하기 위해 여러 반역을 진압했다.

주후 634-644년

2대 칼리프 우마르(Umar)는 야르무크(Yarmuk) 전쟁(주후 637년) 이후 예루살렘을 차지하였고 시리아를 통치하는 지배력을 얻었다. 그후 얼마 안되어, 이집트와 페르시아는 칼리드 이븐 왈리드(Khalid ibn Walid)의 우세한 통솔력 하에 정복되었다. 우마르는 기도하는 동안에 모스크에서 암살되었다. 아부 바크르와 우마르의 명령으로 자이드 이븐 타비트(Zayd ibn Thabit)에 의해 꾸

포기하고 그리스도를 부인하고 이슬람의 예배에 참여토록 요청되었는데 그들이 거절하자 모두 순교당하였다. 이 기간에 교회를 불태우고, 수도원을 파괴하고 교회와 그리스도에 반대하여 신성 모독을 행한 예들이 허다하다(Crone & Cook 1977).

란의 본문들이 수집되어 처음 것들과 나중 것들이 대조되었다.

주후 644-656년

3대 칼리프 우트만(Uthman)은 수많은 이형본(versions)이 혼동을 일으키기에 꾸란의 판(edition)을 정리하였다. 그는 꾸란 본문의 막 개정된 이형본(version)만이 유효하고 모든 다른 본문들은 파기되어야 한다고 포고하였다. 우트만은 파티마(Fatima, 무함마드의 딸로 알리[Ali]와 결혼한)가 일으킨 라이벌 그룹에 의해 살해되었다.

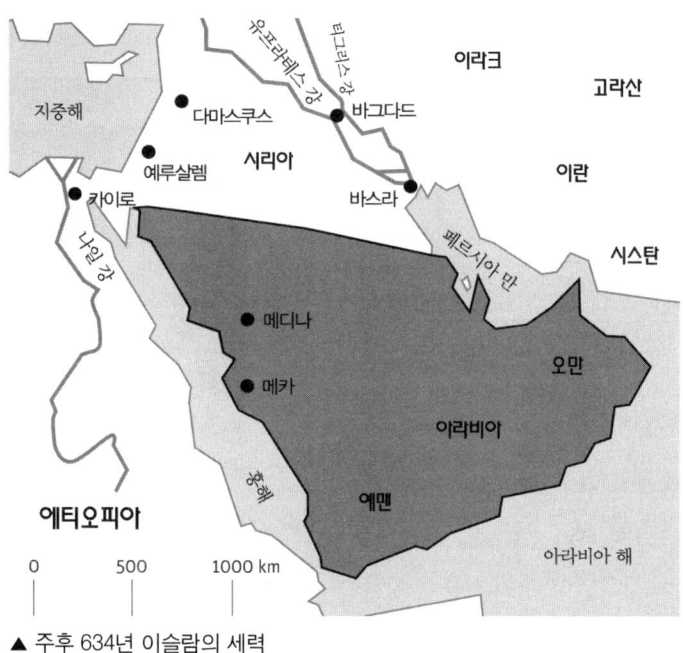

▲ 주후 634년 이슬람의 세력

주후 656-661년

4대 칼리프 알리는 무함마드의 사촌이요, 양자요, 사위(무함마드의 딸 파티마의 남편)였다. 이러한 계승 문제는 무슬림을 시아파(Shiites)와 순니파(Sunnites)로 분열시켰다. 시아파(이란)는 알리를 첫 번째 합법적인 칼리프로 인정하였고 순니 무슬림이 인정한 세 칼리프의 직권을 부정하였다. 알리도 그의 두 전임자들처럼 암살되었다.

4. 왕조

주후 661-750년

움마야드(Umayyad) 왕조: 알리의 두 번째 아들 후세인(Hussein)은 칼리프의 지위를 매매하는 데 동의했다. 무아위야(Mu'awiya)는 유일한 통치자가 되어 다마스커스의 중심에 한 왕조를 창설했다. 움마야드 사람들은 움마야(Umayya)로부터 내려왔는데 그들은 꾸라이쉬 부족으로 무함마드로부터 갈라진 당파(clan)였다. 정복자들에 의해 특히 북아프리카에서 어린 황제는 거대한 영토를 차지하였다. 주후 711년에 무슬림 군대는 스페인을 가로질러 이베리아 반도의 4/5를 점령했으나 프랑스의 푸아티에(Poitiers)에서 샤를르 마텔(Charles Martel)에 의해 저지당했다(주후 732년).

▲ 주후 750년 이슬람의 세력

주후 750-1258년

아바스(Abbasid) 왕조: 움마야드 왕조를 이어 받았고 바그다드를 중심으로 삼았다. 아바스조의 칼리프는 공식적으로 선지자 무함마드의 가장 어린 삼촌들 중의 하나인 아바스 압둘무탈립(Abbas ibn Abd al-Muttalib, 주후 566-652년)으로부터 그들의 가계에 칼리프의 지위가 있다고 주장했다. 가계를 의지한 이러한 주장은 움마야드 왕조에 반대함으로써 그들 스스로 무함마드의 합법적인 상속인들로 여기며 그들 가계의 장점을 내세웠다. 그들은 움마야드 사람들에게서 보편적으로 발견되는 세속주의, 도덕적 약점 그리고 행정을 비난함으로써 스스로 움마야드 사람들과 구분하였다.

팔레스타인을 이슬람 지배로부터 일시적으로 해방한 '십자군'(Crusades)[38]은 이때에 움직였는데, 이 십자군 운동은 1095-1291년에 일어난 종교적 특색을 지닌 일련의 군사적 갈등으로 보통 기독교 세계(Christendom) 전체의 이름으로 교황에 의해 재가되었다. 십자군 운동은 원래 예루살렘과 거룩한 '성지'(Holy Land)를 무슬림으로부터 탈환하는 것이 목표였고 아나톨리아(Anatolia)로 향하는 무슬림의 확장에 맞서서 도움을 요청한 동방정교 비잔틴 황제의 부름에 응하여 착수되었다. 기독교는 8세기 이슬람 확장 이후 이슬람의 기원이 된 중동에서 심히 억압받았다. 주후 850년에 칼리프 알 무타와킬(al-Mutawakkil)은 유대인과 기독교인을 이슬람 세계 내에서 2등급 시민들로 만드는 법들을 통과시켰다.[39] 주후 1258년 몽골인[40]

---

38) 십자군전쟁은 기독교계 역사에서 슬픈 장이었다. 오늘날까지 무슬림은 기독교인이 검으로 기독교를 퍼뜨리기를 원했다는 혐의를 씌우며 비난한다.
39) 이 법들의 일부 요점들은 예를 들어, 규정된 채색된 옷을 입고서 새로 지어진 교회를 파괴하며 나무로 만들어진 악마의 상이 그들의 집문에 못 박혀져야 했고, 무슬림을 능가하는 권위를 가질 만한 직업을 가질 수 없었다(Goddard 2000:66-68을 보라).
40) 몽골인은 13세기에 도시에 거주하는 농민의 개화로 그들 스스로 폭넓게 달성하여 세워진 유목민 그룹이었다. 그러나 이 문명사회들 중 아무도(바그다드에 위치했던 이슬람 칼리프 제도의 가능한 예외와 더불어) 중앙집권적 국가의 부분은 아니었다. 아시아, 러시아 그리고 중동은 쇠퇴하는 왕국이나 나눠진 도시국가들에 의해 지배되었다. 전략적인 이점을 이용하여 몽골인은 이 힘의 공백을 이용하였고 이 지역들의 모두를 서로 지지하는 공동 무역 연결망으로 이었다.

은 바그다드를 강습하여 약 80만 명을 죽였고 이로 인해 아바스 왕조가 붕괴되었다. 이슬람 연구 분야들에서 9세기는 '이슬람의 역작'(the elaboration of Islam)이라 불리어졌다.[41] 아바스 왕조는 그들의 계승자 제도에 유일하게 군대 충신제를 창설하였는데, 이 제도는 주로 터키인 노예들에서 뽑힌 사람들로 맘루크(Mamluks)라 알려졌다.

5. 제국

네 무슬림 제국이 출현한 중세기 동안에 대해 거론하고자 한다.

1) 이집트의 맘루크(Mamluk) 제국
2) 이란의 사파비드(Safavid) 제국
3) 인도의 무갈(Mughal) 제국
4) 중동, 발칸, 북아프리카 여러 곳의 오스만(Ottoman) 제국

이 새로운 제국 세력은 화약의 발견과 사용으로 강성해지고 더 능률적인 행정이 이뤄졌다. 19세기 끝 무렵까지 네 제국 모두 막강한 서구의 문화적 영향과 호전적인 야심에 의해 약해지거나 멸망했다.

주후 1174-1811년

맘루크 제국의 기원은 살라딘(Saladin 혹은 Salah ad-Din)이 1174년에 세운 아유비드(Ayyubid) 왕조에 있다. 살라딘은 그의 삼촌 시르쿠(Shirkuh)와 함께 1169년 다마스쿠스의 젠기드(Zengid) 왕 누라딘(Nur ad-Din)을 위해 이집트를 점령하였다. 맘루크인은 1260년에 홈스(Homs)에서 몽골인을 패배시켰고

---

41) 두 중요한 성취들은 샤리아(Shari'a; Islamic law) 영역에서 알 샤피(al-Shafi'i, 주후 820)와 팔사파(falsafa; Islamic Philosophy) 영역에서 알 킨디(al-Kindi, 주후 870)의 업적이었다.

동쪽으로 쫓아버리기 시작했다. 그 과정에서 그들은 그들의 힘을 시리아보다도 더 견고히 하였고, 그 지역을 요새화하였으며, 우편로를 형성하였고, 지역 군주들 간에 외교적인 연결망을 형성하였다. 맘루크 군대는 또한 성지에 있는 십자군 영토의 마지막 남은 곳들을 쳐부수었다.

나폴레옹은 1798년 그가 이집트를 공격했을 때 맘루크 군대를 처부수고 그들을 이집트 위쪽으로 쫓아내 버렸다. 이때까지 맘루크들은 그들의 전형적인 기마대 진격전법에 구식 소총만을 사용했다. 1801년 프랑스 군대의 출전 이후에 맘루크인은 그들의 독립에 대한 투쟁을 계속하였는데 이는 오스만 제국과 대영제국에 대항하는 기간이었다. 이집트에서의 맘루크 세력은 무함마드 알리[42]가 아라비아에서 와하비(Wahhabis)에 반대하는 전쟁의 선포를 기념하기 위해 모든 맘루크인을 그의 궁궐에 초대한 때인 1811년에 종결된다. 카이로에서 약 600명의 맘루크인이 행렬 중에 있었다. 무함마드 알리의 세력이 알 아잡(Al-Azab) 문들 근처 무카탐(Mukatamb) 언덕으로부터 내려오는 좁은 길에 매복하여 그들을 대량 살육하였다.

주후 1502-1722년

사파비드(Safavid) 제국은 16세기 초부터 18세기 초까지 이란을 통치했다. 사파비드인(Safavids)은 4대 칼리프 알리 이븐 아비 탈립(Ali ibn Abi Talib)의 자손들이라고 주장하였지만, 원래 순니파(Sunni; "Safavid" 명칭은 Safavi라 불린 수피 종단〈order〉으로부터 유래〉였다. 그들의 기원은 이란의 북쪽 출신이었던 지역 유지 피루즈 자린코라(Firuz Shah Zarrinkolah)로 거슬러 올라간다. 그들의 통치 기간동안에 사파비드인은 시아파를 국가종교로 강요하여 이란에게 순니파 이웃들과는 구별되는 정체성을 부여했다. 1524년에 타흐마스프(Tahmasp)는 왕좌를 받아들이고 종교의 예술을 부흥시켰다. 융단 제조업은

---

42) 1805부터 1849년까지 이집트의 통치자였던 무함마드 알리 파샤(Muhammad Ali Pasha)는 현대 이집트의 설립자로서 자주 언급된다. 무함마드 알리는 카발라(Kavala; 오늘날 그리스)의 타운에서 알바니아인 가족에게서 태어났다. 그는 청년기에 담배상인으로 일한 후에 오스만 군대에 임명을 받았다.

이란 도시들에서 새로운 중요성을 확보하는 주요 산업이 되었다. 예술적인 부흥의 결정은 샤흐나마(Shahnama)를 의뢰한 것이었는데, 샤흐나마란 예술적 수단을 통해 샤(Shah)의 통치를 영화롭게 하는 것을 의미하였다. 두 권으로 이루어진 샤흐나마의 사본은 페르시아의 시인 피르다우시(Firdawsi)의 작품들을 258점의 삽화들과 함께 실었다. 샤(Shah)는 또한 포도주를 금지하였고 대마초 마취제(hashish)를 금하였으며 도박장, 선술집, 창녀촌을 제거했다.

주후 1526-1857년

무갈(Mughal) 제국은 몽골이 페르시아와 인도를 여러 차례 침략한 결과의 산물이었다. 1526년에 바부르(Babur)에 의해 세워졌는데 그 제국은 1857년 영국에 함락되기 이전에 여러 세기 동안 현재의 인도, 파키스탄, 방글라데시, 아프가니스탄의 대부분을 통치했다. 그 제국은 인도문화와 건축에 많은 유산을 남겼다. 그 제국의 통치 동안 무슬림 공동체는 인도 전역에서, 특히 구자라트(Gujarat), 벵갈(Bengal), 하이데라바드(Hyderabad)에서 번영하였다. 아프가니스탄과 이란으로부터 온 여러 수피 종단들은 지역의 도처에서 매우 활동적이었다. 결과적으로 인도 인구의 1/4 이상이 이슬람으로 개종하였다.

주후 1301-1921년

오스만(Ottoman) 제국은 1453년 이스탄불(콘스탄티노플)을 중심으로 지배권을 행사한 아랍계가 아닌 터키 제국이었다. 이슬람 세계는 오스만(Ottoman 혹은 Uthmaniah) 제국 아래 새롭게 최고봉(아바스 왕조의 전성기에 비교할 수는 없겠지만)의 자리에 올랐다. 오스만 제국의 사람들(Turks)은 중앙아시아 대초원지대로부터 이주해 와서 먼저 아나톨리아(오늘날의 터키)에 작은 국가를 설립하였다. 1453년에 두 달간의 포위 공격 후에 선발된 오스만 군대와 대포가 콘스탄티노플을 압도하였다. 일천 년 역사를 지녔던 로마-비잔틴 제국은 갑자기 이슬람 세계의 대부분에 폭넓게 영향을 미치고 기독교

유럽에도 깊게 이르렀던 이 새로운 오스만 제국에 의해 흡수되었다. 동부에서 크게 융성한 이 제국은 중앙과 서부 유럽도 위협하였다.

하지만 1529년에 비엔나 공격이 실패로 돌아가고 이로 인해 동부 유럽으로의 더 이상의 진보도 중단되었다. 1683년 비엔나 전투는 동부 유럽과 발칸반도의 많은 부분으로부터 오스만 제국의 철수를 촉진시켰다. 나중에 오스만 제국의 쇠퇴로 유럽인은 전 북아프리카에 걸친 지배를 확장할 수 있었다. 식민주의 세력들[43]은 먼저 알제리(1830)에서 세력을 취한 프랑스에서 시작하였다. 프랑스는 그 후 튀니지(1881) 그리고 모로코(1912)에까지 세력을 확장했다. 이집트는 1882년에 영국 보호국이 되었으며 1920년 중동은 대영제국과 프랑스의 통치령으로 나눠졌지만 제2차 세계대전 이후 식민 제국들은 곧 해방되었다.

터키 공화국의 설립자이자 첫 대통령이었던 무스타파 케말 아타터크(Mustafa Kemal Atatürk, 1881-1938)는 20세기의 위대한 인물로서 계속 추앙 받았다. 그는 1915년 다르다넬스(Dardanelles)해전에서 전쟁 영웅으로 출현함으로써 1919년 터키의 자유화 투쟁의 카리스마적인 지도자가 되었다. 일련의 감동적인 승리들이 잇따르면서 그는 그의 국가를 완전히 독립시켰다. 그는 6세기 이상 지속되어온 오스만 왕조를 끝내고 1923년에 서구 민주주의를 모방한 새로운 정부를 설립하여 터키 공화국을 세웠다. 15년간 대통령으로서 아타터크는 정치적, 사회적, 법적, 경제적, 문화적인 영역에서 새로운 개혁을 폭 넓게 도입하였다.

---

43) 무슬림의 시각에서 식민지 개척자들은 경제력과 외세의 우월성을 상징했다. 그러므로 그들 중의 대부분은 독립이 선언된 후에 이슬람 나라들을 떠나야 했다. 많은 프랑스 가족들이 삼사대 동안 살았던 알제리(한때 사실상 프랑스의 부분이었던)에서 새로운 개발은 1954년부터 1962년까지 계속된 전쟁에서 소름끼치는 유혈을 일으켰다.

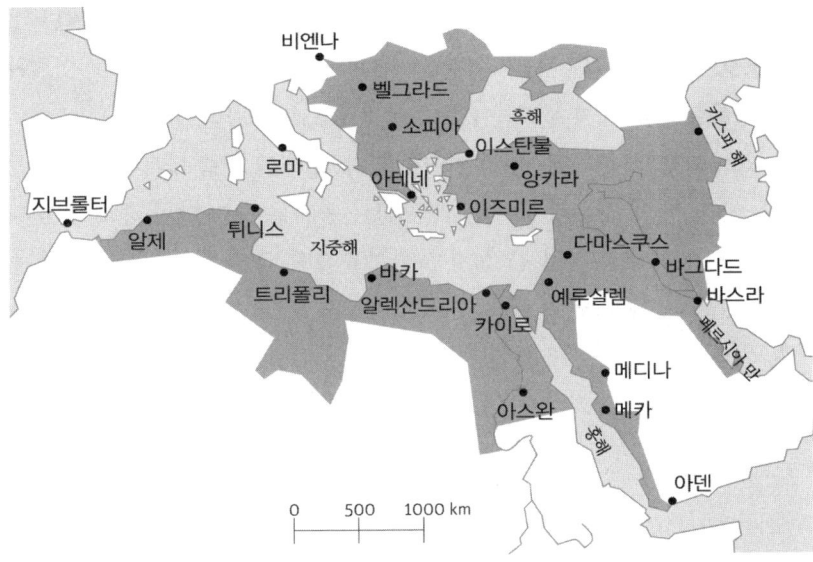

▲ 주후 1700년 오스만 제국

6. 세계 속 이슬람의 확장

1922년-오늘

제2차 세계대전 후 사람들의 대거 이주로 인하여 이슬람은 세계의 많은 지역들로 퍼져나갔다. 아마도 오늘날 무슬림이 없는 나라는 없을 것이다. 생물학적인 성장이 큰 원인이겠지만 이슬람은 지금 세계에서 두 번째로 크고 가장 빠르게 성장하는 종교이다. 1979-80년에 시아파 이란의 이슬람 혁명은 아야톨라 호메이니(Ayatollah Khomeini)에 의해 주도된 것으로 이슬람 종교의 보급(propagation)에 대한 무슬림의 자기 과신과 열심에 불을 붙였다. 대부분의 무슬림은 서부 아프리카로부터 중앙아시아를 걸쳐 인도네시아까지 펼쳐지는 나라에 산다. 20세기에 이르러서 전 세계 걸친 그들의 성장은 의미심장했는데 1900년에 12.3%이던 무슬림이 2005년에 20%가 된 것이

다. 개종을 통한 성장이 서부 아프리카, 인도네시아, 미국에서 가장 컸다.[44]

지난 50년간 무슬림은 235%이상(거의 13억 인구)으로 증가해 왔다. 비교해 볼 때 기독교는 47%, 힌두교는 117%, 불교는 63% 증가하였다.[45]

기독교, 이슬람, 힌두교, 중국 민속종교, 불교는 오늘날 세계에서 가장 큰 종교들이다. 대략 인류의 69-78%의 종교 신봉자들이 이 다섯 종교 중 하나를 믿는다. 기독교가 가장 큰 신자수를 보유하며 그 다음으로 이슬람, 힌두교, 중국 민속종교 그리고 불교 순으로 따른다. 이 통계는 대략의 수치이며 세계 인구는 2005년에 약 65억명이었다.

▲ 주후 2000년 무슬림 세계인구(6개 주요지역으로 분류)

---

44) Johnstone(2001:14)을 보라.
45) 이 합계들은 어림잡은 수치이며 각자의 믿음이 단지 출생에 의해서든 신앙심에 의해서든 모든 신봉자들을 포함한다.

1. 기독교	20억	31%
2. 이슬람	13억	20%
3. 불신자	10억	16%: 세속적/무신론자
4. 힌두교	7.8억	12%
5. 원시 토착의 종교	3.8억	6%: 이교도
6. 중국 민속 종교	3.8억	6%
7. 불교	3.8억	6%
8. 아프리카 전통적, 디아스포릭	1억	
9. 시크교	2,500만	0.4%
10. 주체사상	2,000만	
11. 유대교	1900만	0.3%
12. 심령술	1500만	
13. 바하이	700만	

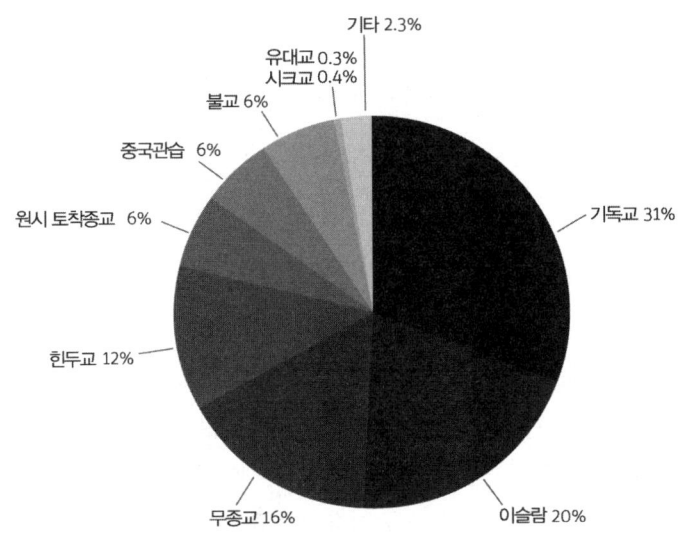

▲ 주요 종교 그룹들(2005년 세계 인구 백분율)

주요 지리학적 여섯 지역에서 이슬람의 확장과 기독교인-무슬림 간의 관계

(1) 아시아

13세기 후반에 무슬림 상인들과 교사들은 이슬람을 남동아시아에 가져오기 시작하였다. 1292년까지 마르코 폴로가 수마트라(Sumatra)를 방문하였을 때 거주인의 대부분이 이슬람으로 개종하였다. 첫 무슬림 왕국은 말레이 반도에서 자바(Java)의 왕자에 의해 설립되었다. 무역과 상업을 통하여 이슬람은 보르네오(Borneo)와 자바(Java, Indonesia)에 퍼졌다. 15세기 후반에 이르러 이슬람은 필리핀에 소개되었다.

이슬람이 퍼지면서 세 주요 무슬림 정치 세력이 출현하였다. 첫 번째 무슬림 세력인 아제흐(Ajeh)는 북쪽 수마트라에 견고하게 기반을 형성하였고 남동아시아와 인도 사이에 있는 지역을 많이 점령하였다. 술탄(Sultan)의 영지는 또한 수피 시인들의 마음을 끌었다. 두 번째 세력은 말레이 반도에서 술탄의 영지들의 동맹이었다. 세 번째 세력은 16세기 초반에 여러 무슬림 세력들이 마자파히트(Majapahit)지역 왕국을 패배시킨 곳인 자바에 출현하였다. 1990년 이후에 이슬람극단주의의 활동에도 불구하고 혹은 이것 때문에 더욱더 무슬림이 기독교로 개종하는 숫자가 상당히 증가하였다. 이것은 매스미디어의 폭넓은 보급을 통해 주로 성공을 거둔 것이다.

아시아와 중동의 치열한 지역들

- 이스라엘과 팔레스타인: 이 세력들 간의 해결되지 않은 관계는 큰 문제이다. 평화협정을 위한 모든 국제적인 노력들은 지속적인 효과가 없었다. 예루살렘과 같이 영토주장과 관련한 깊은 분쟁들이 있다. 황금돔 모스크(Dome of the Rock)[46]는 대립 가운데 계속적으로 주요한 역할을 할 것이다.

---

46) 황금돔 모스크의 중앙에 있는 바위는 무함마드가 가브리엘 천사에 의해 알라에게로 승천하였던 곳으로 무슬림은 믿고 있다. 그것은 687년과 691년 사이에 9번째 칼리프 압둘 말리크(Abd al-Malik)에 의해 지어졌다. 여러 세기 동안 유럽 여행자들은 그것을 "우마르의

· 침략과 전쟁의 수십 년 역사를 지닌 아프가니스탄(Afghanistan): 극단적인 이슬람주의 운동인 탈리반(Taliban)은 폭력과 압제를 통해 그 나라를 지배하기 위해 투쟁했고 많은 사람들이 죽거나 그 나라에서 도주했다. 탈리반은 혁명가들을 여러 해외국가들에 내보냈으며 아프가니스탄은 외교적으로 배척되어왔다.

▲ 예루살렘의 황금돔 모스크(Dome of the Rock)

모스크"(Mosque of Umar)라 불렸다. 십자군전쟁 동안에 황금돔 모스크는 그것을 교회로 바꾼 아우구스티누스 교단의 수도사들에게 주어졌다. 예루살렘은 1187년 살라딘(Salah al-Din)에 의해 다시 탈환되었고 그것은 무슬림 성소로서 신성화되었다. "황금돔"의 꼭대기에 있었던 십자가는 황금빛의 초승달 모양으로 대체되었다. 유대교에서 그 바위는 아브라함이 기꺼이 그의 아들 이삭을 희생제로 바치려고 하는지를 보려고 한 하나님의 시험을 실현시킨 곳이다(창 22:1-19를 보라). 기독교에서는 성전에서의 예수님의 행동들에 더하여 비잔틴 제국 시기에 나중에 돔이 지어졌던 지점이 콘스탄틴의 어머니가 작은 교회를 지은 곳으로 믿어졌다. 그것을 "성 키로스와 성 요한 교회"(the Church of St. Cyrus and St. John)라고 불렀는데 나중에 더 확장되어 "거룩한 지혜의 교회"(Church of the Holy Wisdom)라고 불렀다.

- 카쉬미르(Kashmir): 인도, 파키스탄과 중국 간에 충돌지점인 지역이다. 영토 분쟁은 인도와 파키스탄 간에 수많은 전쟁과 핵 경쟁을 일으킨 원인이었다.
- 인도네시아(Indonesia): 1990년대 이후로 이슬람의 세력은 증가 추세에 있다. 무슬림은 기독교 영향을 줄이는 데 목표를 두고 있었으며 공공연한 폭력을 포함한 기독교인들에 대한 핍박을 강화했다.
- 시아와 순니 간의 불신: 1980년대 이란과 이라크 간의 7년 전쟁 그리고 사담 후세인(Saddam Hussein)이 초래한 많은 불행 이후에 이라크에 있던 두 그룹 간에 공공연한 충돌로 수백만 명이 생명을 잃었고 그 소름끼치는 전쟁에서 비극을 겪지 않은 가족이 거의 없었다.
- 쿠르드(Kurds): 그들 자신의 나라가 없는 2천 7백만 명이 주로 터키, 이라크, 이란에서 미래에 문제들을 일으킬 것 같은 거대한 반항적인 소수민족으로 존재한다.
- 인도: 무슬림의 수는 1억 4천만으로 이는 두 번째로 큰 무슬림 국가를 형성한다. 그러나 그들은 대부분 힌두교인에 의해 압제를 받고 있다(무슬림 12.5%, 힌두교인 80%, 기독교인 2.5%).
- 중국: 이슬람의 커진 영향과 타종교들과의 조우를 경험하고 있다. 중국에 이민 온 많은 무슬림은 그 나라에 거대한 경제적인 충격을 가하기 시작했다. 일반적으로 중국에서 이슬람의 황금시대는 명 왕조(Ming Dynasty, 주후 1368-1644년)라고 생각되었는데, 무슬림들은 점차적으로 완전히 한(漢)족 사회로 통합되었다. 무슬림은 2000년까지 그들의 공화국에 약 3만 3천 개의 모스크가 있을 거라고 주장하였다.

아시아의 이슬람은 아프가니스탄, 이란, 파키스탄, 브루나이, 몰디브와 같은 나라들에서는 샤리아법으로 대체되어 더 엄격하고 더 호전적으로 변하였다. 그 외 인도네시아, 말레이시아와 같은 나라들에서는 거대한 비무슬림의 인구가 있음에도 불구하고 무슬림은 샤리아 법의 도입을 강요하고 있다. 2000년에 27개 아시아 국가들이 무슬림이 대부분인 나라들이었다. 많은 나라에서 기독교인과 다른 소수민족에게 가해진 핍박의 정도는 극적으로 증가하였다.

무슬림이 서구에서 종교적인 권리들을 획득하는 동안 아시아와 중동의 일부 무슬림 국가에서는 극단적인 이슬람 요원들에 의한 종교적인 소수민족들에 대한 핍박이 계속되었다.

기독교인들, 특히 필리핀 노동자들은 괴롭힘과 협박을 당하였다. 사우디아라비아와 다른 이슬람 국가에서 누구든지 무슬림이 다른 믿음으로 개종하려고 하면 그는 형사상의 기소를 받지 않으면 안 된다. 어떠한 비무슬림에 의한 공중의 종교적인 예배도 형사상의 위반이다. 사우디아라비아는 한 때 주후 622년 이슬람이 시작되기 이전에 거대한 기독교 인구가 살았지만 현재 이슬람의 가장 거룩한 도시인 메카나 메디나에는 어떤 기독교인이나 비무슬림도 들어서지 못한다. 해마다 2백만 이상이 이 도시들로 핫지(혹은 성지순례)를 간다. 사우디아라비아는 종교적 자유에 대해 가장 최악의 기록들 중의 하나를 가지고 있는데, 비록 그 사회가 갈라진 틈을 꽉 조이고 있다 할지라도 그 나라의 연로한 통치자들은 점점 더 자유화를 밀고 나아가는 사람들과 더 엄격한 이슬람화를 요구하는 사람들 사이에서 통치가 어렵다는 것을 발견한다.

거대한 이슬람의 선교적 노력은 밖으로 나아가고 있다. 거대한 양의 자금이 세계 전역에 모스크를 짓고, 무슬림 선교사, 문서, 라디오, 텔레비전 프로그램, 인터넷 자료 등을 보내며 이슬람을 전파하기 위해 쓰여지고 있다. 아시아 이슬람은 세계에서 가장 규모가 큰 꾸란 인쇄를 주도한다.[47]

---

47) www.qurancomplex.org를 보라.

▲ 레바논 베이루트에 소재한 모스크

(2) 아프리카

북아프리카의 초기 정복 이후에 이슬람은 동부해안 사람들과 페르시아 만과 오만으로부터 온 상인들 간에 주고 받은 지속적인 교류로 8세기에 동부아프리카 해안을 따라 들어왔다. 초기에, 아프리카의 이슬람은 개혁 운동과 왕조의 충돌이 잇따라 일어나는 등 역동적이고 몹시 거친 역사를 가졌다. 세력을 얻는 일은 사하라 이남 아프리카의 금 생산지로 가는 안정된 무역로에 달렸었다. 이슬람 통치자들은 남쪽뿐만 아니라 북쪽으로 확장하였는데, 사하라 이남의 이슬람은 형제애가 지배적이었고 더 이른 초기 미신적인 행위들과 혼합되었다. 11세기의 마지막 1/4 기간에 이슬람은 지중해 지역을 지배하였고, 16세기부터 19세기까지는 마그레브(Maghreb)[48]의 많은 지

---

48) 마그레브는 아랍어로 "일몰의 장소" 혹은 "서쪽의"라는 의미를 지닌 *Maghrib* (마그리브)로도 표현하였는데, 이는 아프리카 사하라사막 북쪽과 나일 강 서쪽으로

역들이 오스만(Ottoman) 통치 아래 들어갔으며, 1880년대까지 이슬람은 대륙의 많은 주변국가들에 뿌리를 내렸다.

1956년과 1994년 사이에 아프리카의 모든 국가는 독립하였다. 아프리카 인구의 17% 이상이 아랍을 기원으로 한다. 대부분의 무슬림과 기독교인이 나란히 사는 지역은 세네갈에서부터 사헬(Sahel)을 가로질러 에티오피아로 그리고 아프리카의 인도양 해안을 따라 뻗친다. 확대 대립(confrontation)의 가능성이 높은데, 그 이유는 공격적인 이슬람주의자 운동과 무슬림 공동체 내부로부터 개종자를 얻는 아프리카 기독교인들의 전도 때문이다.

수단과 나이지리아에서 이것은 전쟁이나 집단폭력으로 이어졌다. 기니비사우공화국(Guinea-Bissau), 코트디부아르(Cote d'Ivoire), 차드(Chad)와 같은 나라들은 분쟁의 위험에 놓여 있다. 무슬림에 의한 기독교인의 핍박은 이집트, 수단, 북부 나이지리아, 코모로스와 같은 나라들에서 증가해 왔다. 폭력적인 이슬람주의자 운동은 북쪽의 알제리부터 남쪽의 남아프리카공화국까지 이 대륙에 깊게 영향을 미쳐 왔다. 알제리에서의 격렬한 게릴라 전투행위, 케냐에서의 테러 공격, 북부 나이지리아에서의 기독교인에 반대하는 지하드(jihad)는 이에 대한 증거이다.

아프리카에서의 무슬림은 가나 서쪽의 나라들과 사헬을 가로질러 있는 전통종교자들의 개종을 꾸준히 확보해 왔다. 최근에는 무슬림 선교사의 노력들이 아프리카의 각 나라마다 확장되었다. 오일이 투자된 교육, 원조 프로젝트, 그리고 아프리카의 정치생활에서 이슬람에 역할을 부여하려고 잘 조직된 선교의 노력들이 일부 성공을 거두었다. 이슬람은 일부 전통적인 아프리카인의 가치들에 관용적이었는데, 예를 들어, 한 남자가 아내를 한 명 이상 거느릴 수 있는 것(꾸란에서도 허용하는)을 허용한 것이다. 이렇게 이슬람으로의 개종은 기독교로의 개종보다 더 빠르고 더 자연스러웠다.

남아프리카공화국에 무슬림이 17세기에 들어왔는데, 처음에는 노예들로

아틀라스산맥을 공유한다. 지정학적으로 그 지역은 모로코, 알제리, 튀니지, 리비아, 서부 사하라와 가끔 서부 아프리카에 위치한 모리타니까지 포함한다.

혹은 네덜란드 식민주의자들에 의해 유배된 정치범들로 들어왔다. 인종차별(apartheid) 시기에는 정치적인 분위기상 많은 흑인 아프리카인들이 달리 택할 종교들을 찾았다. 이는 통치정부가 자주 "백인 기독교인 압제자들"과 동일시되어 왔기 때문이다. 많은 흑인들의 마음에 기독교인의 믿음이 부정적인 이미지로 굳어져 버렸다.

남아프리카공화국에서 기독교인이 감행한 인종분리정책은 아프리카의 한 종교로서 이슬람에 관심을 증대시키는 결과를 낳았다. 아프리카 사람들은 예수님을 사람들 사이를 갈라놓는 벽을 허물기 위해 돌아가신 분으로서가 아니라 인종주의의 창시자로서 인식하기 시작하였다. 무슬림은 이 상황을 유리하게 이용하여 이슬람을 남아프리카공화국에서뿐만 아니라 전 세계적으로 "동등한 권리들과 정의에 기초한 종교"로서 장려해왔다. 오늘날 남아프리카공화국에는 많은 흑인 무슬림이 있는데, 그들은 거의 모두 전통적인 기독교인 배경으로부터 나온 사람들로 다른 지역들에서뿐만 아니라 특별히 소웨토(Soweto)출신이 많다.[49] 1957년에 디다트(Deedat)는 더반(Durban)에 국제이슬람보급센터인 IPCI(Islamic Propagation Centre International)를 설립하고 문서와 비디오를 전 세계적으로 출판하기 시작하였는데, 이는 성경과 메시지를 조롱하는 것을 목표로 삼고 이를 통해 기독교 선교를 방해해 왔다.

(3) 유럽

서구 세계에서의 이슬람 인구의 성장은 주로 유럽의 이전 식민지로부터의 이주와 이 이주자들의 높은 출생률에 기인한다. 그러나 유럽으로의 무슬림의 주요 유입은 알제리와 같은 북아프리카와 발칸 국가들로부터 그리고 특별히 터키로부터의 이주를 통해서였다. 하지만 이 무슬림의 대부분은 그냥 이름뿐인 무슬림이다. 비록 그들 중 많은 수가 헌신하고 심지어 유럽에 있는 "이교도들의 세계"(world of the infidels)에서 급진적이라 할지라도

---

[49] Maurer(1999:126).

말이다. 또한 무슬림 남자들이 서구 여성들과 결혼함으로써 이슬람은 점점 확산되고 있다. 대부분의 경우 비무슬림 아내들과 그들의 자녀들은 이슬람으로 개종하거나 혹은 그렇게 하도록 압력을 받는다. 서구에서 일부는 이슬람을 새로운 종교로 소개받아 받아들이고 있다. 2000년까지 많은 나라들, 예를 들어, 프랑스(5백만), 영국과 독일(각각 3백 5십만)에 수백만 무슬림이 있다. 이슬람은 프랑스와 영국에서 두 번째로 큰 종교이다. 유럽에 거주하는 무슬림 가운데 상대적으로 적은 수만이 본래 그들이 계획했던 대로 본국으로 돌아갔다.

유럽에 사는 무슬림의 분포에 대한 정확한 통계는 없다. 확실한 것은 대부분은 순니(Sunni)파에서 유래한다는 것이다. 소수만이 시아(Shiite)파에 속한다. 이단인 아흐마디야(Ahmadiyya)[50] 운동은 전 세계적 분포 비율을 고려해 볼 때에 비교적 서구 세계에서 두드러진다. 이것은 이 그룹의 활동적인 포교활동뿐만 아니라 서구 세계에 주어진 종교의 자유 때문이다. 수피즘은 계속적으로 증가하는 영향과 폭넓은 확산이 이루어질 것으로 보인다. 경험으로 보건대 서양인들은 이슬람의 금욕적이고 신비적인 분파에 점점 더 흥미를 가지며 그것의 추종자가 된다. 그러나 서구의 수피즘은 완전히 이단이고 뉴에이지 운동과 혼합된 경향이 있다.

이주자들의 첫 세대는 그들의 고국에서 더 낮은층과 중류층에 속하였던 사람들이다. 그들은 종종 단순하고 자격이 필요 없는 노동을 위해 건너 왔다. 그들의 교육 수준은 서구인들보다 아주 낮았다. 그들이 사는 나라의 언어를 습득하는 것조차도 어려웠다. 그러나 이것은 그들의 자녀들에게는 다르다. 그들은 일찍 언어를 배웠고 이 나라의 문화에서 자랐다. 자신감 있고 교육을 더 받은 2세와 3세대가 오늘날 존재하고 있는 것이다.[51]

---

50) 제1부 6장의 5. 아흐마디야(Ahmadiyya) 운동을 보라.
51) 그러나 새로운 문제들이 일어난다. 예를 들어, 프랑스에서 상당수의 무슬림들이 북아프리카에서 이주해 온 노역자들의 2대와 3대 자손들인데 고용이 되지 않았다. 그들은 일자리를 찾을 때 그들의 기원 때문에 자주 차별대우를 당한다. 이것은 그들이 살고 있는 대도시들의 주변에서 사회적인 긴장과 범죄를 증가시킨다. 그들이 여러 곳(때때로 기독교인들로부터)에서 겪은 거부로 인해 많은 젊은 무슬림들이 점점 이슬람을 찾는다.

그 외에 서구에 있는 무슬림은 동질의 그룹을 형성하지 않고 다른 기원들, 문화들 그리고 언어들을 가지고 있다. 그들의 믿음에 관하여 놀라운 다양한 의견과 행동이 발견된다. 많은 사람들이 중요한 이슬람 절기에 그들의 종교를 행사하거나 위기를 만났을 때 그들의 종교로 돌아온다. 다른 사람들은 기독교적인 배경 혹은 세속적인 삶의 방식인데도 기독교적이라고 인식되는 배경을 가진 서구에서 무슬림이 되는 것은 쉽지 않다고 느낀다. 더 낮은 사회계층의 무슬림은 다른 사람들보다 반드시 더 종교적인 것은 아니다. 그러나 확실한 것은 젊은 무슬림은 자주 그들의 부모들이 그들에게 가져온 전통적인 이슬람에 대해 회의적이다. 많은 사람들이 이슬람의 현대적이고 계몽된 형태를 찾고 있다.

다른 종교와 같이 무슬림이 갖는 종교적 확신의 범위도 원리주의자들로부터 단순히 이름뿐인 무슬림에 이르기까지 다양하며 이것은 주로 그들의 민속적 기원에 좌우된다. 파키스탄과 같은 엄격한 종교적 배경을 가진 사람들은 보통 더 깊은 종교적 확신을 갖고 있는데 반하여 공산주의자 규율하에서 이슬람을 들여다 볼 기회가 거의 없는 알바니아인들은 이름뿐인 무슬림이 되는 경향이 있다. 종교의 실천이 국가와 밀접하게 연결된 엄격한 이슬람지역들(이란, 파키스탄, 방글라데시 등) 출신의 무슬림은 공산주의 국가들로부터 온 무슬림과 정치적으로 다른 이해를 갖는다. 터키는 종교와 국가가 정식으로 분리되어 있기 때문에 이와는 또 다르다.

7세기 이후로 러시아의 방대한 지역이 이슬람화되었다. 구 소련의 붕괴 이후로 카자흐스탄, 우즈베키스탄, 투르크메니스탄, 키르기즈스탄과 같은 나라들은 이슬람이 지금 다시 번영하고 있는 독립국가들이 되었다. 만약 현재의 동향이 계속된다면 거의 러시아 인구의 20%가 2050년까지 무슬림이 될 것이라 예측한다. 인종학상의 러시아인들은 낮은 출산률과 알코올중독으로 인한 높은 사망률을 갖고 있다. 반면에 무슬림들은 더 높은 출산율을 갖고 있고 알코올은 터부시되고 있다. 코카서스와 중앙아시아에서 온 수백만의 무슬림들이 러시아에 정착하였다. 2000년도 통계에 의하면 1989

년 이후, 러시아의 무슬림 인구가 약 1천만 명으로 증가하였다. 이슬람 개종자들의 수가 증가하는 것으로 나타나는 것과 같이 인종학상의 러시아인들 가운데서도 이슬람에 대한 관심이 증가하고 있다.

(4) 태평양

1950년 이전에는 이 지역에 무슬림이 거의 없었다. 오스트레일리아에 1947년 이후로 백배가 증가하였고 현재 인구의 1%를 구성하는데 어림잡아 70개 이상의 서로 다른 나라들에서 26만의 무슬림이 이주해왔다. 무슬림들은 시드니와 멜버른 지역들에 거주한다. 일부 무슬림은 19세기 후반과 20세기 초반에 진주 캐는 산업에 종사하도록 동남아시아의 네덜란드와 영국의 식민지에서 징병되었다. 많은 무슬림이 레바논 이주자들이었는데, 1975년 레바논에서 시민전쟁의 발발 이후로 수많은 인원이 들어오기 시작하였다.

(5) 북아메리카

1989년과 1998년 사이에 미국에서 이슬람 인구는 25%로 증가하였다. 2005년까지 이슬람은 약 4백 70만 신자들을 보유하여 미국에서 두 번째로 큰 종교적인 그룹이 되었다.[52]

미국으로 이동하는 무슬림들은 문화적이고 종교적인 조망을 변화시키고 있고 그들에게 유용한 권리와 자유를 충분히 행사하고 있다. 이슬람은 미국인 개종자 대부분을 교도소와 대학 캠퍼스에서 얻고 있는데 이슬람으로 개종하는 미국인 대부분은 흑인이다. 영연방계 여성들은 미국에서 높은 개종율과 함께 또 다른 인구통계상의 한 구역을 형성한다. 무슬림들은 엄청나게 많은 운동들과 정체성들, 즉 이주자와 토착인, 순니파와 시아파, 보수적인 그리고 자유로운, 정통과 이단 등으로 나타난다. 18, 19세기에 미국 남부 농장에서 일하기 위해 온 아프리카의 노예들 가운데 일부의 무슬림들이 있었

---

[52] *Encyclopaedia Britannica* Book of the Year(국가적 인구의 1.5%)를 보라.

지만 이슬람의 정체성을 유지하는 경우는 드물다.

가장 이르게 도착한 무슬림들은 1875년과 1912년 사이에 현재의 레바논의 시골지역, 시리아, 요르단, 팔레스타인 자치지구(Palestinian Authority) 그리고 이스라엘의 시골 지역들로부터 왔다. 대(Greater)시리아로 알려진 그 지역은 오스만 제국에 의해 통치되었던 곳이다. 이렇게 도착한 많은 무슬림들이 미혼 남성들이었는데 나중에 고국에 돌아가 그들의 가족을 부양하기에 충분한 돈을 벌기 위해 오랫동안 충분히 머물기를 의도하면서 일을 찾았다. 일부는 터키 군대의 징병을 피하여 달아난 무슬림들이었다. 그들은 점점 더 미국 동부, 미국 중서부 그리고 태평양 해안(Pacific Coast)을 따라 자리를 잡기 시작했다.

제1차 세계대전 후에 오스만 제국의 붕괴는 무슬림들의 중동에서부터의 두 번째 이주를 낳았다. 이 시기는 서구 열강이 아랍 땅들을 "통치하기" 위해 중동을 위임 통치령 체제하에 두었던 기간이었다. 레바논에서는 전쟁의 참화로 많은 사람들이 단순히 생존하기 위해 달아나야 했다. 상당수의 무슬림들이 서양으로 이주하기로 결정하였는데, 지금에 와서는 경제적인 이유뿐만 아니라 정치적인 이유에 기인한다. 미국에서는 많은 이주민들이, 그들보다 먼저 도착해서 이미 공동체를 이룬 친지들과 합류했다.

세 번째 이주는 1947년부터 1960년까지 동부유럽(주로 유고슬라비아와 알바니아)과 소비에트 유니온과 같은 중동을 넘어서는 지역들로부터 이루어졌다. 소수는 1947년 아(亞)대륙 분할 이후에 인도와 파키스탄으로부터 이주했다. 초기 무슬림 이주자들의 많은 수가 도시뿐만 아니라 시골로 이사한 반면, 제3의 물결에 속한 사람들은 도시적 배경을 가진 사람들이 많아 거의 뉴욕과 시카고 같은 주요 도시들에 그들의 안식처를 마련했다.

네 번째 이주는 가장 최근의 물결로서 1965년 이후에 왔다. 그해 대통령 린든 존슨(Lyndon Johnson)은 이주 법안을 지지했는데, 이는 오랫동안 계속되어 온 국가별 할당(quotas) 제도를 폐지하는 법안이었다. 새로운 제도하에 우선권이 미국 거주민들의 친척들과 미국이 필요로 하는 특별한 직업 기술을 가진 사람들에게 주어졌다. 그 새로운 법안은 아메리카 역사에 있어서 신호를 주는 행동이었는데, 20세기 초기부터 남녀의 국가적 기원에 상관없이 우선적으로 그 나라에 들어오는 것이 가능하도록 한 법안이었다. 1965년 이후에 서양의 유럽으로부터 이주가 매우 쇠퇴하기 시작했는데 중동과 아시아로부터 도착하는 숫자의 증가와 상응한다. 이 지역들로부터 아메리카에 이주해 온 사람들의 절반 이상이 무슬림이었다. 서구로의 이주자와 피난자들을 발생시킨 특별한 사건들 가운데 탈출과 망명은 1967년 레바논에서의 시민전쟁의 여파로 아랍 국가들이 이스라엘과의 대항에서 패배한 결과다.

1979년 이란 혁명과 이맘 호메이니 세력의 부상은, 이란과 이라크 사이의 거의 10년간에 걸친 전쟁에 뒤따른 것이다. 이로 인해 이란인들은 서쪽으로 향하게 되었다. 많은 사람들이 아메리카에 정착하였는데, 캘리포니아에 상당수가 재배치되었다. 오늘날 여기에 거의 1백만 이란인들이 있는 것으로 산정되었다. 이라크의 쿠웨이트 점유와 페르시아 걸프 전쟁이 있은 이후 상당수의 쿠르드인들(Kurds)이 미국으로 건너왔다. 또한 정치적인 분쟁과 시민전쟁의 이유 때문에 소말리아, 수단, 다른 아프리카 국가들, 아프가니스탄으로부터 무슬림들이 새로이 도착하였고, 이전 유고슬로비아에서 인종 청소(ethnic cleansing)로 인한 무슬림 난민들도 도착하였다.

수십 년간 인도와 파키스탄에서 일어난 여러 형태의 분쟁은 인도아대륙(Indian Subcontinent)으로부터 온 많은 사람들에게 서양에 있는 조용한 환경을 찾도록 조장하였다. 영국과 미국은 특별히 인기 있는 나라였다. 파키스탄인, 인도인, 방글라데시인들은 20세기에 걸쳐서 아메리카에 이주한 무슬림의 작은 부분이었는데 지난 수십 년간 그들의 행렬이 대단히 성장하였고 오늘날은 1백만 이상으로 추정한다. 파키스탄과 인도 무슬림 중 많은 사람이 의사나 엔지니어와 같은 전문직을 가지고 미국 내 무슬림 정치적 그룹의 발전과 모스크 공동체에서의 리더십을 위해 중요한 역할을 하였다. 오늘날 점점 더 많은 무슬림들이 인도네시아와 말레이시아와 같은 나라들로부터 도착하고 있다. 또한 이 이주자들 중의 많은 수가 고도로 훈련을 받고 자주 아메리카 이슬람에서 리더의 위치에 선다.

캐나다는 무슬림이 적으나 증가하고 있는 추세다. 2001년에 58만명의 무슬림이 캐나다에 있었는데 이는 캐나다 인구의 1.8%였다. 이슬람은 캐나다에서 가장 큰 비기독교 종교이다. 캐나다에서 첫 번째로 기록된 이슬람 인구수는 1871년에 13명이다. 제2차 세계대전 이후 무슬림 인구는 재빠른 증가를 보였다. 그러나 1981년 인구조사에 의하면 여전히 10만 명 이하였다. 2001년 9월 11일 공격 이후로 많은 무슬림들이 미국을 대신해서 캐나다를 찾기 시작하였다. 미국에서는 무슬림에 대한 적대감정이 높은 것으로 감지되었다. 특별히 이것은 그 공격행위 이후에 훨씬 많은 국제학생들이 캐나다에 온 것을 보더라도 사실이다.

(6) 라틴 아메리카

1900년에 스페인어를 말하는 인구는 거의 가톨릭인이라 간주되었다. 2000년에 브라질의 무슬림 인구는 토착민 개종자들을 포함하여 100만에서 150만 명에 달하는 것으로 산정되었다. 그들 중 매우 큰 비율을 차지하는 것이 시민전쟁 동안 그들의 나라를 떠났던 레바논인 이주자들이었다.

브라질에서 무슬림들의 역사는 아프리카인 노예의 수입으로 시작된다. 브라질은 매매된 모든 아프리카 노예들의 37%를 획득했다. 3백만 명 이상이 이 나라에 보내진 것이다. 포르투갈인들은 1550년경에 토착인 투피(tupi)들이 대량으로 죽임을 당한 후에 사탕수수 재배를 위해 아프리카 노예들을 구입하기 시작했다. 브라질 당국은 남자들(males)을 주시하다가 이듬해에는 집중적으로 가톨릭 개종을 강요하였다. 그들은 이로써 이슬람에 대한 무슬림들의 좋은 기억과 애정을 지우고자 했다. 아프리카계 브라질인(Afro-Brazilian) 무슬림들의 강제 이주에 이어 중동과 남동아시아의 무슬림들도 들어왔다. 1,100만 명 가량의 시리아인과 레바논인 이주자들은 브라질 전역에 산다. 그들 대부분이 가톨릭이라 하지만 10% 이상이 무슬림이다. 무슬림들이 가장 크게 모여든 지역은 대도시인 상파울루(São Paulo)로 약 50만 무슬림이 근거지를 형성한 것으로 추정된다.

아르헨티나는 라틴아메리카에서 가장 큰 무슬림 근거지이다. 지난 몇 세기에 걸쳐서 아르헨티나는 많은 아랍인들에게 이주의 중심지가 되어 왔는데, 그들 중의 일부는 무슬림이었다. 다른 무슬림들은 인도 아(亞)대륙으로부터의 이주자들과 최근 아르헨티나 개종자들을 포함한다. 오늘날 아르헨티나에서의 무슬림 인구는 어림잡아 50만명을 넘는다. 부에노스아이레스(Buenos Aires)에는 1989년에 지어진 거대한 모스크가 있고 그 나라 여러 지역에 수많은 다른 모스크들이 있다. 남미에서 가장 큰 이슬람 프로젝트인 킹 파흐드 이슬람 문화센터(King Fahd Islamic Cultural Centre)는 신성한 두 성지(the Two Holy Mosques)의 수호자(custodian; 사우디 국왕: 역주)의 도움으로 1996년에 완성되었는데, 땅의 면적을 보면 2만 평방미터 정도이다. 아르헨티나 정부에 의해 허가된 총 대지는 3만 4천 평방미터에 달하는데, 카를로스 메넴(Carlos Menem) 대통령에 의해 권해진 것으로 이는 그가 1992년에 사우디아라비아를 방문한 후에 이루어진 것이다.

질문들

- 왜 무함마드는 계시의 원천(source)을 처음에 확신할 수 없었을까?
- 왜 알라는 무함마드 이후 계승자가 누구인지 확실히 하지 않았는가?
- 왜 무함마드와 그의 추종자들은 "불신자들"(unbelievers)로 규정한 사람들을 죽이며 전쟁을 하려고까지 했을까?
- 왜 무슬림들은 무함마드의 명령에 따라 메디나에 있던 그렇게 많은 유대인을 죽였는가?
- 무슬림들은 무함마드가 마지막 선지자라고 주장하는데, 왜 무함마드는 무슬림과 유대인, 기독교인 등 지구상에 있는 사람들 간에 영원히 지속되는 평화를 설립할 수 없었을까?
- 왜 무함마드는 다른 종교인들을 동등하게 취급하지 않고 그들을 두 번째 등급 시민들(dhimmi status)로 여겼는가?
- 왜 그렇게 많은 무슬림들이 이슬람 고국을 떠나 서구 나라들로 이주하는가?
- 왜 당신은 무슬림인가? 당신은 이슬람에서 태어났거나 혹은 개종하였는가?
- 무슬림이 된다는 것은 무슨 의미인가?
- 이슬람의 다른 그룹들/분파들(sects)을 따르는 사람들에 대해 당신은 이렇게 생각하는가?

제 2 장

꾸란

1. 출처(Sources)

이슬람은 무슬림들이 알라의 계시라고 믿는 꾸란[1]에 기초하는데[2] 그 메시

---

[1] Qur'an(꾸란)은 "읽는 것" 혹은 "낭송, 담화"(Gibb & Kramers 1953:273을 보라)를 의미한다. 이 단어는 원래 아랍어에서 온 것이 아니라 시리아어에서 왔는데 "Perikope"(읽어지는 예전적 본문들)를 의미하는 기독교의 용어였다. 무슬림 권위자들 대부분의 견해는 꾸란이 까라아(qara'a), 즉 "읽다" 혹은 "낭송하다"란 말로부터 온 단순히 구두적인 명사라는 것이다.
[2] 이 주제에 관해서는 또한 Gilchrist(1995)를 보라.

지들은 지브리일(Jibril; Gabriel)이란 천사에 의해 무함마드에게 전달된 것이었다. 무슬림들에 의하면 꾸란은 알라의 계시로서 인간으로부터 어떤 영향도 받지 않았다고 한다.[3] 꾸란과 전통집[4]에 언급된 많은 신학적인 용어들과 사건들은 아라비아반도에 이슬람 이전의 시기에 벌써 나타났던 것들이다.

- 아라비아 이교도 전통으로부터: 알라, 카아바(Ka'ba, 핫지〈hajj; pilgrimage〉).
- 탈무드[5]와 구약성서로부터: 끼블라(qibla; 기도의 방향. 이슬람 기도는 먼저 예루살렘을 향했다. 꾸란 2:142-144를 보라), 아브라함, 아담에게 절하는 것에 대한 사탄의 거절, 가인과 아벨, 요셉, 시바 여왕의 방문, 일곱 하늘들과 여섯 지옥들에 관한 이야기들, 모세, 다윗, 솔로몬에 대한 이야기들[6]이 모두 엄청나게 왜곡되었다.
- 복음서로부터: 동정녀 마리아에게서 태어난 예수, 세례 요한, 예수 그리스도의 기적들, 하늘로의 예수의 승천.
- 신약성경의 외경기록으로부터: 어린시절 예수의 기적들, 일곱인의 잠자는 자들의 동굴.
- 동방 자료로부터: 관능적인 처소로서 낙원, 정의의 저울 눈, 지옥 위로 낙원에 이르는 다리(as-Sirat).

무함마드가 여러 종교적인 그룹들과 접촉하면서부터 이 주제들과 이야기들을 흡수하였다. 꾸란의 일부분의 이야기들이 변화된 형태로 나타난다. 이것은 오늘날의 꾸란 본문이 거의 순수한 "알라의 계시"일 수 없다는 것을

---

3) 이 계시에 관한 이해는 아랍어로 "탄질"(tanzil)이라 불리는데 "내려보내는" 혹은 "알라의 받아쓰게 한 영감"이란 뜻이다.
4) 전통집(The tradition)이 제3장에 설명될 것이다.
5) 탈무드(Talmud)는 유대인의 법, 윤리, 관습 그리고 역사에 관한 랍비들의 토의 기록이다.
6) 꾸란의 60% 이상이 성경적인 자료이나 심하게 왜곡되었다. 직접적인 인용들보다는 부정확한 유사점들이 있다. 꾸란 48:29는 막 4:26-28(씨의 비유)과 공통점이 있고 꾸란 5:44-45는 출 21:23-25(보복의 법)과 공통점이 있고, 꾸란 21:105는 시 37:29과 공통점이 있다.

암시한다. 왜냐하면 그 재료의 많은 부분이 "알라의 직접적인 말"로 구성되기보다는 이슬람 이전 시대의 출처들로부터 취해졌기 때문이다.

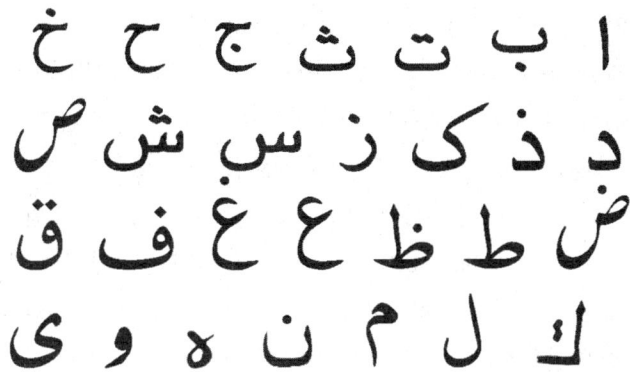

▲ 아랍어 알파벳

2. 기원과 전달

이슬람 전통에 의하면 무함마드는 그의 첫 환상을 40세의 나이(주후 610)에 받았다. 그리고 그가 죽기까지(주후 632) 더 많은 환상들을 받았다. 점차적으로 꾸란은 지브리일(jibril, Gabriel) 천사에 의해 22년 이상의 기간에 걸쳐 계시되었는데 보통 두 삽화로 나눠진다.

1) 메카 시기(주후 610-622): 이 동안에 무함마드는 주로 우상숭배에 반대하여 설파하였고 알라의 심판, 예를 들면, 낙원에서만의 보상 그리고 지옥에서의 신이 없는 형벌에 대해 설파하였다. 무함마드는 유대인과 기독교인으로 그의 환상들에 대해 보증하도록 설득하였다.
2) 메디나 시기(주후 622-632): 이 기간은 무함마드의 우월성과 이슬람 공동체의 조직(laws)의 기초와 그에 대한 확인을 제시한다. 무슬림들은

충분한 정치적인 힘을 이제 가졌으나 유대인들은 기대와 달리 그들에게 복종하지 않았으므로 결과적으로 갈등이 빚어졌다.

무슬림 학자들은 86개의 수라들(suras; chapters)이 메카에서 그리고 28개의 수라들은 메디나에서 계시되었다고 추정한다. 먼저 무함마드의 말들은 그의 동반자들에 의해 암송되었다. 하지만 얼마 안 있어 일부는 말린 동물가죽, 돌들, 종려나뭇잎들 등과 같은 여러 재료들로 쓰여졌다. 그것은 무함마드가 죽고 23년이 지난 후 제3대 칼리프(caliph) 우트만(Uthman)의 시기에야 비로소 행해진 것인데 현재 쓰이고 있는 꾸란 본문이 이때 구성된 것이다. 존재하는 모든 기준에서 벗어난 본문들은 그 후 즉시 파기되었다.[7] 대부분의 무슬림들은 현존하는 아랍어로 쓰여진 꾸란의 본문을 낙원에 보존된 "최초의 판"(primordial plates)[8]의 완전한 복사(replica)로 간주한다.

3. 내용과 중요한 제목

무슬림들에게 꾸란은 "숭배되는 경전"(adored scripture)으로 알라로부터 인간에게 전해진 최후이자 궁극적인 메시지[9]이며, 모순과 부정확성 없이 하늘 원전의 완전한 사본이다. 무슬림들은 또한 꾸란이 모든 이전 계시들과 성스러운 책들을 확증하고 대체한다고 확신한다.[10] 꾸란은 결정적으로 세계역사에 영향을 주었고 이슬람의 문화의 형태를 만들었다. 꾸란은 이슬람에 있어서 믿음, 생각 그리고 법의 기초로서 무슬림들의 사상에 영향을 주

---

7) 이븐 아비 다우드(Ibn Abi Dawood)에 의한 *Masahif*, Hadith: Sahih al-Bukhari, vol. 6, 479쪽을 보라. 꾸란의 수집에 관하여는 또한 Jeffery (1975), Gilchrist (1989) 그리고 Bukhari Vol. IV, Ch LXI (3) Vs. 509, 477-478 그리고 Mishkat Vol. 3, 708을 보라.
8) 이 판들(plates)은 또한 "황금판"(Golden Plates)이라 불렸다.
9) 무슬림에게 있어서 꾸란은 예수가 그리스도인들에게 그러한 것처럼 하나님의 최종적이고 완전한 계시다(히 1:2).
10) 꾸란에 언급된 책들에 관하여는 제1부 제5장의 1. 여섯 가지 믿음 조항을 보라.

며 이슬람 사회구조의 기초를 형성한다. 무슬림들에게 아랍어 원전으로 된 꾸란은 알라의 직접적인 말씀과 같은 것이다. 정통무슬림들은 꾸란이 정확히 다른 언어들로 번역될 수 없고 오로지 아랍어로 읽혀지고 암송되어야 한다고 믿는다.[11] 수많은 무슬림들이 꾸란을 암송하였는데 그들 각자는 "하피즈"(hafiz)라고 불리었다. 꾸란의 낭송은 축복과 은총을 가져오기 위한 것으로 간주된다. 따라서 그것을 이해하는 것보다 아랍어로 쓰여진 본문을 낭송하는 것이 더 중요하다.

아랍어로 쓰여진 알파티하(Al-Fatiha, the Opening, 1장)

بِسْمِ اللَّهِ الرَّحْمَٰنِ الرَّحِيمِ ۝
الْحَمْدُ لِلَّهِ رَبِّ الْعَالَمِينَ ۝ الرَّحْمَٰنِ الرَّحِيمِ ۝
مَالِكِ يَوْمِ الدِّينِ ۝ إِيَّاكَ نَعْبُدُ وَإِيَّاكَ
نَسْتَعِينُ ۝ اهْدِنَا الصِّرَاطَ الْمُسْتَقِيمَ ۝
صِرَاطَ الَّذِينَ أَنْعَمْتَ عَلَيْهِمْ غَيْرِ الْمَغْضُوبِ
عَلَيْهِمْ وَلَا الضَّالِّينَ ۝

1. 은혜로우시고 자비로우신 알라의 이름으로
2. 온 우주의 주님이신 알라께 찬미를 드리나이다.
3. 그분은 은혜롭고 자비로우시며
4. 심판의 날을 주관하는 분이시니라.
5. 우리는 당신만을 경배하오며 당신에게만 구원을 비오니
6. 우리를 바른 길로 인도하소서.
7. 그 길은 당신께서 은총을 내리신 길이며 노여움을 받은 자나 방황하는 자들이 걷지 않는 길이옵나이다.

메카에서 무함마드 시대에 받은 꾸란의 많은 구절들은 운문체로 자주 알라의 직접적인 언어로 쓰인 것이라고 추정된다. 꾸란은 114개의 장들(suras)로 나뉘어져 있는데, 연대순으로 나열되지 않고 길이 순(제1장 알파티하〈Al-Fatiha〉는 제외-이 첫 장은 가장 중요한 장으로 매일 17회 낭송되어야 하는 의무적인 기도의 부분)으로 나열되었다. 꾸란은 신약성경보다 조금 짧지만 비무슬림들은 꾸란 읽기와 이해하기가 상당히 어렵다는 것을 발견한다. 그럼에도 불구

---

11) 정통 가르침과 대조적으로 진보적인 무슬림들은 오늘날 꾸란을 많은 언어들로 번역한다.

하고 꾸란의 문체와 내용에 익숙하기 위해 다음의 중요한 부분들을 읽어 둘 필요가 있다.

- 통치권, 존엄, 알라의 유일성(꾸란 2:255)
- 알라의 가장 아름다운 이름들(꾸란 59:22-24)
- 창조(꾸란 3:189-191; 13:2-4; 31:10-11; 32:4-9)
- 천국과 지옥(꾸란 2:14-25; 38:49-60; 44:47-57)
- 선지자들(꾸란 2:124-134)

그러나 2장(al-Baqara, the cow)은 전체로 다 읽을 필요가 있다.[12] 꾸란은 법적 이슈들에 대해 자세히 들어가지 않고 자주 짧거나 추상적인 언급으로써 하나의 주제를 제기한다. 아랍인 몇 명을 제외하면, 꾸란에서 언급된 가장 중요한 인물들은 노아, 아브라함, 모세, 다윗, 솔로몬, 스가랴, 요나, 예수 그리고 마리아이다.[13]

4. 파기(abrogation)의 문제

이슬람의 피끄(Fiqh)[14]는, 파기(abrogation)의 교리[15] 즉 먼저 계시된 꾸란의 구절들은 나중에 계시된 구절들에 의해 폐기된다(annulled)고 가르친다.[16]

우리(알라)의 계시들 중 아무것도 우리(알라)가 파기하거나 잃어버려지도록

---

12) 각 장(꾸란의 chapter)의 이름은 그 장의 절(*ayah*; section)에 언급된 단어나 이름을 따서 지어졌다.
13) 마리아가 전체 꾸란에서 이름이 언급된 유일한 여성이라는 것을 주목하는 것은 흥미롭다.
14) 피끄(*fiqh*)는 이슬람의 평결이나 교리적 신학이다(Hughes 1982:128을 보라).
15) 파기(abrogation)는 무효로 함, 거부, 취소를 의미하는 용어이다.
16) 또한 꾸란 16:101; 17:86; 22:52를 보라. 아랍어 용어는 *mansukh*(폐기된; 대체된 절)과 *nasikh*(폐기하는; 또 다른 대체하는 절)이다.

조장하지 않으나 우리(알라)는 더 좋거나 비슷한 어떤 것으로 대치한다 (substitute). 너희는 알라가 모든 것들을 지배하는 능력을 갖고 있음을 모르느냐?(꾸란 2:106)

이 원칙은 자주 이전 선지자들의 계시들인 성경을 능가하는 꾸란의 타당성을 설명하는 데 사용된다. 이 교리가 꾸란 내에 모순점들과 관련된다는 것을 실제로 인식하는 무슬림들은 거의 없다. 폐기된 절들의 수가 자세히 기입되지 않는다. 이슬람학자 잘랄루딘(Jalalu'd-Din)은 한 절에서부터 오백 개의 절들까지 수록한다.[17] 오늘날 다른 학자들은 최대 240절과 최저 6군데의 파기된 절들을 확인한다. 예를 들어, 중요한 변화(파기)는 예루살렘으로부터 메카로의 기도의 방향(quibla)의 변화(참조, 꾸란 2:142-144), 보복과 상속과 간음자 형벌에 관한 법 등 많이 있다. 문제는 많은 경우에 있어서 파기된 절들(mansukh)과 대체(nasikh)절들이 둘 다 꾸란 안에 있고 어떤 것은 그것이 그것인지 불확실한 것으로 남는다는 사실에 있다. 또한 주목되어야 할 것은, "거룩한 달"(꾸란 9:5)에 지하드를 금지한 절은 124개가 넘는 많은 다른 절들에 의해 파기되었다.

게다가 파기의 교리는 알라의 말씀(혹은 계시)이 변할 수 없다(꾸란 6:34; 10:64를 보라)는 꾸란의 주장과 모순된다. 왜 알라가 매우 짧은 시간 사이에 "더 좋은 어떤 것"(상황은 변하지 않는데도)으로 그의 "신성한" 계시의 부분들을 대체할 필요가 있다고 간주하는지 질문을 할 만하다.

5. 사탄의 구절들(Satanic Verses)

일부 전통들(hadith)은 기록하기를 무함마드는 메카인들(결국에는 그의 친지들과 이웃들)을 이슬람으로 개종시키기를 고대하였다. 무함마드는 그의 메

---

[17] Hughes(1982:520)을 보라. 여기에 대체된 20개 절들의 목록이 있다.

시지를 더 마음에 들게 하기 위해 알 나즘(Al-Najm, 수라 53)을 낭송하였는데, 이것은 천사 지브리일에 의해 그에게 계시된 것이 아니다. 사탄은 그를 19절과 20절("너는 Allat와 al'Uzza 그리고 다른 세 번째 여신인 Manat를 보았느냐?") 이후에 따르는 다음 행들을 언급하도록 유혹하였다. "이들은 찬양된 가라니크(Gharaniq)로 이들의 중보가 기대되었다."

알라트(Allat)와 알웃자(al'Uzza), 마나트(Manat)는 메카인들에 의해 숭배를 받은 세 여신이었다. 가라니크(Gharaniq)는 여기에서만 발견되는 단어로, 하팍스 레고메논(hapax legomenon, 단 한 번의 기록만 남아있는 어구-역주)이다. 주석가들은 그것이 거대한 높이로 나는 누미디아(Numidian) 두루미를 의미한다는 것에 주목한다. 이 주장의 숨은 의미는 무함마드가 이 여신들이 진짜였고 그들의 중보도 유효하다고 말함으로써 그가 타협하지 않아야 하는 일신론을 철회하고 있었다는 것이다.

초기 이슬람 역사가 알 타바리(at-Tabari)[18]에 의하면 메카인들은 이것을 듣고 매우 기뻐하였고 무함마드와 그의 무리를 핍박하는 것을 그쳤고, 심지어는 제사의식의 부복으로 무슬림들에게 어느 정도 가담하기도 하였다. 벌써 아비시니아(Abyssinia)로 도주한 무슬림 피난민들[19]은 이에 대해 들었고 고향으로 돌아오기 시작했다. 그리고선 천사 지브리일이 무함마드에게 와서 신성한 경전을 불순하게 혼합한다고 응징을 하였다고 기록되었는데, 이 지점에서 알라는 선지자를 위로하기 위해 꾸란 22:52를 계시하고 그에게 그보다 먼저 온 선지자들도 사탄에 의해 유혹을 받았으므로 그가 그들과 다를 바가 없다고 기억시켰다. 그러나 알라는 여신들의 지위가 미미하게 묘사된 꾸란 53:21-26의 실제 판본(version)을 보여줌으로써 사탄의 주장을 파기하고, 이를 통해 계시의 완전성을 보증했다. 무함마드는 그가 한 말을 철회했

---

18) 알 타바리(Al-Tabari)는 주후 839년에 이란의 타바리스탄(Tabaristan)에서 출생하여 923년 이라크의 바그다드에서 사망하였다. 그의 정식 이름은 아부 자아파르 무함마드 이븐 자리르 알 타바리(Abu Ja'far Muhammad Ibn Jarir At-tabari)로 무슬림 학자요 초기 이슬람 역사의 막대한 대요(compendiums)와 9세기 동안 순니파 사상의 정리 통합에 분명한 기여를 한 꾸란 주석가였다.
19) 아비시니아(Abyssinia; 아랍어로 Habasha, 오늘날의 에티오피아)로의 무슬림의 이주.

고 메카인들의 핍박은 재개되었다.

살만 러쉬디(Salman Rushdie)는 1988년에 한 소설 작품『사탄의 구절들』(The Satanic Verses)을 출간하였다. 그는 무함마드의 삶의 일부분에 감화를 받아 이븐 이스하끄(Ibn Ishaq)가 쓴 무함마드의 자서전(가장 오래된 존속하는 자서전적 본문)에서 묘사된 새 어구 삽입을 (꾸란에) 시도하였다.

그 소설은 출판에 많은 논쟁을 불러일으켰다. 많은 무슬림 지도자들은, 불경스러운 논급들이 이 책에 포함되어 있다고 주장하였고 실제로 그랬다. 이란의 최고 시아(Shi'a) 지도자 아야톨라 호메이니(Ayatollah Ruhollah Khomeini)는 러쉬디(Rushdie)에 대해 죽음을 부르는 파트와(fatwa; 법적 판결)를 발표하였고, 그 책을 결코 읽지 않았음에도 모든 무슬림이 명령에 따라서 그를 죽여야 할 의무가 있다고 주장하였다. 1989년 2월 14일에 아야톨라는 이란인 라디오 방송에 다음의 메시지를 방송하였다. "나는 자랑스러운 무슬림 국민들에게 이슬람, 선지자, 꾸란에 반대한『사탄의 구절들』의 작가 그리고 그것의 내용을 알고서 그것의 출판에 가담한 모든 사람들은 사형에 처해져야 한다고 세상에 알린다." 인도는 그 책을 금지한 첫 나라이다.

러쉬디의 책은 메카(그 소설에서 "Jahilia")에서의 무함마드("메신저" 혹은 "Mahound" 라고 불린)의 삶에 대한 변형된 재서술이다. 그것의 중심에는 사탄의 구절들에 관한 에피소드가 있는데, 이는 메신저가 회유하고 결국에는 자기 편으로 끌어들여 무슬림 인구를 늘리기 위해 이슬람 이전 메카의 다신교 신들에 찬성하여 먼저 계시를 선포한다. 그러나 나중에 이 계시를 사탄에 의해 꾀어진 오류로서 부인한다. 또한 이 이야기(narrative)는 두 명의 대립적이고 허구적인 메신저들을 보여준다. 마력을 지닌 이교적 사제 힌드(Hind)와 불경하고 회의적이고 풍자적인 시인 바알(Baal)이다. 메신저가 승리하여 도시로 돌아올 때 바알은 매춘부들이 메신저의 아내들로 신분을 위장하는 곳인 지하의 창녀촌을 조직한다. 또한 메신저의 동반자들 중의 한 사람이 메신저의 신빙성을 의심하면서 그는 메신저가 그에게 꾸란을 이야기한(narrated) 대로 꾸란의 상당 부분을 미묘하게 고쳤다고 외친다.

질문들

- 누가 꾸란을 썼을까?
- 언제 그리고 어떻게 꾸란이 쓰여졌나?
- 왜 꾸란은 연대기적으로 쓰여지지 않았을까(그것이 훨씬 이해하기에 쉬웠을 터인데)?
- 꾸란의 실제적인 메시지는 무엇인가(관련사항에 대해 꾸란의 장절을 물어보라)?
- 만약 무슬림인 당신이 꾸란의 가르침을 따르지 않는다면 당신에게 무슨 일이 일어나는가?
- 왜 꾸란에 상충되는 절들이 있는가?
- 왜 알라는 스스로 그의 말씀의 절들에 만수크(mansukh, 취소된 ⟨annulled; 대체된 절⟩)와 나시크(nasikh, 취소하는⟨annulling⟩, 다른 구절을 대체하는 절)가 있다는 것을 명확히 하지 않았을까? 왜 알라는 무슬림들에게 이 어려운 과제를 남겼을까?
- 꾸란은 영원한가? 만약 그렇다면 어떻게 영원한 어떤 것이 무효화(nullified)될 수 있단 말인가(폐기의 법[law of abrogation]을 보라)?
- 알라는 폐기의 법이 필요없는 꾸란의 최종판을 보낼 수 없었을까?
- 『사탄의 구절들』에 대한 당신의 견해는?
- 왜 예수님의 어머니 마리아는 꾸란에 언급된 유일한 여성인가? 왜 무함마드의 어머니는 언급되지 않았을까?

제 3 장

전통[1]

1. 필요불가결한 것

무함마드가 사는 동안 많은 중요한 질문들이 그의 환상과 판단에 의거하여 해결되었다. 이들은 완전한 타이밍에, 즉 한 문제가 발생한 직후에 해답이 주어진 것으로 전해진다. 무함마드가 알라에 의해 보내진 최후의 선지자라고 간주되었지만 이 선지자적 환상은 그의 죽음으로 더이상 지속될 수 없었다. 그러나 성장하는 이슬람 공동체(umma)는 새로운 결정들에 계속적으로 직면하였는데, 특별히 다른 문화들과 조우할 때였다. 꾸란은 자주 이 이슈들에 대해 어떤 선명한 해답을 주지 못했다. 무함마드가 최종의 권위로서 새로운 계시들을 통하여 더 이상 대답할 수 없는데, 어떻게 그와 같은 질문들이 해결될 수 있을까? 무슬림들은 실제 삶의 정황들에서 어떻게 "이슬람적으로" 행동할 수 있을까? 믿는 무슬림들은 그들의 선지자의 삶의 방식과 선지자가 승인한 그의 동료들의 행동들이 역할모델이었다는 것을 깨달았다. 이 삶의 방식은 가능한 한 비슷하게 모방되어야 했다. 꾸란에서 발견되지 않은 무함마드의 삶의 방식에 대한 이야기들은 수집되거나 기록되지 않

---

[1] 아랍어로 알 순나(as-Sunna; 전통).

았기 때문에 학자들은 그렇게 하는 것(모방)이 필요함을 알게 되었다.

무슬림 공동체가 직면하는 다른 문제는 꾸란의 해석인 탚시르(tafsir)를 어떻게 만드는가에 관한 것이다. 많은 구절들이 이해하기가 어렵다. 본문들은 구체적인 상황에 적용되도록 해석이 필요하다. 꾸란이 단지 한 사람 무함마드에게 주어졌기에 그만이 그것을 설명하고 해석할 자격이 있다고 여겨졌다. 그러므로 무함마드의 말과 행동들을 수집하는 두 번째 중요한 이유는 이 설명들과 해석들을 후대를 위해 보존하는 데 있다.

2. 하디스의 수집

무함마드의 삶의 방식에 관한 지식을 보존하기 위해 무슬림들은 그의 죽음 이후 그의 말들과 꾸란에 포함되지 않은 일화들을 수집하여 기록해 나가기 시작하였다. 대부분 입으로 전해진(transmitted) 이 비화들과 작은 사건들은 영어로 "traditions"(전통집)으로 알려져 있는데, "하디스"(hadith;[2] 명언, 이야기)와 "순나"(Sunna;[3] 관습, 습관)로 세분될 수 있다. 오늘날 그것들은 문서들의 모음집으로 전해져 내려온다.

순나는 세 범주로 구성된다.

---

[2] 하디스(Hadith)는 무함마드의 말과 행동에 관련된 기록들이다. 아랍어의 복수형은 아하디스(ahadith)이다. 학술용어로 쓸 때에는 하디스가 종종 단수와 복수 둘 다를 나타낸다. 순나(Sunna)와 하디스(hadith) 용어들은 문학에서 다르게 묘사되지만 자국어에는 자주 가깝게 서로 관련되거나 동의어로서 사용되었다. 단수의 형태인 "hadith"란 단어는 또한 이 책에서 전통들의 모음집을 가리키기 위하여 사용된 말이다(Hughes 1982:639-645; Gibb & Kramers 1953:116-120).

[3] 순나(Sunna)는 "way" 혹은 "custom" 혹은 "the way of the prophet"를 의미한다. 순니(Sunni)파 이슬람에서 "Sunnah"란 단어는 무함마드의 사역의 23년 동안 그의 행동, 말 그리고 그의 재가를 의미한다. 선지자와 알라의 메신저로서 그의 사역 동안 그가 행한 무엇이든 순나(Sunna)로 간주되었는데 이는 무슬림들이 무함마드의 동반자들의 합의를 통해 받은 것이다(sahaba, cf. Hughes 1982:622f).

1) 무함마드의 행동들이나 생략한 것들.
2) 무함마드 생시에 무함마드가 속한 무슬림 그룹에 의해 이행된 행동들로 그에 의해 인정된 것으로 간주된 것.
3) 무함마드 생시에 그가 인정하거나 금지하지 않은, 무함마드가 속하지 않은 제3그룹에 의해 이행된 행동들.

하디스와 순나는 무함마드와 그의 동시대인들에 관해 전해진 말들을 포함하는데 그들은 권위 있는 것으로 간주된다. 그러나 많은 전통들이 특정한 교리나 심지어 개인적인 이득을 증진시키기 위해 유리하게 위조되었다. 이러한 연고로 무슬림 학자들은 진짜 전통들로부터 가짜를 밝혀내기 위해 노력하였다. 무슬림들은 충분한 증거 없이 주장된 전통들이 무함마드나 그의 동반자들에게로 거슬러 올라가 검증된 것이 아니었기 때문에 그것들을 받아들일 수가 없었다. 무함마드 이후 약 2백 년간 일부 무슬림 학자들은 진짜와 가짜 전통들을 가려내기 위해 그것들을 수집하고 대조하기 시작했다.

진짜 전통으로서 수용할 기준들은 다음 3가지이다.

1) 전통은 결점이 없고 이야기의 완전한 사슬(chain of narrators: isnad)을 갖추어야 했다.
2) 그 사슬에서 각 화자는 믿음직하고 신뢰할 수 있는 정보제공자로서 받아들여져야 했다.
3) 본문(matn)의 내용은 여러 장소들에서 입증되어야 했고, 다른 어느 권위적인 전통과도 상반되면 안 된다.

순니파 전통들의 가장 유명한 두 편집자는 알 부카리(al-Bukhari, 주후 870 사망)와 무슬림(Muslim, 주후 875 사망)이었다. 알 부카리는 무함마드의 행동과 말들을 약 60만 개나 수집하여 전통집을 만들었는데, 그 가운데 단지 약 7천 2백 개만이 진짜일 것이라고 간주하였다. 그러나 이것들 중에도 꽤 많은 수가 매우 의심스럽고 오늘날 비평학자들도 이것들을 의심한다. 이러한 의혹들을 해소하기 위하여 무슬림 연구가들은 확증을 위해 심혈을 기울였다. 이슬람 신학은 그것들을 "건전한"이나 "훌륭한" 혹은 심지어는 "약한"과 같은 범주들로 나누었다. 이 전통들의 중요성은 시간의 경과에 따라 커져갔고 꾸란처럼 그것은 많은 무슬림들에게 중대하고 지배적인 것이 되었다.

3. 하디스에서 나타난 중요한 주제

전통(하디스)은 매일 삶의 다양한 이슈들에 대해 말한다.

- 종교적 문제들: 기도, 성지순례, 금식, 성전(holy war), 알라의 운명 예정.
- 가족생활: 상속, 결혼, 이혼.
- 경제적 문제들: 계약, 상업, 은행업무.
- 개인위생: 청결, 면도, 향수의 사용, 양치.

하디스의 해석과 그 구체적인 실제 적용에 대한 불일치는 이슬람의 여러 그룹 간에 존재한다. 그리고 시간이 지남에 따라 갈등과 긴장으로 치달았다.

1) 하디스의 몇몇 실례들[4]

(1) 수집과정의 상당히 놀라운 점들과 관련된 하디스

아나스 말리크(Anas bin Malik)의 진술: 우트만(Uthman)은 모든 무슬림

---

[4] 이 예들은 Parshall(1994)에 의해 쓰여진 책으로부터 취해진 것인데 알 부카리(Al-Bukhari)전집을 사용한다. 사용된 인용은 6:479; 61.3.510으로 6은 volume, 479는 page, 61은 book, 3은 chapter 그리고 510은 전통의 number이다. 이 인용 양식은 독자로 하여금 어떠한 부카리전집이 사용되든 간에 어떤 하디스든 찾을 수 있게 해준다.

지방에 그들이 복사한 꾸란의 사본 하나씩을 보내면서 명하기를, 필사본의 조각이든지 아니면 전체 사본이든지 모든 다른 꾸란의 자료들을 불태우라고 명령하였다(6:479; 61.3,510).

이슬람의 지도부가 말했다 해도, 이 하디스는 증거를 파괴하는 극도의 행동을 보여 준다! 어느 누가 그 당시에 이 사람들의 행동이 무모한 것이라고 확증할 수 있겠는가? 이슬람의 취약성이 대부분의 서구 학자들에게 매우 분명하게 보인다.

(2) 죄와 용서에 대한 하디스

아이샤(Aisha)의 진술: 나는 선지자가 하는 말을 들었고 그가 죽기 전에 그의 등을 기대고 누워서 하는 말에 귀 기울였다. "오 알라시여! 나를 용서해 주시고 당신의 자비를 내게 내리소서. 그리고 나로 가장 높은 것을 충족시키게 하소서"(5:511; 59, 81.715).

꾸란에는 무함마드가 죄를 뉘우치고 있는 것에 대한 수많은 언급들이 있다.[5] 그의 구원은 수세기에 걸쳐서 대부분의 무슬림들이 따랐던 대로 알라 문구(Allah-a formula)의 선한 행위들과 자비에 근거하여 죄 용서를 구하는 회개에 의존한 것으로 보인다. 하지만 무슬림들은 무함마드에게 죄가 없었다는 것을 거의 만장일치로 인정한다.

(3) 금식에 대한 하디스
한 사람이 금식의 한 날을 놓치는 것이 얼마나 심각한지를(비록 이것이 무슬림들 간에 매우 흔하지만) 보여준다.

---

5) 꾸란 47:19; 48:2를 보라.

아부 후라이라(Abu Huraira)의 진술: "누구든지 진정한 이유나 질병 없이 라마단의 한 날에 금식하지 않은 사람은, 심지어 그가 일 년 내내 금식을 할지라도 그날을 보상할 수 없을 것이다"(3:88; 31,29,155).

(4) 성지순례(hajj)에 대한 하디스

왜 무슬림들이 메카에서 검은 돌(Black Stone)에 키스하는 것을 목표로 삼는지를 설명한다. 이는 단지 무함마드가 행했기 때문이다.

아비스 라비아(Abis bin Rabi'a)의 진술: 우마르(Umar)는 검은 돌(Black Stone) 가까이 와서 그것에 키스하고 나서 이렇게 말했다. "의심 없이 나는 당신이 하나의 돌일 뿐이고 누구에게도 이득이나 해가 되지 않는다는 것을 안다. 나는 알라의 사도가 당신에게 키스하는 것을 보지 않았다면 당신에게 키스하지 않았을 것이다"(2:390; 26,49,667).

(5) 지하드와 폭력에 대한 하디스

다음 두 가지는 왜 무함마드의 추종자들이 비신자들에 대항하여 전투를 수행하도록 고도로 자극받았는지를 설명한다. 무함마드 자신이 사람들을 죽였다고 전해진다. 어떤 사람들은 이 말들을 감정에 북받친 말들로 듣는 반면에 어떤이들은 종교적 헌신이 사람을 황폐시키는 가능성에 몸을 움츠린다. 싸우는 것과 죽이는 것은 사랑스러운 행동으로서 묘사된다!

이븐 아바스(Ibn Abbas)의 진술: 알라의 진노는 선지자가 알라의 이름으로 죽인 사람에게 가혹해졌다. 알라의 진노는 알라의 선지자의 얼굴에 피를 흘리게 한 사람들에게 가혹하게 되었다(5:277; 59,23,401).

히샴(Hisham)의 진술: 나의 아버지가 내게 알리기를 아이샤(Aisha)는 말했다. "싸아드(Sa'd)는 말하기를, 오 알라여! 당신의 사도를 불신하고 그를 거부한(메카의) 사람들에 대항하여 당신의 이름으로 싸우는 것보다 내게 더 사랑스러운 것이 아무것도 없음을 당신이 아시나이다"(5:309; 59,29,448).

(6) 심판의 날에 대한 하디스
다음 하디스는 무함마드가 심판의 날에 대한 예언적 환상을 본 것으로서 지옥에 있는 대부분의 사람들이 여인들이다.

> 우사마(Usama)의 진술: 선지자가 말하기를, "나는 지옥불의 문에 서서 거기에 들어가는 대부분의 사람들이 여인들인 것을 발견하였다"(8:363; 76,51,555).

(7) 낙원에 대한 하디스
낙원은 많은 하디스와 마찬가지로 꾸란에 의해 그림과 같은 언어로 묘사된다. 거기에는 불결한 생리현상과 질병이 없을 것이다. 그것은 마치 이 특별한 특권들을 낙원에서 즐기는 사람들은 남자들뿐인 것처럼 기록되어 있다. 각 남자는 두 아내를 소유할 것이다. 부카리(Bukhari) 하디스가 아닌 다른 하디스는 각 남자가 72명의 아내를 둔다고 한다. 이들은 무슬림 남자들의 영원한 향락을 위해 알라의 특별한 창조라고 말해진 후르(hur; houris) 사람들이다.

> 아부 후라이라(Abu Huraira)의 진술: 알라의 사도가 말하기를, "낙원에 들어갈 첫 그룹 사람들은 보름달과 같이 빛날 것이고, 그들을 따르는 자들은 하늘에서 가장 찬란하게 빛나는 별과 같이 빛날 것이다. 그들은 소변과 대변을 보지 않을 것이고 토하거나 코의 어떤 분비작용도 없을 것이다. 그들의 빗은 금일 것이며 그들의 땀에서는 사향의 냄새가 날 것이다. 알로에가 그들의 분향단에 사용될 것이다. 그들의 아내들은 천국의 미녀들일 것이다. 그들 모두가 닮을 것이고 그들의 조상 아담처럼 키가 60규빗이 될 것이다"(4:343; 55,1,544).

(8) 무함마드의 어떤 명령에 대한 하디스

무함마드의 추종자들이 낙타의 우유와 오줌을 마시도록 명령받은 곳이 기록되었고 그렇게 함으로써 건강하게 되었다는 기록이 있다. 이 하디스는 알 부카리(Al-Bukhari) 전집에 여러 번 반복되었다.

아나스(Anas)의 진술: 메디나의 기후는 일부 사람들에게는 맞지 않았다. 그래서 선지자는 그들에게 그의 목자를 즉 그의 낙타들을 따르라고 명령하였다. 그리고 그들의 우유와 오줌을 마시라고 말이다. 그래서 그들은 목자를 따랐고 그들의 신체가 건강할 때까지 그들(낙타들)의 우유와 오줌을 마셨다(7:399; 71,6,590).

(9) 그의 생애 말년으로 갈수록 무함마드는 점점 더 유대인들과 기독교인들에게 가혹했다. 죽음 직전에 그는 그들을 저주하였다.

아이샤(Aisha)의 진술: 알라의 사도의 삶의 마지막 순간이 왔을 때 그는 그의 카미사(khamisa; 담요)를 그의 얼굴 위에 놓기 시작했고 그가 뜨거움을 느꼈을 때 그의 짧은 숨을 내쉬며 말하기를, "유대인과 기독교인들이 그들의 선지자들의 무덤에 예배 처소들을 지은 것에 대해 알라께서 저주를 내리소서!" 선지자는 그들이 행해 온 것들에 관해 경고하고 있었다(1:255; 8,55,427).

4. 순니와 시아 전통 간의 차이

서로 다른 이슬람 그룹들은 다양한 전통들을 진정한 것과 거부할 것으로 나누는 진정성의 판단기준에 있어서 서로 다른 의견들을 갖고 있다. 여기에서는 단지 두 개의 주 그룹들을 간략하게 논하겠다.

1) 순니 무슬림들에 의해 받아들여진 하디스

하디스의 순니 경전은 무함마드 죽음 이후 3세기 안에 최종적으로 편집되었다. 나중에 학자들은 어떤 하디스의 진위성을 논쟁했을 것이지만 전체로서 경전의 권위는 문제시되지 않았다. 그러나 최근에 그 진위성에 대해 질문하는 수많은 학자들과 지식인들이 급격하게 증가하고 있다.

* 6개의 주요 하디스 전집
1. 사히흐 부카리(Sahih Bukhari): 알 부카리(al-Bukhari, d.〈died〉870)가 수집, 7,275개의 아하디스(ahadith) 포함
2. 사히흐 무슬림(Sahih Muslim): 무슬림 핫자즈(Muslim b.〈born〉al-Hajjaj, d. 875)가 수집, 9,200개의 아하디스를 포함
3. 수난 아비 다아우드(Sunan Abi Da'ud): 아부 다아우드(Abu Da'ud, d. 888)가 수집
4. 수난 알 티르미디(Sunan al-Tirmidhi): 알 티르미디(al-Tirmidhi, d. 892)가 수집
5. 수난 알 수그라(Sunan al-Sughra): 알 나사아이(al-Nasa'i, d. 915)가 수집
6. 수난 이븐 마자(Sunan Ibn Maja): 이븐 마자(Ibn Maja, d. 886)가 수집

사히흐 부카리와 사히흐 무슬림은 이 전집들 중에서 보통 가장 믿을 만한 것으로 간주된다. 여섯 번째 전집이 이븐 마자(Ibn Maja)의 것인지 이맘 말리크(Malik)의 무와타(Muwatta)의 것인지에 대해 학자들 간에 일부 논쟁이 있다.

2) 시아 이슬람에 의해 받아들여진 하디스

시아 무슬림들은 파티마(Fatima)를 통하여 무함마드의 자손들에 의해 혹

은 알리 이븐 아비 탈립(Ali ibn Abi Talib)에게 충실하게 남아 있던 초기 무슬림들에 의해 전승된 전통들을 신뢰한다. 시아인들은 낙타의 전투(Battle of the Camel)에서 알리(Ali)에게 반대한 무함마드의 과부 아이샤(Aisha)처럼 알리-무슬림들(Ali-Muslims)에게 적대적이었던 초기 무슬림들에 의해 전승된 전통을 믿지 않는다.

시아 이슬람 내에는 여러 학파가 있었는데, 각 학파는 그 자신의 학식의 전통과 아하디스(ahadith)를 수용하거나 거절하는 체제를 가졌다. 네 개의 두드러진 시아 전집은 "네 개의 책들"(The Four Books)로 알려져 있다.[6]

> **질문들**
> - 하디스는 어떻게 수집되었나?
> - 무슬림들이 믿음의 질문에 관하여 하디스(전통)를 참고하는 것이 왜 필요한가? 꾸란은 충분히 이해할 만한가?
> - 꾸란만이 영원한 알라의 말씀인가 아니면 하디스도 알라의 말씀에 포함되는가?
> - 어느 하디스가 진짜이고 믿을 만한지 당신은 어떻게 아는가?
> - 오늘날 어느 하디스를 따라야 하는지 누가 결정하는가?
> - 어느 주 전통(Bukhari, Muslim, Tirmizi 등)을 당신은 따르는가?
> - 만약 당신이 필수 전통을 지키지 않는다면 무슨 일이 일어날까?

---

6) "네 책들"(The Four Books, 아랍어로 *Al-Kutub Al-Arb'ah*)은 시아파의 가장 잘 알려진 하디스 전집을 언급하는 시아(Shi'a) 용어이다. 1) Kulayni의 Kitab Al-Kafi, 2) Shaikh Saduq의 Man la Yahdhuruhu'l Faqih, 3) Abu Ja'far al-Tusi에 의해 쓰여진 Tahdhibu'l Ahkam, 4) Abu Ja'far al-Tusi에 의해 쓰여진 Al-Istibsar이다.

제 4 장

이슬람법(Shari'a)

1. 기원

아랍어 샤리아(Shari'a)는 사람이 따라야 할 길 혹은 "물이 풍성한 곳으로 이르는 길"(the way to a place rich in water)을 나타낸다. 그것은 알라 스스로가 무함마드를 통하여 보여준 길이다. 무함마드는 무슬림 공동체의 미래 지도자를 위한 준비를 해주지 않았고, 그의 추종자들에게 법적인 질문의 해답을 위한 통일된 체계의 규율을 주지도 않았다. 이슬람 제국이 팽창하고 무함마드 사후로 시간의 간격이 커져감에 따라, 법의 실행에 관한 새로운 질문이 제기되었다. 꾸란의 법체제의 이슈는 법적 조항을 조달하는 데 충분하지 않았다. 이 문제를 해결하기 위해 무슬림들은 시간이 경과함에 따라 무함마드의 삶의 방식과 행동(Sunna) 모두가 알라의 감화(inspiration)에 의해 결정되었다고 하는 견해를 채용하였다.

그래서 무함마드 자신에게 기원을 두는 이 전통(hadith)만이 구속력이 있는 것으로 받아들여졌다. 이에 전통들은 무슬림들에게 있어 알라의 계시로서 꾸란과 함께 거의 똑같은 위치에 서게 되었다. 만약 참으로 무함마드가 이슬람 공동체의 역할 모델이라면 그의 말과 행동이 모든 무슬림들에게 구속력이 있다는 것은 당연하다. 그 당시에 정의된 대로 순나(Sunna)는 꾸란에 보태어 이슬람법의 두 번째로 권위 있는 근원이 되었다.

19세기와 더불어 20세기 동안에 이슬람법의 역사는 무슬림 세계에 직면하는 새로운 도전으로 인해 변하였다. 서구는 세계적인 세력으로 성장하였고 무슬림 지역을 포함한 세계의 거대한 부분을 식민지화하였다. 많은 사회가 농경으로부터 산업 사회로 변이를 겪었다. 새로운 사회적·정치적 관념이 출현하였고 사회적인 모델이 성직자 계급제도로부터 인류 평등주의를 향하여 서서히 이동하였다. 특별히 오스만 제국 그리고 또한 무슬림 세계의 나머지도 쇠퇴해가는 과정에 있었고 개혁의 요청이 더 커갔다.

이슬람 국가에서 성문화된 국가법이 종교적인 법적 의견의 역할을 대체하기 시작하였다. 서구의 나라들은 이슬람 국가에게 때로는 영감을 주었고, 때로는 압력을 가하였으며, 때로는 이슬람의 법을 바꾸도록 강요하였다. 세속주의자 운동은 의식, 예배, 영성에서 지표가 되는 권위있는 이슬람 법학자들의 의견으로부터 벗어난 법들을 추구했으나, 그들은 다른 지역에서 국가의 권력을 잃었다. 무슬림 공동체는 이 변화에 다양한 반응을 보였다.

- **세속주의자**: 국가의 법이 이슬람의 법적 이론에 근거하는 것이 아니라 세속의 원칙에 기초해야 한다고 믿는다.
- **전통주의자**: 국가의 법이 전통적인 법학파에 기초해야 한다고 믿는다. 그러나 전통적인 법적 견해는 대부분의 현대 무슬림-특히 여성이나 노예의 권리와 같은 분야에서-에 의해 받아들여질 수 없는 것으로 고려된다.
- **개혁가**: 새로운 이슬람의 법적 이론들이 현대화된 이슬람의 법을 만들어낼 수 있고 여성의 권리와 같은 분야에서 받아들여질 만한 의견으로 이끌 수 있다.
- **살라피(Salafis)**: 전통적인 학파가 잘못되었기에 실패하였다고 믿는다. 그들은 초기 무슬림의 세대를 따르려고 애쓴다.

2. 네 권위

꾸란이나 하디스가 해결점을 제시해줄 수 없는 문제가 일어날 때 무슬림들은 어떻게 결정해야 하나? 하나의 해결방도는 이즈티하드(ijtihad; 인간 이성의 사용법)의 원칙, 즉 법의 권위적인 원천(꾸란과 순나)에 기초한 결정의 도식화 혹은 행동의 규칙에서 찾아볼 수 있다. 결과적으로 끼야스(qiyas)와 이즈마(ijma)는 정의를 찾는 세 번째와 네 번째의 방법이 되었다. 무함마드의 사후 3세기 동안 이슬람의 법학자들[1]은 전통과 법적 실천의 혼합으로부터 출현한 법체계(jurisprudence)의 원칙 모두를 포용하는 법적 체계를 세워나갔다.

- 꾸란: 첫 번째 출처(source)로서 이슬람법의 가장 중요한 토대로 고려된다.
- 순나: 하디스의 전집에 실린 것과 같은 선지자의 관습과 말이다.
- 끼야스(Qiyas): 새롭게 제기되는 사건은 논리적인 추론과 이미 알려진 사건을 토대로한 유추법(analogy)에 의한 결론으로 해결된다.
- 이즈마(Ijma): 만약 꾸란, 하디스 혹은 유추법에 의한 결론을 통하여 해결될 수 없는 사건이 여전히 존재한다면 그 이슬람 공동체의 합의(consensus)가 권위적이다. 실제적으로 이 합의는 무슬림 신학자들의 동의로 한정된다.[2]

제기된 법적 질문을 해결하는 데 있어서 이 네 가지의 구성요소들은 순차적으로 사용된다. 그러나 해석과 적용에 관한 의견들은 신학자들과 무슬림 공동체들마다 차이가 있다. 예를 들어, 순니파(Sunni)는 네 법학파를 발전시켰다. 각 순니 무슬림은 이 학파 중의 하나에 속하여 해당학파의 법을 고수

---

[1] 이 법제(jurisprudence)의 주요 설립자는 유명한 법학자 무함마드 이븐 이드리스 알 샤피(Muhammad ibn Idris as-Shafii, 주후 820 사망)였다.
[2] 그들의 가르침은 "대다수의 무슬림들이 어떤 문제에 대해 동의할 때 이것은 옳고 알라의 뜻과 부합한다"라고 하는 하디스(hadith)에 기초한 것이다. 무슬림들이 법을 수립하는 일과 관련하여 순니와 시아 간에 차이가 있다.

한다. 그 학파들은 전통적인 법학자로부터 배운 학생들에 따라 명명되는데 다음 지역들에서 흔히 발견되었다.

- 하나피(Hanafites): 터키, 발칸반도, 중앙아시아, 인도 아(亞)대륙, 중국 그리고 이집트.
- 말리키(Malikites): 북아프리카, 서아프리카 그리고 여러 아랍 걸프 국가들.
- 샤피(Shafi'ites): 인도네시아, 말레이시아, 이집트, 동아프리카, 예멘 그리고 인도의 남부 지역.
- 한발리(Hanbalites): 아라비아.

이 네 학파들은 많은 법을 서로 공유하지만 그들이 진짜로 받아들이는 특별한 하디스에 관해서 그리고 어려운 질문을 결정하는 데 있어서 유추와 이성(qiyas)에 주어진 비중에는 차이가 있다. 자프리학파(Jaferi school; 이란, 이라크, 레바논, 바레인, 파키스탄 그리고 아프가니스탄의 부분들과 사우디아라비아에 설립된)는 시아파 이슬람과 제휴한다. 이 학파에서는 이맘에 의해 통치되는 시아파 이슬람의 보다 엄격한 위계질서 때문에 파트와(fatwa, legal opinion)가 보다 더 진지하게 받아들여진다. 그들은 또한 모든 율법학자가 그 자신의 의견에 따라 결정을 바꿀 수 있는 상당한 권력을 갖고 있다는 점에서 융통성이 있다.

3. 실제적인 적용

샤리아는 종교적인 계명을 포함할 뿐만 아니라 공적인 수용과 연합의 실현을 목표로 하고 있다.[3] 사실 그것은 단지 이슬람에 의해 통치되는 나라에

---

3) 샤리아는 시각적으로 매일 실제적인 삶의 모든 행위 유형들을 규정한다. 예를 들어, 결혼, 식이요법, 자세와 기도유형 등이다. 무슬림 학자에 의하면 이슬람은 다섯 영역으로 나눠질 수 있다. 믿음('Itiqadat), 윤리(Adab), 예배('Ibada), 사업(Mu'amalat), 형벌('Uquhat). 법은

서만 적용될 수 있다. 서구에서 무슬림들은 심각하게 이것을 인식하고, 서구 법 안에 샤리아 법을 통합시키려고, 혹은 그 대안으로서 그 국가들에서 모든 무슬림들에게 샤리아를 적용하도록 여러 압력 단체들이 공격적으로 압박을 가하고 있다. 기도, 음식 혹은 결혼과 가족 생활에 관한 의식적인 명령들이 관여된 곳이면 어디든 서구에서 그들은 비이슬람의 세속화된 사회에서 소수의 무리인 것을 인지한다. 세 가지 가능성이 그들에게 열려 있다.

- 이슬람주의자(Islamists): 그들은 분리된 방식으로 살고 그들이 할 수 있는 한 법에 복종하려고 노력한다. 서구 세계와의 접촉은 가능한 한 피한다(게토화 사고방식). 이 이슬람의 유형은 또한 급진적 이슬람, 정치적 이슬람, 이슬람주의(Islamism) 혹은 이슬람원리주의(fundamentalism)라 불린다.
- 자유주의자(Liberalists): 그들은 샤리아가 비무슬림 국가에서 제한된 규모에서 유용한 대로 그 관점에서 살아간다. 개방적인(liberal) 무슬림은 그들이 복종하기를 원하는 법 그리고 그들의 현 상황에서 지키기에 불편한 것 중에서 자유롭게 선택한다.
- 현대주의자(Modernists): 꾸란과 순나의 위치에는 관심이 없고 샤리아의 새로운 해석을 찾으려고 노력한다. 이것은 이즈티하드(ijtihad)의 원칙에 기초하여[4] 법이 시대에 맞추어 진보된 것으로 여겨진다. 예를 들어, 비록 무함마드가 사용하지 않았지만 컴퓨터 등의 사용을 정당화한다.[5]

이슬람주의자, 자유주의자 그리고 현대주의자의 견해 사이에 무슬림 그룹 내부와 그들 간의 갈등에 더 깊이 영향을 끼친 법의 적용에 있어서 상당한 차이를 보인다.

뒤 세 용어로 구성된다(Hughes 1982:285-292 그리고 Gibb & Kramers 1953:524-529).
4) 그러나 순니 이슬람에서 *bab al ijtihad*(door to the finding of justice)는 10세기에 닫혀진 것으로 간주된다.
5) 급진주의자들(radicals)이 이슬람을 퍼뜨리기 위해 잠시 현대적인 도구들을 사용한다는 사실을 인정해야 하지만 말이다.

4. 현시대의 실상

　순니파와 시아파는 파트와(fatwas)를 발행하는 권위를 누가 갖는지에 관해 의견이 다르며, 하디스, 샤리아, 피끄(Figh, 이슬람법체계와 권위구조들)를 어떻게 보는지도 의견이 다르다. 결과적으로 오늘날 무슬림 사회에서 이슬람법의 해석과 이행(implementation)에 있어서 놀라운 변동이 있다. 자유주의의 운동은 여러 관점으로부터 샤리아의 관련성과 적부를 의문시하였다.

　인도네시아와 방글라데시와 함께 가장 거대한 무슬림 인구를 가진 몇 국가에서는 가족법을 단지 몇 이슬람지방들에서만 시행할 뿐, 세속의 헌법과 법을 폭넓게 적용한다. 터키는 (여전히) 공고히 세속적인 헌법을 갖고 있다. 인도는 비록 형법이 통일되었을지라도 전체적으로 샤리아에 기초하고 무슬림 사법회의(Muslim Personal Law board)에 의해 틀이 짜여진, 무슬림 시민법을 분리시킨 유일한 국가이다. 이혼 수당의 거부권이나 일부다처제(한 남성이 네 명의 아내까지 가질 수 있는)와 같이 논쟁의 대상인 법들은 남성우월주의적인 것으로 여겨진다.

　중동과 북아프리카 대부분의 나라는 주로 결혼과 상속을 규정하는 세속의 법정과 종교적인 법정의 이중 시스템을 유지한다. 사우디아라비아와 이란은 사회적 맹종(compliance)을 강행하는 법체제와 종교적 정책의 모든 국면을 위해 종교적인 법정을 운영한다. 샤리아로부터 끌어낸 법은 또한 수단, 리비아 그리고 아프가니스탄에 적용된다. 북부 나이지리아에 있는 일부 지역은 샤리아 법정을 재개했는데 그 말은 대부분의 경우에 증거(evidence)와 증언(testimony)이라고 하는 보다 견고한 원칙들을 무시한 채 상당히 혹독한 형벌을 가하는 것을 의미한다. 그들이 대체로 다른 지역에 비해 자주 소개했던 형벌들은 절도범의 한 손, 혹은 양손을 다 자르는 것과 간음자에게 돌을 던지는 것, 그리고 배교자를 사형에 처하는 것 등이다.

　많은 사람들이 샤리아에 의해 규정된 그 형벌들을 원시적이고 잔인한 것이라고 간주하지만, 이에 대해 이슬람 학자들은 이 형벌들이 적절히 이행된다면 범죄를 억제하게 될 것이라고 주장한다. 그러나 사형 선고가 실행되는 것이 국제적으로 수용된 인권과, 도덕의 기준들에 상반되기 때문에 이슬람법을 적용하여 실천한 나라들은 상당히 많은 비판을 받고 있다. 여기에는 간음에 대한 사형, 도둑질에 대한 신체의 일부 절단 그리고 간통에 대한 태형을 포함한다.

5. 아다트(Adat) 법

아다트(Adat)[6] 법은 지역법과 전통법의 통합체이고 이슬람 국가에서 분쟁을 해결하는 제도들이다. 그것은 인도네시아의 많은 지역에서 전개되고 시행되었다. 고대 말레이어에서 아다트는 해상법과 마찬가지로 사회적, 정치적 그리고 경제적인 법을 규정하는 관습상의 법과 쓰여지지 않는 전통적인 법전을 의미한다. 아다트 법의 가장 중요한 학자 중의 한 사람은 코넬리스 볼런호번(Cornelis van Vollenhoven)이었다.

아랍어 아아다('ada)로부터 파생된 것으로서 일반적으로 "관습, 실천, 사용 그리고 상습"(wont)을 뜻한다. 그 단어는 개인이나 공동체가 익숙하게 받아들이는 모든 것에 적용된다. 동물들 또한 그들의 아다트(adat)를 갖고 있다. 하나의 아다트가 무시된다는 것은 그 공동체에게 커다란 불안감을 준다. 인도네시아의 무슬림은 자주 그들의 아다트에 속한 이슬람의 부분과 본래의 아다트 간에 차이를 의식한다. 그들 간의 차이는 여러 경우에 있어서 광신적인 격발과 갈등으로 이끌었다.

아다트 법은 발견하고 수집하는 데 쉽지 않다. 그 본래 자료들은 기본적으로 지역족장의 포고였다. 그들의 법은 서구의 생각에 의해 심판되지 않아야 한다. 그것은 늘 관습법과 일치하는 것이 아니며 자신의 의견을 개진하는 법학자들로부터 온다. 종종 아다트 법은 순니과 샤리아 법에 보태진다.

---

6) 또한 Gibb & Kramers(1953:14)를 보라.

예를 들면, 결혼은 샤리아에 따라 맺어질 수 있고 아다트 법으로 축하의식이 따른다. 이슬람의 관점으로부터 결혼의 유효성은 샤리아를 따름으로써 완전히 보증된다. 실제로, 그 의식의 생략은 종종 결혼이 무효가 되는 것으로 끝난다.

> **질문들**
> - "샤리아"가 의미하는 바는 무엇인가?
> - "샤리아"는 무슨 요소들로 구성되어 있나?
> - "샤리아"는 인간에 의해 만들어졌는가? 아니면 알라에 의해 만들어졌나?
> - 알라가 준 법인지 사람에 의해 만들어진 법인지 당신은 어떻게 아는가?
> - 사우디아라비아와 비교하여 튀니지와 같이, 이슬람 나라마다 법을 적용하는 데 있어서 왜 그와 같이 거대한 차이가 있는가?
> - 대부분의 경우에 있어서 왜 "샤리아"는 남성에게 유리하고 여성에게 불리한가?
> - 무엇이 "샤리아"이고 무엇이 "아다트" 법인지 어떻게 아는가?

제 5 장

믿음과 의무에 관한 가르침

아랍어 "이슬람"(Islam)은 "의뢰"(submission), "항복"(surrender) 그리고 "복종"(obedience)을 의미한다.[1] 동사형은 "아슬라마"(aslama)로 그 의미는 "항복하다"(to surrender)이다. 알라는 인간이 알라의 위대함과 위엄에 있어서 그를 인정하고 그에게 의뢰하며 복종할 것을 당연한 일로 요구한다. 이슬람은 자기 항복(self-surrender)을 의미하는데, 이 항복으로 인해 인간이 평화를 얻을 것이라 기대한다. 무슬림이란 단어는 알라의 뜻에 그의 삶을 항복하는 사람을 의미하는 것으로 이 역시 "슬림"(slim)으로부터 생겨났다. 무슬림은 종교를 따르는 것이 아니라 개인과 단체의 삶의 모든 면을 지배하는 알라에 의해 제공된 지침(guidance)과 함께 완전한 삶의 방식을 따르는 것이다.

다른 종교와 같이 이슬람은 추종자들이 믿고 행하기로 되어있는 것들이 세분되어 있다. 이슬람 신학에서 이것은 매우 뚜렷하다. 믿음(iman)의 가르침은 6가지 조항으로 구성되고, 종교(din)의 실천은 5가지 의무를 포함한다.

---

[1] 이 어근 "*slm*"으로부터 나오는 다른 문자적인 의미는 safe, secure, peace이다.

1. 6가지 믿음 조항

6가지 믿음의 조항 중에서 5개는 꾸란 2:177에 언급되고 있다.

"너희가 너희의 얼굴을 동이나 서로 돌리는 것이 의가 아니라 알라와 최후의 날(the Last Day), 천사들, 책(the Book) 그리고 메신저들을 믿는 것이 의 (righteousness)이니라…."

각 무슬림은 다음의 여섯 조항을 의무적으로 믿어야 한다.[2]

1) 알라(God): 오직 한 참되고 유일한(unique) 신(God) 외에는 다른 신(gods)은 없다(tawhid, 꾸란 112). "알라의 신성(divinity)에 파트너가 없고, 아내도 가지지 않으며 아들도 낳지 않는다. 알라는 영원하고 창조된 것으로부터 분리되며, 그는 어떤 방도로든 피조물을 닮지 않는다." 알라는 전능하고 전지하다. 이슬람에서 알라의 유일성(oneness)과 독특성(uniqueness)이 강하게 강조된다. 거기에는 알라를 가리키는 99가지의 놀라운 이름이 있다.[3]

2) 천사들(malak; 복수형은 mala'ika):[4] 알려지지 않은 수많은 천사들이 존재하는데, 그들 중에 네 천사장들(archangels)[5]이 있다. 악마(사탄, Shaitan)

---

2) 비록 유사성들이 있을지라도 사람은 이 개념에 관하여 전반적으로 기독교의 가르침과 다르다는 것을 인식해야 한다!
3) 알라의 99가지 이름들에 대해 Hughes(1982:141-142)와 Gibb & Kramers(1953:33-37)는 더 깊은 설명과 꾸란의 해당구절들을 보여준다.
4) 꾸란은 천사들과 진(jinn)들이 무엇으로부터 창조되었는지에 대해 아무런 정보를 제공하지 않는다. 불이나 빛은 전통에 따른 이름들이다(참조: Hughes 1982:134).
5) 꾸란에서 네 대천사들의 이름은 가브리엘(Gabriel, 계시를 맡은), 미가엘(Michael, 지켜주는 천사), 이스라필(Israfil, 최후의 심판을 알릴), 이즈라일(Izrail, 죽음의 천사)이다. 비고: 꾸란 2:97-98; 19:19; 32:11; 35:1. 하디스는 더 많은 천사들을 명명한다.

는 타락한 천사이다. 진(jinn)[6]은 천사와 인간 사이의 위상을 지닌 존재이고 선하거나 혹은 나쁘다. 천사는 다른 기능을 갖는다. 두 천사가 인간에게 각각 지정되는데, 하나는 인간의 선한 행위를 기록하고 다른 하나는 나쁜 행위를 기록한다. 죽음 후에 각 인간에게 그의 즉각적인 미래 운명을 결정할 시험적 질문을 던지는 것이 문카르와 나키르가 맡은 임무이다.[7]

3) 알라의 책들(kutub Allah): 알라가 역사에 걸쳐 여러 선지자들을 통하여 많은 계시를 보낸 것으로 가정한다. 다음의 저작 중에 일부가 꾸란에 언급되어 있다. 아브라함의 페이지(분실된 것으로 간주), 모세의 토라(Taurat), 다윗의 시편(Zabur), 예수의 복음서(Injil) 그리고 무함마드의 꾸란(4:163; 7:157; 17:46). 무슬림의 인식에 따르면 토라, 시편 그리고 복음서는 유대인과 기독교인에 의해 변조되었다고 한다. 오로지 꾸란만이 알라에 대해 최종적으로 계시된 말씀으로 믿을 만하고 이와 같이 다른 모든 책보다 우위에 있다(꾸란 4:47; 5:15).

4) 선지자들(꾸란 35:24): 하디스에 의하면 약 12만 4천 명의 선지자가 존재하였다. 꾸란은 25명의 선지자 이름만 거론하는데 그 중에 21명이 성경에 나온다.[8] 이슬람 신학은 "선지자들"의 두 유형 사이를 구분 짓는다. (1) 계시를 받는 자로 나비(Nabi, 문자적으로 "선지자") (2) 알라의 책을 받아서 그것을 특별한 그룹에게 전하는 자로 라술(Rasul, 문자적으로 "사

---

[6] 이 사막의 영들에 관한 옛 아라비아의 이교신앙의 모호한 생각들은 정통이슬람에서 다른 믿음의 진술과 더불어 명료하게 되고 조직화되고 조화되었다.
[7] 네 질문은, 당신의 하나님은 누구인가? 당신의 종교는 무엇인가? 당신의 선지자는 누구인가? 당신의 기도의 방향은 무엇인가? 만약 신자가 올바른 대답들(알라, 이슬람, 무함마드, 메카)을 한다면 그는 홀로 남을 것이다. 그러나 잘못된 대답을 하면 그는 고통 중에 거하게 될 것이다.
[8] 여섯 선지자들은 영예로운 이름으로 꾸란에서 구별된다. 아담: 알라의 선택된 사람, 노아: 알라를 전하는 자, 아브라함: 알라의 친구, 모세: 알라와 함께 걸었던 사람, 예수: 알라의 말씀과 영, 무함마드: 알라의 메신저.

도", "사자")이라 한다. 이슬람의 가르침에 따르면 모든 알라의 선지자들 중에서 최후의 가장 위대한 선지자가 무함마드인데 그는 '나비'이자 '라술'이다.[9]

5) **최후의 날**(꾸란 2:62; 4:55-57; 56:50): 이것은 심판의 날(Yaumu'd-Din)과 부활의 날(Yaumu'l-Qiyama)인데, 이날에 누가 낙원(paradise)에 가고 누가 지옥(hell)에 갈 것인지가 각자의 행위에 기초하여 결정된다. 고분고분하게 알라와 무함마드를 따른 사람들은 감각적인 쾌락의 장소인 이슬람의 낙원에 받아들여지기로 되어 있다.[10] 지옥에 관하여는 꾸란이 시종일관된 가르침을 주지 않는다. 꾸란 19:71-72, 하디스 그리고 많은 주석가들은 사람들이 그들의 지은 죄에 대한 값을 치르기 위해 짧은 기간 동안 지옥에 있을 것이라고 말한다.[11] 꾸란 74:26-30과 같은 다른 꾸란의 구절에서는 지옥이 최종지를 가리키는 것으로 보인다.

6) **운명예정**(Qadar): 인간의 자유의지의 정도와 대비하여 인간의 운명에 대한 알라의 운명예정은 특히 이슬람의 첫 3세기 동안에 심하게 논쟁이 되었다. 꾸란은 모든 것을 망라한 세계의 모든 사건에 관해 알라가 예정을 하였다고 가르친다(꾸란 9:51). 그 의도는 모든 처지하에 알라의 절대적인 주권을 유지하기 위해서이다. 그러므로 이슬람(복종)은 신앙심이 깊은 인간의 기본적인 덕목이고, "인샤알라"(in sha' Allah, 알라가 원

---

9) 그러나 아흐마디야 그룹은 또 다른 더 위대한 선지자로 그들의 창설자인 미르자 굴람 아흐마드(Mirza Ghulam Ahmad)를 꼽는다.
10) [파라다이스에 대한] 이슬람의 이해는 주로 "남성을 위한 파라다이스"라고 불리어질 수 있는데 그는 하늘의 숫처녀들에 의해 시중을 받으며 부드러운 소파에 기대어 누워 포도주를 마신다. 파라다이스에서 각 남성은 그가 원하는 대로 많은 숫처녀들과 결혼하는 것이 허용된다(꾸란 55:54-56; 56:27-40). 한 전통에 따르면 대부분의 여성은 지옥에 간다(Sahih Muslim, Vol 4, *hadith* 6597, 1432쪽).
11) 꾸란에서 지옥은 보통 "불"로서 언급된다. 심한 고통의 장소에는 일곱 대문과 소문이 있는 것으로 여겨진다(참조: Hughes 1982:170-173).

하신다면)는 흔한 표현이다.[12] 그들이 무엇을 생각하거나 말하거나 행하든 간에 알라에 의해 예정되었다고 하기 때문에 인간이 자신의 범죄에 대해 책임을 져야 한다고 알라가 주장할 때 알라가 어떻게 하는지에 대한 질문이 제기된다. 꾸란은 인간이 그의 삶을 결정할 수 있는 선택권이 없다고 분명히 가르친다.

"알라는 그가 즐겨하는 대로 인간을 타락으로 이끌고 그가 원하는 대로 인도한다. 그러나 너희는 너희의 행위에 대해 확실히 책임져야 할 것이다…그의 뜻에 따라 방황케 하고…그가 즐겨하는 대로 용서하며 그가 좋고 즐겨하는 대로 벌한다"(꾸란 5:18; 14:4; 16:93).

하디스는 어떤 불명확한 점도 없이 이를 확증한다.

"그가 지옥에 갈 한 종을 지을 때 그(종)는 죽을 때까지 지옥의 동거인들의 행위에 계속 가담케 한다"(Mishkat III page 107, …참으로 알라는 한 남자가 만족할 수 있는 간통의 몫을 확정하였고 그(남자)가 필요할 때는 해야 하도록 하였다. al-Bukhari LV ch 27 v 621, 혹은 Vol IV p410).

2. 이슬람의 다섯 가지 의무

다섯 의무[13]는 "알라의 밧줄"(rope of Allah)로서, 사람이 정통 무슬림(orthodox Muslim)으로 간주되기를 원하면 이 밧줄에 매달려야 한다. 이 의무는 일종의 신원카드로 무슬림이 복종해야 하는 실제적인 의식의 의무이다.

---

12) 무슬림들의 속담 투의 숙명론은 그들을 한편으로는 두려움 없는 용감한 행위로 선동하고 다른 한편으로는 변화에 대한 저항 혹은 냉담한 태도로, 변함없는 그대로의 상태를 의심 없이 받아들이도록 부추긴다.
13) 이 의무들은 "이슬람의 다섯 기둥들"(arkan al-Islam) 혹은 단순히 "기둥들"이라 불린다.

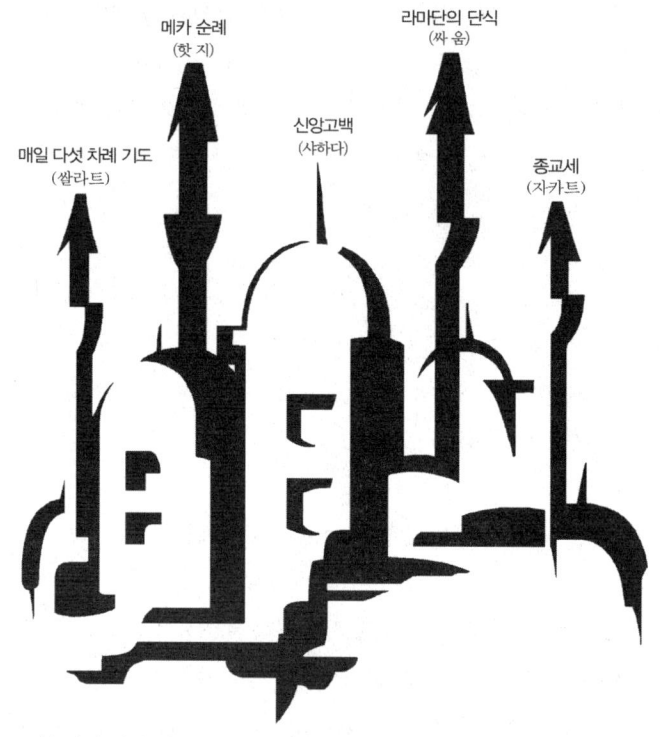

▲ 이슬람의 다섯 기둥

1) 믿음의 고백(Shahada, 또는 kalima로 불린다): "알라(God) 외에는 신이 없음을 나는 증거합니다. 그리고 무함마드는 알라의 사자임을 나는 증거합니다." 두 증인 앞에서 이 문장의 의도적인[14] 반복이 한 사람으로 하여금 결정적으로 무슬림이 되게 한다. 이 강령은 매일 다섯 차례 있는 기도의식에서 여러 번 반복된다. 이 강령의 반복적인 선언은 이슬람에서 가장 중요한 의식이다.

2) 기도(salat, 꾸란 17:78-79 또는 namaz라고 불린다): 모든 무슬림은 정확하게 규정된 부복(俯伏)인 라카아(rak'a)에 수반된 규정된 기도의 순환을 반복

---

14) 자신이 무슬림임을 공언하려는 의도와 함께.

하면서 매일 다섯 차례 기도하지 않으면 안 된다.¹⁵⁾ 모두 합하여, 즉 이 전례적 기도들을 매일 17번 낭송한다. 예비적인 의식적 세척이 기도(salat)를 위해 요구되는데, 홀로 수행되거나 다른 사람들과 같이 모여서 단체로 수행된다. 만약 공간이 되면 여성들을 위해 분리된 기도 방이 모스크에 제공된다.¹⁶⁾ 그러나 여성들은 종종 집에서 기도한다. 개인적인, 자발적인 기도(dua)는 종교적인 의무의 수행으로서 법적 귀결이 없고 알라의 공덕을 얻지 않는다. 한편 요구되는 의식적 기도(salat)는 기도 형식과 꾸란으로부터의 낭송으로 이뤄지는 것으로 알라 앞에서의 유일한 행위로 간주된다. 사람들은 정확하게 규정된 자세로 메카를 향하여 기도한다.¹⁷⁾ 무에진(muezzin)의 초청(아단, adhan)은 무슬림들을 기도에로 호출한다. 금요일 정오(mid-day) 기도 시간에 이맘은 일종의 설교인 강연을 한다.

---

15) 기도 시간: 날이 밝을 때, 정오에, 오후에, 일몰 후 짧게, 일몰 후 2시간이 지나서.
16) 그 요구사항은, 여성이 기도하는 동안에 남성에게 보여서는 안된다. 이슬람 국가에서 여성을 위한 기도시설을 대부분의 모스크에서 갖추지 않고 있다. 반면에 서양에서는 여성에게 기도하기를 허용하는 모스크가 더 많다.
17) 모스크에서 이맘은 기도를 이끈다. 그의 움직임을 모든 신자들이 따라서 반복하고 그의 말도 모두가 그대로 되풀이한다.

3) 종교세(tax; Almsgiving, zakat, 꾸란 1:177): 무슬림들의 종교세는 부분적으로 "가난한 사람들을 위한 세"(tax for the poor)로 전환되었다. 꾸란은 "베푸는 것"(giving)[18]을 강조하지만 그 양에 관해서는 자세히 진술한 곳이 없다. 그것은 부에 달려 있으며 또한 가정의 남자 가장의 해마다의 수입에 달려 있다. 거기에는 소작농이나 농부들이 동물을 바치는 규정들이 있다. 2.5%(예를 들어, 매매의 항목)는 일반적인 지침이지만 특별히 성공적인 상황에서는 순수한 수익(net profit)의 20%까지도 될 수 있다.[19]

4) 금식(sawm, 꾸란 2:183-187): 라마단 동안[20] 금식은 병든 자, 여행객, 월경기에 있거나 임신한 여인, 유모 그리고 어린 아이를 제외한 모든 무슬림에게 의무적이다. 금식은 해뜰 때부터 해질 때까지 행하는데[21] 낮 동안의 금연과 성적 금욕을 지키는 것을 포함한다. 금식을 깨뜨리는 것은 심각한 범죄로 여겨지지만 선한 행위에 의해 혹은 일정한 분량의 금전에 의해 부족을 메울 수 있다. 어린이들은 보통 9세 이후 사춘기에 이르면서부터 금식을 시작한다. 금식은 자기 훈련, 알라께의 헌신 그리고 가난한 사람들의 몫에 대한 더 나은 이해를 증진시키는 것을 의미한다.

5) 성지순례(hajj, 꾸란 2:196-197): 충분한 재정적 수입을 지닌 모든 무슬림은 그들의 일생에 적어도 한 번은 메카 성지순례를 해야 한다.[22] 이 성지순례는 이슬람의 음력 열두 번째 달(Dhu l-Hijja)에 행해지는데 메카에 머무는 동안에 엄격하게 규정된 의식이 수행되어야 한다.[23] 가장 중요

---

18) 꾸란 2:271-273; 92:5-11을 보라.
19) 예를 들어, 만약 어떤 사람이 보물을 찾는다면 그는 20% 자카트(zakat)를 내야한다(Hughes 1982:699-700을 보라).
20) 라마단(Ramadan)은 이슬람음력 달력의 아홉 번째 달이다.
21) 먹고 마시는 것은 밤 동안만 허락되었다. 많은 무슬림은 밤에 그들의 가정에서 사회적인 모임을 가지는데 많은 경우에 있어서 어느 다른 때보다도 이달에 더 많이 먹고 마신다.
22) 무슬림들의 수는 세계적으로 너무 증가해서 사우디 정부는 제한사항을 확인할 필요가 있게 되었다. 각 나라는 당 해에 일정수의 순례자들만 보내도록 할당되었다.
23) 그 의식들은 무함마드가 주후 629년에 그의 최후 성지순례 동안 수행하였던, 항상

한 것은 무슬림들이 알라께 명상과 기도에 시간을 쏟은 곳이었던 아라파트(Arafat) 평지 위에 서는 것이다. 핫지(hajj)의 또 다른 하이라이트는 값진 덮개로 장식된 카아바(Ka'ba) 둘레를 일곱 번 도는 것이다. 아담에 의해 성소(sanctuary)로서 처음 지어진 것으로 추정하는 이 카아바는 그 후에 아브라함과 그의 아들 이스마엘(Ishmael)에 의해 재건되었다고 한다. 가능하면, 순례자들이 카아바의 한 모퉁이에 설치한 검은 돌에 입을 맞추어야 한다.[24] 그 이상의 의무는 7개의 조약돌로 악마에게 상징적으로 돌을 던지는 것이며, 아브라함의 희생적인 행위를 기억하여 산 제물로 동물을 도살하는 것이다.[25]

표준적이라고 선언된 것들과 비슷하다.
24) 그 돌은 십중팔구 운석이다. 이전 시대에 흰색이었는데, 그것에 입맞춘 무슬림들의 죄들 때문에 검은색으로 바뀌었다고 무슬림들은 말한다.
25) 핫지(*hajj*)에 대한 더 자세한 기술에 대해서는 Hughes(1982:155-159)와 Gibb & Kramers(1953:121-125)를 보라.

> **무슬림에게 던진 질문들의 기본적인 순서**
>
> 1) 무슬림은 그들의 믿음을 어떻게 실천하는가를 나누는 데 자주 열심인데, 그들에게 한 제목을 택하여 물어볼 수 있다. "왜 당신은 이것을 하고 있나요?"(예를 들어, 매일 다섯 번씩 기도하고 메카에 가고 라마단 금식을 하는 것 등) 무슬림을 도전하여 그들이 대답을 찾게 하라.
>
> 2) 무슬림들은 다른 대답을 줄 것이지만 나는 두 번째 질문을 제기할 것이다. "그것이 어디에 쓰여 있나요? 그것에 대한 근거가 무엇인가요?"
>
> 3) 무슬림들은 보통 그것이 꾸란에 쓰여 있다고 대답한다. 그러면 나는 이렇게 묻는다. "어디에 이것이 쓰여 있는지 내게 정확히 언급된 꾸란의 장과 절을 보여줄 수 있겠는지요?"(당신 스스로 꾸란에 접근하며 그것을 읽는 데 흥미가 있다고 말해주어도 좋다).
> 무슬림은 그러면 그 진리가 무엇인지 찾아내는 데(그 스스로 혹은 학식 있는 사람을 통하여) 고무될 것이다. 내 경험으로는 무슬림들이 꾸란에 쓰여져 있다고 주장하는 많은 것은 사실 거기에 없고 하디스나 그 외의 다른 곳에 있었다. 이것은 많은 무슬림들로 하여금 더 깊게 연구하고 더 주의 깊게 생각하도록 고무할 것이다.

3. 이슬람의 지하드

이슬람의 다섯 의무에 보태어 지하드(jihad)는 가끔 여섯 번째 의무사항으로 나열된다. 이 단어는 서구 매스컴에 의해 보통 "성전"(holy war)[26]으로 번역된다. 아랍어(동사형: jahada)의 의미는 "알라의 길 안에서의 노력"(effort in Allah's way) 혹은 "믿음 안에서의 투쟁"(striving in faith)이다. 일부 무슬림들은 다음과 같이 구분한다.

---

26) 메디나 시기(주후 622-632)에 수많은 호전적 전투들에 의해 주목되는데 "지하드"(jihad)란 용어는 "fight"와 필적하는 것이다(참조: 꾸란 9:41; 49:15; 66:9).

· 보다 큰 지하드(greater jihad): 꾸란과 하디스에 의해 부과된 개인적인 완전을 위한 내적인 투쟁.
· 보다 작은 지하드(lesser jihad): 세계 전역에 이슬람을 보급하고 모든 국가에 샤리아(Shari'a)를 소개하고자 하는 노력.

대부분의 무슬림들이 "보다 큰 지하드"를 지키는데, 그 기본적인 의미는 "여섯 믿음의 항목"을 믿는 것과 마찬가지로 관례적으로 "이슬람의 다섯 의무"를 수행하려는 목표를 삼는 것을 의미하지만 또한 꾸란과 하디스의 가르침들을 알고 샤리아(Shari'a)에 요약된 그것의 명령을 지키는 것을 의미한다.

"보다 작은 지하드" 개념은 이슬람의 영토적인 확장을 포함한다. 이슬람과 기독교인의 믿음 간에 근본적인 차이를 이해하는 것이 중요하다. 지구에 있는 알라의 왕국에 대한 무슬림의 개념은 그가 세상을 통치해야 하는 것이다. 이슬람은 기본적으로 알라에 대한 신뢰와 믿음으로 사람들을 인도하는데 관심을 둔다. 알라는 사람들이 샤리아의 통치하에 살 때만 일어날 수 있는 복종(submission)을 원하는데 그것은 단지 무슬림에 의해 통치되는 국가에서만 일어날 수 있다. 그러므로 무슬림들이 꾸란에서 가르치는 것처럼 지구상에 있는 각 나라 통치권을 얻어내는 것이 결정적으로 중요하다.

> 소동이나 압제가 더 이상 없을 때까지 그들과 싸우라. 거기에는 알라 안에서의 정의와 믿음이 함께 그리고 모든 곳이 우세하고…(꾸란 8:39; 2:193 비고).

이 본문은 이슬람을 널리 보급시키고자 하는 알라의 명령으로 이해된다. 무슬림들 눈에 소동과 압제, 불신과 부정(injustice)은 이슬람의 통제하에 있지 않은 모든 나라에서 만연한다. 호전적인 무슬림들은 이슬람을 확장하기 위해 바로 가까이에 있는 물리적인 힘을 포함한 모든 수단을 이용한다. 그들의 세계는 두 부분으로 나눠진다.[27]

---

27) 이 구분은 무슬림 신학자들에게서 비롯된다. 꾸란이나 하디스에서 발견되는 것이 아니라

- 다룰 하릅(Dar al-Harb: 전쟁의 집): 아직 이슬람화되지 않은 지역은 모든 유용한 수단으로 이슬람을 위해 "정복되어야" 한다.
- 다룰 이슬람(Dar al-Islam: 이슬람의 집): 이들은 이슬람이 통치하고 있는 지역이다.

전쟁은 모든 세계가 "이슬람의 집"에 속할 때까지 계속될 것이다.[28] 급진적인/정통 무슬림의 관점에서 볼 때 다른 종교가 동등한 신분으로 이슬람과 나란히 공존한다는 것은 불가능하다.[29] 이슬람에서의 평화는 지구상에 있는 모든 영토가 이슬람을 위해 정복될 때에야 비로소 성취된다.[30]

꾸란에 의하면 알라를 위해 싸우는 것은 모든 무슬림에게 주어진 명령이다(꾸란 4:74; 4:95-96). 알라의 이름으로 싸우는 사람들은 그렇지 못한 사람들보다 하늘에서 더 큰 보상을 받을 것이다.

> 알라를 위해 싸우는 사람들은 내세를 위해 이 세상의 생명을 바치도록 하라. 알라를 위해 싸우는 그에게-그가 살해 당하든 승리를 거두든-곧 우리는 큰 (가치의) 보상을 줄 것이다(꾸란 4:74).

이슬람의 정치적인 규율을 받아들이지 않는 사람들에 대한 전쟁은 한정된 시간 동안 휴전에 의해 중단될 수 있다. 예를 들어, 적이 더 힘이 우세할 때 승리의 기회가 있을 수 없다. 이교도, 즉 비무슬림들을 죽이라는 잔인한

샤리아(Sharia)에서 발견된다. 일부 젊은 무슬림 인텔리들은 이 지정학적 견해를 질문하고 "전쟁의 구역"(Dar al-Harb) 대신에 "다아와의 구역"(Dar al-Da'wa)에 대해 말하기를 선호할 것이다.
28) 꾸란은 성전(holy war)에서 그들의 생명을 잃는 사람들이 즉각적으로 파라다이스에 들어갈 것을 약속한다(꾸란 61:11-13).
29) 이슬람에 복종하는 일신론적 종교들은 보통 제한된 자치권을 가지며 많은 경우들에 있어서 핍박받지 않는다. 그러나 그들은 그들의 믿음을 무슬림들과 공유해서는 안된다. 그러므로 유대교와 기독교는 특별한 범주에 있다.
30) 이것은 한 사람이 그리스도를 주님과 구주로서 받아들였을 때에 평화가 설립된 곳인 기독교와 대조적이다(골 1:19-20).

부름은 꾸란 9:5에서 발견할 수 있다.

> 그러나 금지된 달들이 지나가면 그때는 싸워서 이교도들이 어디에서 발견되든지 그들을 살해하고 그들을 포로로 잡거나, 그들을 포위공격하고 모든 (전쟁의) 전략으로 엎드려 그들을 기다리라. 그러나 만약 그들이 회개하고 규칙적인 기도(prayer)를 준수하고 규칙적인 자선을 실천하면(이슬람세를 내면) 그때는 그들에게 길을 열어주라. 실로 알라는 관대하시고 자비로우시니라.

이슬람의 확장은 평화로운 수단으로도 성취될 수 있다. 그러나 무슬림들 간에 어떻게 이 전쟁이 실제로 수행되어야 하는지에 대해서 다른 의견들이 있다.[31] 역사는 남동아시아와 동부아프리카에 있는 무슬림 공동체들을 제외하고는 군대의 호전적인 진격이 이슬람 확장의 필수적인 부분이었다고 보여 준다.[32]

---

31) 폭력이 사용될 것인지 아닌지 그리고 얼마나 많은 폭력이 사용될 것인지의 질문에 대한 견해들은 지배적으로 다르다. 해석은 자주 무슬림들의 군사력에 달려 있다. Hughes(1982:243)는 기록한다. "이교도(infidel)의 나라가 무슬림 통치자에 의해 정복될 때에 그곳 주민은 셋 중 하나를 택할 것이 제안된다. 1) 이슬람으로 개종: 이 경우에 정복된 자들은 무슬림 국가에서 선거권이 주어지는 시민이 될 것이다. 2) 인두세(a poll-tax; Jizyah)의 납부: 이슬람에서 불신자들(unbelievers)은 보호를 받을 것이고 Zimmis(dhimmi)가 되어 그들이 아라비아에서 고립된 자들이 아님을 규정한다. 3) 검으로 죽임 당함: 인두세를 지불하지 않는 사람들에게 행해짐."
32) "불신자들"(unbelievers)을 향한 전개에 관하여 꾸란의 구절들을 조사하는 Marshall(1999)에 의해 행해진 연구는 메카 기간의 구절은 심판이 알라에 의한 직접적인 간섭을 통해 그들에게 닥칠 것이라는 것을 보여 준다. 그러나 메디나 기간으로부터의 구절은 신적인 심판이 신자들(즉 무슬림들)의 공동체를 통하여 중재될 수 있다는 것을 점점 더 확신하게 되는 것으로 나타난다.

▲ 사우디아라비아 국기: 샤하다(Shahada)와 검

4. 선교(mission)에 대한 이슬람의 이해

그러면 이슬람에서는 사람들을 설득함으로써 하는 선교가 없는가? 기독교인이 받은 선교 명령과 같이 무슬림들도 이슬람을 선포하라고 분명하게 지시받았는가?[33] 이 질문에 대한 해답은 불확실하여 무슬림들 가운데 다른 의견들이 있다. 그러나 각 무슬림은 그의 믿음을 선포하고 증거할 의무를 갖고 있다.[34]

이슬람에서 선교사 활동은 일반적으로 아랍어 다아와(da'wa)로 묘사된다. 동사의 의미는 "초청하고 모으고 초대하는 것"(to call, collect, invite)이다. 예를 들어, 이슬람을 받아들이도록 초청하는 것(da'wa)은 꾸란 16:125에서 찾아볼 수 있다.

지혜와 아름다운 설교로 너희 주님의 길(Way)로 (모두를) 초대하라. 그리고

---

33) 성경은 세계선교를 가르친다. 가서 증거자가 되어 전파하고 가르치고 세례를 주고 제자를 삼으라(마 28:18-20; 막 16:15; 눅 24:47; 행 1:8)고 한다.
34) 비고: 꾸란 22:75; 22:78; 25:52; 48:28; 61:9.

그들에게 최상이자 가장 은혜로운 길들에 그들이 있도록 주장하라. 이는 너희의 주님이 알라의 길(Path)로부터 어긋난 자를 잘 아시며 올바로 인도를 받는 자 또한 잘 아시느니라.

꾸란과 전통(하디스)에서 이 주제에 관한 구절은 다른 무슬림들에 의해 다르게 해석되고 적용된다. 오늘날 전 세계에는 많은 다른 다아와 기관들이 있다.

5. 생존을 가능하게 하는 꾸란의 훈령들

유대인들과 기독교인들을 "다른 자들"(other)로 규정하는 꾸란의 호되고 관대하지 못한 시각에도 불구하고, 꾸란 안에는 이러한 반유대적이고 반기독교적인 가르침들의 강도(intensity)와 유효성을 무시하거나, 격하시키거나 필요하다면 부인하도록 만들 수 있는 훈령들이 있다. 이 특별한 훈령은 타끼야(taqiyya)[35]라고 불리는데 문자적으로 "주의, 두려움, 기만"을 의미한다. 그것은 필요시에 어떠한 종교적 요구사항에 대해서도 정지를 허락한다.

어떤 무슬림도 만약 그가 이슬람의 전파와 이득을 위해 그것을 정당화할 수 있다면 타끼야를 실천해도 좋다. 그것은 무슬림이 올바른 믿음이나 행동이라고 생각했던 것(즉 바깥으로 사랑을 나타내 보이지만 안으로는 미워하고, 혹은 바깥으로는 충절을 나타내지만 안으로는 증오감을 느끼는)에 정반대로 말이나 행동으로 하는 모든 활동을 합법으로 인정하며 이 모든 것은 알라를 위한 것이라고 변호한다. 필요하다면 맹세하에서도 실행될 수 있다. 타끼야는 모든 무슬림들에 의해 실천되지만 일부에 의해서는 시아(Shiite) 교리로서 배타적으로 여기는데, 시아파 가르침이 공격적인 목소리를 내는 성격 때문이다.

---

[35] 꾸란 2:225; 3:28; 5:92; 16:106을 보라.

6. 이슬람에서 배교

배교의 행위인 이르티다드(irtidad)는 문자적으로 "돌아서는 것"(turning back)으로 다른 종교나 세속적인 삶의 방식을 위해 이슬람을 떠나는 것이다. 무함마드와 칼리프들의 생애 동안에 수많은 무슬림이 믿음을 떠났고 그들은 철저히 죽임을 당했거나 혹은 이슬람으로 되돌아오는 데 며칠의 기간이 주어졌다. 꾸란과 하디스는 둘 다 배교에 대한 형벌은 죽음이라고 가르친다. 그 쟁점에 대해 하디스는 꾸란보다 한층 더 명확하다. 순니파 샤리아에 의하면 남자 배교자(murtadd)에게는 결정을 재고할 3일의 기간이 주어진다.

만약 그가 그 신앙을 철회하지 않으면 그는 죽임당하는 것이 마땅하다. 여자 배교자는 사형을 당하는 것은 아니지만 그녀가 신앙을 바꿀 때까지 감금될 수 있다. 만약 어린 나이의 소년이 배교하면 그는 죽임을 당하지는 않으나 그가 온전한 나이로 성장할 때까지 감옥에 감금될 것이다. 만약 그가 불신을 계속하면 그는 죽음에 처해져야 한다.

이 쟁점에 대해서는 더 많은 지침이 있다.[36] 그러나 무슬림 학자들과 학파들은 일부 세부사항에 대해 의견이 다르다. 이 배교의 법은 잔인하고 인간의 권리를 거스르지만 그것은 보통 이슬람 국가에 의해 직접 적용되지 않고 오히려 종교 지도자나 가족 구성원에 의해 실행된다.

종교적 자유에 관한 갈등

유엔 세계인권선언문(Universal Declaration of Human Rights)의 18조에 이르기를,

> 모든 사람은 사상, 양심, 종교의 자유의 권리를 가진다. 이 권리는 그의 종교나 신념을 바꿀 수 있는 자유를 포함하고, 또 단독으로든 아니면 공동체로든 혹은

---

36) Hughes(1982:16)를 보라. 그리고 꾸란 절들과 하디스의 예를 제공하는 기사는(http://answering-islam.org.uk/Silas/apostasy.htm)를 참고하라.

공적이든 아니면 사적이든 그의 종교와 신념을 가르침과 실천과 예배와 법령을 통해 표현할 자유를 포함한다.

대조적으로 모리타니아 헌법(Mauritanian Constitution) 306조는 말한다.

만약 무슬림이 말이나 행동을 통해서 배교의 죄가 발견되면 그는 3일 동안 회개해야 한다. 만약 그가 이 제한된 기간 내에 회개하지 않으면 배교자로 간주되어 그는 사형에 처해질 것이다. 그리고 그의 재산은 국세청 사무소(Revenue Office)에 의해 압류될 것이다. 기도하기를 거부하는 모든 무슬림은 규정된 제한시간 이내에 기도하는 것을 의무로 동의하도록 요청될 것이다. 만약 그가 거절을 계속 고집하면 죽음의 형벌을 받을 것이다.

꾸란은 종교의 자유를 선포하는 것처럼 보인다.

종교는 강요되어서는 안 된다. 옳은 것은 그릇된 것으로부터 분명히 구분되나니…(꾸란 2:256).

그럼에도 그것은 또한 말하기를, 알라는 그들의 종교를 바꾸는 사람들을 용서하지 않을 것이라 한다.

믿는 자들이었으나 믿음을 거절하는 자들이 되었고 다시 믿는 자들이 되었으나 다시 믿음을 거절하며 그리하여 믿지 아니하는 자로 기울어지는 자들은 알라가 용서하지 않으니 그들을 올바른 길로 인도하지 않을 것이다(꾸란 4:137).

꾸란 9:5은 다른 그림을 보여 준다. "이교도들"은 죽임을 당할 것이다.

금지된 달이 지나갔을 때 너희가 이교도들과 싸우며 그들을 보는 대로 죽이고 포로로 잡고 그들을 포위하여 공격하라. 그리고 엎드려 그들을 기다리라…

> **실화**
>
> 한때 나는 스위스에서 이슬람의 종교 교사를 만나서 토의에 들어간 적이 있다. 그는 이슬람에 "절대적인 종교의 자유"가 있으므로 이 종교가 얼마나 훌륭한지에 대해 언급하였다.
>
> 나는 이슬람에서 다르게 이해되는 것들이 있기 때문에 나의 무슬림 친구에게 물었다.
>
> "그것이 당신에게 의미하는 바가 무엇인지요? 당신은 이것을 어떻게 이해하세요?"
>
> 그러자 그는 이슬람에서 모든 사람은 이슬람을 받아들이는 절대적인 자유를 갖는다고 설명하였다! 그래서 나는 이렇게 말해보았다.
>
> "훌륭하네요. 그런데 만약 내가 이슬람을 오늘 받아들인다 했으나 6개월 후에 말하기를, '그동안에 이것이 내가 속하기를 원하는 종교가 아니라는 것을 나는 깨달았지요. 나는 이슬람을 떠나서 불교와 같은 또 다른 종교에 가입하기로 결정했습니다'라고 하면 어떻게 되나요?"
>
> 그 친구는 이에 충격을 받고 말하였다.
>
> "만약 당신이 이슬람을 떠나면 그때는 당신에게 재고하도록 3일의 기간이 주어질 것이오. 만약 당신이 이슬람으로 돌아오지 않으면 당신은 죽임을 당하여야 할 것이오!"
>
> 나의 무슬림 친구는 그의 정의를 "절대적인 종교의 자유"라고 명명하는 데 아무런 문제점을 느끼지 못했다! 나는 질문을 제기하였다.
>
> "당신은 참으로 이것이 정당하다고 생각합니까? 이것은 일방적인 종교의 자유라는 거지요?"
>
> 그는 생각하기 시작했다.
>
> 이 이야기는 다음의 요점들을 입증한다.
>
> - 대부분의 경우 무슬림들의 종교적 술어에 대한 개념이 완전히 다르다.
> - 질문이 필요하다. "당신에게 그것이 의미하는 바가 무엇입니까?"
> - 논쟁보다는 질문으로 무슬림에게 도전을 주는 것이 더 낫다!
> - 무슬림들이 그들의 믿음을 설명하기 시작하고 그들이 생각하게끔 만드는 질문을 찾아보는 것이 좋다.

7. 이슬람의 신정정치(theocracy)

주후 622년 히즈라(Hijra) 이후 이슬람 세계에는, 종교와 국가 간에 아무 분리도 없었고 종교, 정치 혹은 여하한 다른 세속의 관심사 간에 어떠한 분리도 없었다. 정치와 종교는 7세기 무함마드의 시대에 이미 연합되었다. 무함마드는 첫 무슬림 공동체의 종교적 지도자이자 동시에 정치적인 지도자였다. 그의 직속 계승자들(caliphs, al-khalifa) 또한 한 사람이 두 가지 직무를 겸하였다. 무함마드로부터 거슬러 온 이 종교적 국가의 목표는 오늘날 원리주의자들이 요구하는 것이다. 이슬람의 궁극적인 목적은 전 세계가 이슬람에 복종하는 것이다. 따라서 세계의 각 나라는 종교법 샤리아(Shari'a)에 기초한 이슬람의 신정정치가 되어야 한다. 무슬림들은 오로지 이 궁극적인 목적이 성취될 때에 비로소 "평화"를 찾을 것이다.

무슬림의 견해에 의하면 삶이 이슬람과 그것의 법들에 의해 통치되어야 한다. 그와 같은 이슬람 정부의 실행은 자주 권위주의적이고 전제적이다. 그러나 많은 이슬람 국가들에 의회가 존재하는데, 그들의 입법에 샤리아의 부분만 포함시킨 형태로 있다. 그러므로 이러한 의회는 원리주의자들을 반대한다. 샤리아에 의해 통치되는 이슬람 국가는 민주주의(헬라어로 "rule of the people"의 뜻)가 아니다. 왜냐하면 권한의 진정한 소유자는 이들이 아니라 알라이기 때문이다. 그 외에도 이슬람은 민주주의의 기초인 시민의 평등과 자유를 인정하지 않는다.

전 세계의 여러 이슬람 국가들은 샤리아에 각각 다른 정도의 효력을 주고 있다. 가장 엄격한 나라 중의 하나인 사우디아라비아는 여인들이 차를 운전하는 것을 금한다. 반면에 튀니지는 자유의 법을 훨씬 더 받아들였다.

질문들

- 당신은 알라를 어떻게 마음에 그리는지 설명해 보라.
- 당신은 천사들의 기능에 대해 어떻게 알고 있는가?
- 당신의 견해로는 알라가 선지자들을 통해 사람들에게 무슨 책들을 보냈다고 생각하는가?
- 당신에게 중요한 선지자들의 이름을 적어 보라.
- 심판의 날에 무슨 일이 일어날 거라고 생각하는가?
- 만약 알라가 모든 것의 운명을 예정한다면 인간이 취한 행동에 대해 어떻게 설명할 수 있을까?
- 당신은 매일의 기도, 라마단 금식, 메카에 가는 것, 강령을 말하는 것 등과 같은 이슬람의 의식을 지킴으로써 알라에게 좀 더 가까이 다가갔다고 생각하는가? 그렇다면 설명해 보라!
- 메카로의 성지순례 이후에 당신은 어떤 영적 경험을 하는가?
- 당신이 낙원에 들어가게 될 거라고 생각하는가?
- "평화"에 대해 당신은 어떻게 이해하고 있는가?
- "종교의 자유"에 대해 당신은 어떻게 이해하고 있는가?
- 지하드에 대해 당신은 어떻게 이해하고 있는가?
- 당신은 이슬람에 있는 배교법이 정당하다고 생각하는가?
- 당신은 다른 종교로부터 온 사람들이 선교의 일을 하는 데 똑같은 권리가 있다고 생각하는가?

제 6 장

이슬람 그룹들

무슬림들은 전 세계 이슬람 공동체(움마, umma)의 화합(unity)을 강조한다. 일반적으로 그들은 무리짓는 것에 대해[1] 논하는 것을 좋아하지 않고 이슬람의 셀 수 없는 분열(firqa, sect)들을 언급하는 것을 피하려 한다. 무슬림들은 그들 자신의 믿음에 똑같은 판단의 기준을 적용하지 않고 기독교의 신빙성에 대해 질문하려는 모든 시도가 목적 없는 수고라는 사실을 종종 간과한다.

무슬림들은 "분파"(sect; firqa)라는 말을 사용할 때 기독교인들과 다르게 사용한다. 기본적으로 그 단어는 무슬림들이 순니파(Sunni)와 시아파(Shiites)로 분열된 것에 대해 사용되고, 두 번째로 이 주요 그룹 내에 셀 수 없이 나뉘진 분열에 대해 사용된다. 무함마드 자신은 그의 추종자들이 많은 분파(sects)로 분해될 것이라고 예언하였다.[2]

---

[1] 이 책은 모든 그룹을 묘사하려고 의도하지 않았다. 그 주제에 대한 간단한 소개가 되도록 의도했을 뿐이다.

[2] Hughes (1982:567-569)를 보라. "압둘라 이븐 우마르(Abdu 'llah ibn Umar)는 선지자가 다음과 같이 말하였다고 한다. '실로 그것은 이스라엘의 자손에게 발생한 것처럼 내 백성에게 발생할 것이다. 이스라엘의 자손들은 72분파로 분열되었고, 내 백성은 73분파로 분열될 것이다. 이 분파들의 각자는 한 분파를 제외하고 모두 지옥에 갈 것이다.' 그 동반자들이 말하기를, '오 선지자여, 그것이 어느 분파입니까?' 그는 말하기를, '나와 내 동반자들에 의해 공언되는 종교이다'"(Mishkat, book i. ch vi. pt 2.). 그러나 오늘날 그 수가

1. 순니파(Sunnites)와 시아파(Shiites)의 기원

"순니"(Sunni)라는 말은 이슬람의 선지자 무함마드의 전통을 의미하는 "순나"(Sunna)라는 단어에서 유래하였다. 모든 무슬림 중에 약 85%가 순니파 무슬림들이다. 그 나머지는 시아파(Shiites)[3] 사이에 나뉘졌고 순니파와 시아파 간의 갈등으로부터 유출된 다른 그룹이 있다. 이슬람의 두 큰 그룹들의 차이는 원래 그저 왕조에 관한 것이었다. 초기 무슬림은 어떠한 지시도 내리지 않고 갑자기 세상을 떠난 무함마드로부터 계승의 문제를 놓고 서로 싸웠다. 순니파가 초기 이슬람의 정치적인(그리고 이와 같이 종교적인) 리더십을 받아들인 반면에 시아파는 화합하지 않고 그 첫 세 후계자(caliphs)를 거부하였다. 시아파는 오로지 무함마드의 양자였던 알리(Ali)만을 받아들이고 그의 혈육 자손들만 무슬림들의 종교적인 리더십뿐만 아니라 정치적인 리더십의 법적인 상속자로 여겼다.

시아파는 끊임없이 다투어 차츰 여러 종파들(schisms)로 나뉘졌다. 예를 들어, 꾸란이 창조되었는지 혹은 영원히 존재한 것인지 그리고 알라의 운명예정과 인간의 책임을 대조하는 등의 질문 때문에 빚어지는 분열이 있었다.[4] 시아파는 또한 알라가 알리의 아내인 파티마(Fatimah)에게 특별계시를 주었다고 믿었다. 반면에 순니 무슬림들은 이러한 전통을 거절하였다. 시아 무슬림들은 이슬람의 문학에 대한 연구가 하나의 계속적인 진보라 믿고 모든 알라의 법을 규명할 필요가 있다고 믿었다. 순니 무슬림들과 달리 시아 무슬림들은 그들의 선행자들과 똑같이 꾸란과 시아 전통을 해석할 수 있다고 믿었다. 이즈티하드(ijtihad)의 문은 결코 닫히지 않았다고 보는 것이다. 이슬람의 법은 또한 하디스에 기초하기 때문에 시아파의 일부 순니 하디스의 거절과 순니파의 일부 시아 하디스의 거절은 법에 대한 역본들

무함마드의 예언보다 훨씬 더 초과하였다.
3) 무슬림 학자에 의해 행해진 시아 이슬람에 관한 자세한 연구에 대해서는 Tabataba'i(1975)를 보라.
4) 비록 더 적은 정도일지라도 이 주제들은 다른 그룹들에서도 논의된다.

(versions)이 다르다는 것을 의미한다. 예를 들어, 시아파와 순니파는 똑같이 금요일(jum'a)에 기도를 하지만 정확한 기도 시간이 다르다. 일부 시아파는 몇 개월 혹은 심지어 며칠 간의 일시적 계약결혼(mut'a)을 한다. 시아파는 또한 다른 상속법을 따르고 다른 축제를 거행한다.

소수파로서 시아 그룹의 수난과 순교 유적에 대한 숭배의식은 순니파에 정치적으로 대항하는 중대한 싸움으로 발전되었다. 메카로의 순례여행에 보태어 시아파는 그들이 "성인들"(saints)이라 선언한 시아파 지도자들의 묘석에 또한 순례여행을 간다. 반드시 시아파에게만 늘 해당되는 것은 아니지만 시아파는 그들의 이맘들(imams)[5]이 직접적으로 알라에 의해 임명되고 세상의 종말에는 거룩한 정의의 왕국을 지을 마흐디(Mahdi)가 올 것이라고 확신한다. 시아파 그룹들[6]은 주로 페르시아, 예멘, 동부아프리카에 발전하였다. 오늘날 시아파 그룹들은 세계 전역에서 발견될 수 있으나 그들의 중심지는 16세기 초부터 열두 시아파 계승자들이 통치하였던 이란이다. 이슬람 역사에서 시아파는 반대당으로 있었던 반면에 순니 왕조는 보통 정통 권력을 대표하였다.

2. 하리즈파(Kharijites), 와하비(Wahhabis), 무아타질라파 (Mu'tazilites)

하리즈파(Kharijites), 와하비(Wahhabis) 그리고 무아타질라파(Mu'tazilites)는 독립적인(self-contained) 이슬람 분파들이라기보다는 분리된 그룹들이다. 하리즈파는 이슬람의 엄정주의적 형식을 고수한 하나의 작은 그룹으로서 이슬람의 초기 시대로 거슬러 올라간다. 그들은 사람이 여하한 타협에 대항하여 과감한 행동을 취해야 한다는 의견을 유지하였고 그중에서도 특히 "자유의지"를 믿음의 조항으로서 유지하였다. 하리즈파 안에서 유일하게

---

[5] 시아 종교 지도자들.
[6] 선지자 무함마드 이후에 열두 이맘들의 추종자들 혹은 영적인 지도자들을 따르는 자들.

존속한 분파는 그들의 믿음으로 인해 시아파의 교의(Shiism)와 구별된 이바디(Ibadi) 무슬림들이다. 즉 이맘(지도자)은 가계에 의존해서가 아니라 오직 그의 믿음의 기초 위에 선택되어야 하며 순니파의 교의로부터 부당한 통치자들을 해임해야 할 필요성을 강조하였다. 이바디 이슬람은 엄격하기에 주목되지만 하리즈파와 같지 않게 주요한 죄가 무슬림을 자동적으로 불신자로 만드는 것으로 여기지 않는다. 대부분의 이바디 무슬림들은 오만과 알제리에 산다.

와하비 무슬림들은 사우디아라비아에 있는 호전적이고 엄격한 그룹이다. 그들은 순니파 그룹에 속하고 최근에 발생한 극단적인 원리주의자들 분파를 형성한다. 18세기 동안에 무함마드 이븐 압달 와합(Muhammad ibn Abd al Wahhab, 1703-1792)은 동부 아라비아에서 이슬람을 순화하고자 한 종교적 운동(Wahhabism)을 이끌었다. 와합은 살라피(al-aslaf as-saliheen; 첫 개종자들 중 하나)[7]에게서 배운 대로 이슬람의 본래적인 원칙으로 이슬람이 돌아가기를 원했다. 그는 비다(bid'a; 종교적 쇄신, religious innovation)와 쉬르크(shirk; 다신 숭배, polytheism)에 의해 야기된 부패라고 여긴 것들을 거절하였다. 그는 스스로 사우드의 가문(House of Saud)과 동맹하였는데, 이 가문은 중앙아라비아를 제압하기 위해 결국 라쉬드 세력(the Rashidis)을 물리쳤고 오스만 제국에 대항하여 여러 반란을 주동하였다. 초기의 성공(메카와 메디나의 정복)에 이어서 굴욕적인 패배가 뒤따랐고 그 뒤로 결국 사우디아라비아의 창설에 이르게 되는 재기가 있었다.

와하비들은 살라피(Salafis; movement Salafiyyah)라 불리기를 좋아한다. 그것의 최우선 원칙 중의 하나는 "사상의 학교들"(schools of thoughts, 법적인 전통)을 철폐하는 것이고, 하디스 학문(prophetic traditions)의 연구를 통하여 직접적으로 무함마드를 따르는 것이다. 한발리(hanbali)의 법 전통은 사우디아라비아에서 유래한 이슬람법으로부터 가장 강력한 사상의 학파로서 이는 이슬람의 성지인 사우디의 메카와 메디나의 지배와 사우디가 다른 나라에

---

7) "*al-aslaf as-saliheen*": Wehr(1979)는 이것을 "공경받을 만한 조상들"로 번역한다.

모스크와 학교를 지원하는 등 이슬람 세계에 지대한 영향을 미쳤다. 사우디 이슬람 학자들 대부분은 이슬람의 타지역 사람들에 의해 와하비(Wahhabis)로 간주된다.

무아타질라(Mu'tazilite) 신학은 와실 아타(Wasil ibn Ata, d. AH 131/주후 748)가 신학적인 분쟁 이후 하산 바스리(al-Hasan al-Basri)가 교훈을 남겼을 때인 8세기에 이라크의 바스라(Basra)에서 시작하였다. 그 결과로 그와 아므르 이븐 우바이드('Amr ibn 'Ubayd, d. AH 144/주후 761)를 포함한 그의 추종자들은 무아타질리(Mu'tazili)[8]라고 불리었다. 나중에 무아타질리는 그들 스스로 "신적인 일치와 정의의 사람들"(Ahl al-Tawhid wa al-'Adl)이라고 불렀는데, 이는 그들이 옹호한 신학에 기초한 것이었다. 비록 무아타질리들(Mu'tazilis)이 논리와 그리스 철학의 다른 국면에 의지했을지라도 이슬람의 교의들은 그들의 출발점이자 마지막 논급이었다.

라이벌 신학파들이 무아타질리들에게 비난을 퍼부었는데 이 신학파들은 절대적인 권위를 특별 이슬람 패러다임들(extra-Islamic Paradigms)에 부여함으로, 그 비난들은 어떤 객관적인 실재보다는 여러 신학학파들 간의 격렬한 논쟁술을 더 반영하였다. 실례를 들면, 무아타질리들(Mu'tazilis)은 무로부터의(ex nihilo) 창조 교리를 만장일치로 채용하였는데, 이것은 알 킨디(al-Kindi)를 제외하고 일부 형식이나 또 다른 형식에 있어서 세계의 영원성을 믿었던 무슬림 철학자들과 대조적인 것이다. 그들은 또한 운명예정에 대한 이슬람의 교리를 거절하였고 그 이유로 결국에는 단계적으로 점차 그 존재가 삭감되었다.

이슬람 문명의 초기 시절부터 내부 무슬림 간의 갈등과 종교 간 논쟁은 무슬림 신학자들에 의한 논쟁을 위한 몇 가지 질문을 제기하였다. 꾸란이 창조되었는지 아니면 영원부터 있었는지, 악이 알라에 의해 창조된 것인지, 운명예정인지 아니면 자유의지인지, 꾸란에 있는 알라의 속성에 대한

---

8) 무아타질리(Mu'tazili)란 이름은 아랍어 어근 이아타질라(i'tazala)로부터 유래하는데, "떠나는 것" 혹은 "철수하는 것"을 의미한다.

해석을 비유적으로 할 것인지 아니면 문자적으로 할 것인지 등 무아타질리(Mu'tazili)의 사상은 이러한 쟁점에 역점을 두어 다루고자 하였다.

3. 수피즘: 이슬람의 신비주의

일반적으로 이슬람은 비인격적인 율법주의로부터 구제받고자 하는 사람들 가운데 반작용을 낳을 수 있는 법률적 종교이다. 수피즘[9]은 여러 세기에 걸쳐 "메마른" 정통이슬람에 대한 하나의 반작용으로서 전개되었는데, 다양한 믿음과 실천의 범주를 포함하였다. 타리까(Tariqas, 수피 종단들)는 시아(Shi'a) 이슬람, 순니(Sunni) 이슬람, 다른 통용되는 흐름, 혹은 복합 전통의 결합과 관련되었다. 수피 사상은 8세기에 중동으로부터 출현한 이후로 신봉자들이 지금은 세계 전역에서 발견된다. 전통적인 견해는 수피라는 명칭이 '양털'을 가리키는 아랍어 *suf*에서 유래했다고 하는데, 그것은 초기 무슬림 수도자들이 입었던 소매 없이 단순한 옷을 일컬음이었다. 그러나 모든 수피들이 망토나 양털의 옷을 입은 것은 아니었다. 또 다른 어원에 관한 연구이론은 수피(Sufi)의 어근이 아랍어 단어 *safa*로 청정(purity)을 의미한다고 말했다. 이것은 수피즘의 강조점을 마음(heart)과 영혼(soul)의 청정(purity)에 둔 것을 의미한다.

주후 1100년경에 알 가잘리(Al-Ghazzali)[10]는 인간에 부과된 의무사항에 대한 영적인 해석을 강조함으로써 이슬람 신학과 법체계가 시대에 뒤지지 않도록 애썼다. 수피즘은 이보다 더 이른 근원을 가진다. 한 중요한 신비주의자(mystic) 라비아(Basra 지역의 Rabia)[11]란 여인은 "알라의 순수한 사랑"과 엄

---

[9] 수피즘(터키어로 *Tasavvuf*, 페르시아어로 *Sufi gari*, 아랍어로 *tasawwuf*)은 이슬람의 하나의 신비적 전통이다.
[10] 알 가잘리(Al-Ghazzali)는 가장 중요한 이슬람 신학자들 중의 한 사람으로 그는 전통적이고, 정통적인 이슬람을 신비적인 차원들과 화합시키려고 시도했다.
[11] 바스라(Basra)의 라비아(Rabia)는 주후 801년에 사망했다.

격한 고행에 목표를 두었다.[12] 이슬람 신비주의자들은 그들의 알라 개념의 많은 부분을 발달시켰는데, 이는 다른 종교들(특히 힌두교, 불교, 기독교)의 개념을 다량으로 모방한 것이었다. 그들은 결과적으로 그들의 추종자들에게 알라의 이름들이나 다른 종교적 신앙고백문[13]의 수천 번에 걸친 반복과 함께 다른 종교적인 어떤 명상기술들과 호흡조절을 가르쳤는데, 이 수련의 목표는 전적으로 알라와 하나가 되는 것이었다. 무함마드 또한 나중에 수피들에 의해 신비주의자(mystic)로 간주되었다. 많은 무슬림들이 신비적인 실천과 동시에 스스로를 순니(Sunni)로 간주한다. 많은 수피 지도자들은 오늘날 성인들(saints)로 존경받고 그들의 묘석은 순례의 장소로 방문된다. 무슬림들은 이러한 방문을 통해 특별한 축복(baraka)을 기대한다.[14] 신비 사상(occult)이 수피즘에서 중대한 역할을 하는 것은 말할 나위가 없다.

수피들은 학생(pupil)의 성장을 위해 스승(master)과의 교호작용(interaction)이 필요하다고 믿고서 작은 그룹들로 모인다. 그들은 비유, 풍유 그리고 은유를 만들어 사용하고, 의미(meaning)는 진리와 자기 자신에 관한 지식, 즉 내밀한 인식(esoteric perception)을 찾는 것의 과정을 통하여 얻어질 수 있다고 주장한다. 비록 다른 수피 종단들 간에 철학이 다양하다 할지라도 큰 범주의 수피즘은 주로 개인의 직접적인 경험에 관심을 가지며 그같이 스콜라 철학, 선(禪, Zen) 불교 그리고 영지주의(Gnosticism) 등과 같은 신비주의의 여러 형식들에 비교될 수 있다. 알려지지 않은 수피 학자의 다음과 같은 은유는 이러한 사고의 연장선상에 놓여있다.

> 진리를 깨닫는 세 가지 방법이 있다. 불꽃을 예로 들어서, 한 사람은 불꽃에 대하서 귀로 듣고, 다른 사람은 불꽃을 직접 눈으로 본다. 그리고 마지막

---

12) 엄격한 금식, 거의 없는 수면, 밤마다의 기도들, 꾸란의 묵상.
13) 이 부단한 반복들은 알라를 기억한다는 의미인 디크르(dhikr)라 불린다. 그것은 꾸란 13:28의 실제적인 적용이라 헤아려진다. "지금 확실히 알라를 기억함으로써 마음(hearts)이 쉼의 상태에 있다."
14) 또한 제1부 제6장 10. 대중적인 이슬람을 보라.

한 사람은 그 불꽃에 닿아서 타버리고 만다. 우리는 이처럼 알라에 의해 태워지기를 바란다.

페르시아 문학의 중대한 부분은 탁월한 시집을 만들어낸 수피들에게서 온 것이다. 수피 종단은 의식화된 디크르(dhikr)[15] 예전에 참여한다. 각 종단 혹은 한 종단 내의 분파는 하나 혹은 그 이상의 디크르(dhikr) 형식 다시 말해 낭송(recitation), 창가, 악기를 쓰는 음악, 댄스, 의상들, 향(香), 묵상(meditation), 희열(ecstasy) 그리고 황홀(trance)과 같은 예식들을 포함한다. 한 그룹에서의 디크르(dhikr)는 종단의 제도상 의식의 한 부분으로서 목요일 그리고/또는 일요일 밤에 자주 행해진다.

또한 여러 드비쉬(Dervish)[16] 우애단체들(수피 종단들)도 있는데 그들 중 대부분의 기원은 여러 무슬림 성인과 스승, 특히 알리(Ali)와 아부 바크르(Abu Bakr)로 거슬러 올라간다. 그들은 표면상으로는 기독교 수도원들(fraternities)과 비슷한 환경 안에서 산다. 그들 중의 일부는 결혼했을지라도 말이다. 여러 종단과 하위의 종단은 여러 세기에 걸쳐 나타나고 사라지고 하였다.

터키의 메블레비(Mevlevi) 종단의 의식인 회전무(Whirling dance)는 종교적인 희열(ecstasy; majdhb, fana')에 이르기 위해 노력하는 신체적인 방법 중의 하나이다. 메블레비(Mevlevi)는 페르시아 시인 마울라나 루미(Mawlana al-Rumi)에서 기원하는데, 그의 사당(shrine)은 터키의 코냐(Konya)에 있고 그 자신이 수도사(Dervish)였다. 희열(ecstasy; Fana)의 어떤 경지에 도달한 후에 그들은 그들 주변의 세계를 인식하지 못하고 알라와 연결되었다고 주장한다. "울부짖는 수도사들"(howling dervishes)이라고도 불리는 리파이스(Rifa'is)는 영적 체험에 집착하면서 스스로를 칼로 꿰뚫고 적열의 철에 손을 대고 뜨거운 석탄이나 살아있는 독사를 먹는다.

---

15) 알라를 기억하는 것. 헌신적인 행위로서 디크르(dhikr)는 거룩한 이름들의 반복, 탄원 그리고 하디스 문서로부터의 금언들 그리고 꾸란의 섹션을 포함한다.
16) "드비쉬"(Dervish)란 단어는 수피 무슬림 금욕주의의 종교적 형제애의 구성원을 일컫는데, 탁발한 수사들과 비슷한 극도의 가난과 금욕적인 생활로 알려져 있었다.

4. 타블리히 자마아트(Tablighi Jamaat)

타블리히 자마아트(Tablighi Jamaat)[17]는 무슬림 선교와 부흥(revival)을 꾀하는 운동이다. 그들은 보통 자신의 행동을 스스로 무슬림 공동체 내부 자체에 제한하는데, 그들의 주 목표는 세계에 있는 무슬림 공동체에게 영적인 각성을 일으키는 것이다. 그들은 다음 사항에 전념한다.

· 자신의 삶, 시간, 돈을 이슬람을 위해 바쳐라.
· 무슬림을 더 나은 무슬림으로 만들기 위해 노력하는 조직적인 방법으로 방문하고 접근하라.
· 이슬람에 대한 가르침으로(그들 자신이 만든 교육자료를 사용하여) 다른 무슬림을 교육하고 훈련하라.
· 타블리히(tablighi) 무슬림이 되도록 그들을 확보하라.

이 운동은 형식(format)과 구조에 대하여 수피 운동과 비교될 수 있으며 "믿음과 실천" 운동으로서 묘사될 수 있다. 그것은 1920년대 후반에 인도의 데오반디(Deobandi) 성직자(cleric) 마울라나 일리야스(Maulana Muhammad Ilyas Kandhalawi)에 의해 설립되었다. 일리야스(Ilyas)는 1926년 그의 두 번째 순례 기간에 이슬람의 설파에 전념하게끔 하는 영감을 받았다. 일리야스는 "오 무슬림들이여! 무슬림들이 되라"(O Muslims! Be Muslims!)는 슬로건을 제창하였다.

이 그룹은 원래 경제적이고 사회적인 스펙트럼을 가로질러 무슬림 간에 일반 대중에게 영향을 미치는 비정치적인 운동을 목표로 시작하였으나 세력이 커가면서 타블리히 자마아트(Tablighi Jamaat)의 이름은 테러리즘에 대항하여 싸우는 힘으로 세계 전역에서 나타나고 있다. 자마아트는 구

---

17) 타블리히 자마아트(Tablighi Jamaat)는 "개종시키는 그룹"(Proselytizing Group) 또는 타블리끄(Tabliq)라고 불리었다. 아랍어로 타블리흐(Tabligh)는 "(메시지를) 배달하는 자"를 의미한다.

걸하거나 기부금을 받으려 하지 않는다고 주장한다. 그러나 사우디 와하비(Wahhabi) 자금 조달과 연결된 것이 드러났다. 타블리히 자마아트가 이론상으로는 선교사에게 그들의 여행 비용을 스스로 부담하는 것을 요구하지만 실상은 사우디 자금에 의해 방대한 수의 가난한 선교사들이 교통비로 지원금을 조달받는다.

어떤 무슬림도 그들의 영적 여행에 쉽게 합류할 수 있다. 거기에는 "멤버십"이 필요 없고 초심자들에 대한 배경을 점검하는 조건도 없다. 어느 무슬림이든지 대부분 모스크에서 그 그룹에 합류할 수 있다. 남자들과 같지 않게 여자들은 모스크 바깥에 잘 알려진, 완전하게 샤리아(Shari'a) 규정을 따르는 타블리히(tablighi) 사역자의 집에 머문다. 여인들을 위한 복장(pardah, hijab, burqu' 등의 이슬람복장)을 갖추면서 말이다. 그들은 여성에게도 합류해야 할 현장(locality)에 대해 가르친다. 이 핵심에 보태어 다양한 기간 동안의 개종시키는(proselytizing) 선교행위를 착수하는 여행을 하는 타블리히들이 있다. 설파하는 것(preaching)은 그렇다치고 추종자들은 또한 매일 2시간 반 동안 다른 사람을 섬기는데 시간을 보내도록 장려한다.

선교사 조직과 같은 자마아트(Jamaat)는 남아시아에 유행하는데 국제적으로 많은 신봉자를 갖고 있다. 그 운동을 지원하기 위한 강력한 일반 대중의 지원이 인도, 파키스탄, 말레이시아, 태국, 방글라데시, 스리랑카, 피지, 중앙아시아, 동아시아, 북아프리카와 중앙아프리카, 남아메리카와 걸프에서 발견된다. 파키스탄에서의 운동은 라호레(Lahore) 근처에 있는 라이윈드(Raiwind)에 기지를 두고 있다. 방글라데시에서 해마다 열리는 타블리히 집회 행사인 "비쉬와 이즈테마"(Biswa Ijtema)에는 세계 각지로부터 300만 명 이상의 열성가(devotees)들이 참여한다. 타블리히의 중대한 활동은 유럽, 북아메리카, 남아프리카, 북아프리카와 동아시아에서도 보여진다. 타블리히 자마아트(Tablighi Jamaat)는 부인할 수 없는 막대한 사회적 영향력을 갖고 있다. 현재의 유럽 본부 타블리히 모스크는 영국의 서부 요크셔(west Yorkshire)에 있는 듀즈베리(Dewsbury)의 사빌 타운(Savile Town)에 있다.

5. 아흐마디야(Ahmadiyya) 운동

19세기 말엽에 카디언(Qadian)의 미르자 굴람(Mirza Ghulam Ahmad)[18]은 스스로 "시대의 개혁자"(Reformer of the age) 무자디드(Mujaddid), 약속된 메시아, 마흐디(Mahdi) 그리고 시대의 선지자라고 선언하였다. 처음에 그는 기독교인 선교사에 대항하여 이슬람을 방어하기 위한 책을 썼다. 1879년에 편잡의 카디언(Qadian)의 마을에 머무는 동안에 그는 약속된 마흐디(Mahdi, 메시아)란 주장과 함께 공중 앞에 나타났다. 그는 스스로 알라의 새로운 사자(使者)라고 여겼다. 이와 같이 그는 아흐마디야(Ahmadiyya 혹은 Ahmadi) 운동의 창시자가 되었다.

수피즘과 달리 이 운동은 이성적으로 관심을 기울였다. 이 그룹이 비교적 작다 해도 추종자들이 세계적으로 매우 활동적이어서 200만 명으로 200개국에 사무실을 설치했다고 주장하였다. 아흐마디야 신앙은 대부분의 주류 무슬림에 의해 이단적인 것으로 간주되었다. 파키스탄에서 아흐마디야 추종자들이 핍박을 당했는데 그것은 종교의 자유가 허락된 서구 국가에 그 그룹을 강력하게 설립하도록 이끈 셈이 되었다.[19] 아흐마디야들(Ahmadiyyas)은 이슬람을 평화적인 방법으로 퍼뜨리기를 원한다.

오늘날 아흐마디야는 기독교에 반대하여 이성적인 논법을 사용한다. 그들은 십자가에서의 예수의 죽음을 거부할 뿐만 아니라 그의 동정녀 탄생과 죄 없는 본성도 부인한다.[20] 이 그룹은 무함마드를 능가하여 예수를 끌어올릴 만한 어떠한 우월적이거나 초자연적인 지위를 그(예수)에게서 제하려고 노력한다. 아흐마디야 추종자들은 예수가 종교적인 선생으로서 인도로 이주하여 평범한 인간으로 그곳에서 죽었다고 믿는다. 아흐마디야들은 카쉬미르(Kashmir)에 예수의 무덤이 있다고 제시한다.

---

18) 아흐마디야 무슬림은 미르자 굴람 아흐마드(Mirza Ghulam Ahmad, b1835-d1908)를 추종하는 자들이다.
19) 오늘날 그들의 국제적인 본부가 런던에 거대한 센터로 자리잡고 있다.
20) 순니파는 꾸란 19:19-22에 따라 예수님의 동정녀 탄생과 그의 무죄를 믿는다.

미르자 굴람(Mirza Ghulam Ahmad)은 예수의 재림에 대한 예언을 성취했다고 주장하였다. 그는 모든 종교의 추종자들을 이슬람의 기치하에 모으고자 했다. 1889년 미르자 굴람은 그의 공동체의 기초를 세웠고 그것이 후에 "아흐마디야 무슬림 자마아트"(Ahmadiyya Muslim Jamaat)라 불리었는데, 이는 이슬람의 선지자(무함마드)의 두 번째 이름인 아흐메드(Ahmad)를 본뜬 것이다. 1914년 첫 계승자의 죽음 이후에,[21] 곧 그 운동은 선지자직(prophethood)의 종국에 대한 질문에 걸쳐서 두 종파로 갈라졌다. 라호레(Lahore) 아흐마디야 운동은 무함마드 이후에 새로운 선지자가 있을 수 없다고 하는 정통이슬람의 해석을 지지하고 그 자체를 더 폭넓은 움마(umma) 내의 한 개혁운동으로 보았다. 그러나 아흐마디야 무슬림 공동체는 그들이 믿는 대로 미르자 굴람은 참으로 꾸란과 순나(Sunna)의 올바른 해석에 부합한 선지자였다고 주장하였다.

이슬람의 중심가치들(기도, 자선, 단식 등)이 많은 무슬림에 의해 공유된다 할지라도 아흐마디 무슬림은 다음과 같은 특별한 믿음을 갖는다.

- 꾸란은 모순(contradictions) 혹은 폐기된 것(abrogations)이 없고 하디스(hadith) 혹은 전통들보다 앞선다. 즉 꾸란의 한 절(verse)이 다른 절을 취소하지 않는다는 것이다. 그리고 어떤 하디스(hadith)도 꾸란의 절(verse)과 모순될 수 없다는 것이다. 꾸란에 모순되는 하디스는 아흐마디 무슬림에 의해 용인되지 않는다.
- 예수(Jesus, Yuz Asaf라 불리운)는 십자가에 못 박혔고 4시간을 십자가 위에서 생존하였다. 그리고 무덤에서 기절한 상태로부터 깨어나 소생하였다. 그는 이스라엘의 10개의 잃어버린 부족을 찾는 동안에 카쉬미르(Kashmir)에서 늙은 나이로 죽었다. 그는 또한 기독교인이 잘못 해석해 온 그(예수) 후에 무함마드가 올 것을 분명히 예고하였다.
- 지하드는 이슬람의 방어를 위한 것이지 정치적인 마찰이나 통치자들

---

21) 첫 아흐마디 칼리프: Maulana Hakeem Noor-ud-Din (b 1841-d 1914).

이 이웃하는 영토들을 침범하기 위한 용도가 아니다. 오늘날 이것은 이슬람이 매스미디어를 통해 공격당함에 따라 펜(pen)의 지하드를 행하는 것을 의미한다. 그리고 스스로 자기(self)에 대한 지하드는 각 무슬림 개인의 이슬람이 자기(self)에 대한 부정적인 국면에 의해 위협을 받을 때 행하는 것이다.

6. 드루즈(Druze)

드루즈(Druze)는 대부분 중동에 기반을 둔 작은 별개의 종교적 공동체이다.[22] 그들은 스스로를 이슬람의 개혁을 위한 분파(sect)라고 하지만 정통 무슬림은 이들을 무슬림이라고 간주하지 않는다. 그들은 아랍어를 말하며 다른 아랍인과 매우 유사한 사회적 유형을 따른다. 대부분의 드루즈는 비록 그들이 그리스 철학과 다른 종교에 의해 영향을 받았음에도 불구하고 그들 스스로를 아랍인이라 한다. 그들은 1017년에 시아파 이스마일리(Isma'ilis)로부터 분리된 그룹으로 형성되었다.

드루즈는 스스로를 "유일신앙의 사람들"(Ahl al-Tawhid, 혹은 Muwahhidun; "유일신론자들")이라고 불렀다. 드루즈 이름의 기원은 분파의 발단 당시 이단자였던 무하마드 다라지(Muhammad ad-Darazi)로 거슬러 올라간다. 그들은 알라가 인간의 형태로 육신을 갖게 되었다(incarnated)고 보고 최후의 화신을 한 사람이 파티미드 칼리프 하킴(Fatimid Khalif Hakim, 996-1021)이었다는 관점을 갖고 그가 죽은 것이 아니라 아직도 살아서 비밀스러운 장소에 숨겨져 있다고 본다.

---

[22] 드루즈들은 주로 레바논, 이스라엘, 시리아(그들이 정식으로 인정된 그들 자신의 종교적 법정 제도와 더불어 분리된 종교적 공동체가 있는 곳이) 그리고 요르단에 거주한다. 국외로 추방된 작은 공동체 세계의 다른 지역에 거주한다. 드루즈들은 레바논 시민전쟁(1975-1990)에 지대한 공헌을 하였고 그 전쟁에서 가장 강한 민병대들(militas)중의 하나를 조직하였다.

당시 주요 행동가들은 경건한 파티미드 통치자 타리쿨 하킴(Tariqul-Hakim)과 그 운동의 주요 개척자(architect)였던 페르시아인 이민자 함자 이븐 알리 이븐 아흐메드(Hamza ibn Ali ibn Ahmad)였다. 하킴(Hakim)이 "알라의 이름으로 통치하는 자"였다고 공개적으로 처음 선포한 사람이 함자(Hamza)였다. 드루즈는 하킴이 은둔하러 가서 카임(Qa'im; "Ariser") 혹은 마흐디(Mahdi; "Guided One")로서 종말에 돌아올 것이라고 믿는다. 하킴이 사라진 이후에 드루즈는 떠나도록, 그리고 타끼야(taqiyya) "감춤"(dissimulation)의 (용인된) 실천을 이용하도록 강요당했다. 그들은 그들(사람들)의 참신앙(beliefs)을 숨기고 그들이 사는 사람들 가운데 그들의 종교적 신앙(beliefs)을 외견상 받아들인다. 드루즈가 그들 스스로를 부르듯이 무와히둔(Muwahhidun; the unitarians, 일신론자들)의 믿음은 세계의 나머지로부터 감추어진, 그리고 그들 자신의 책인 "The Wisdom"에서 써내려간, 종교적 교리의 유일한 관리인들인 개인의 성직자 계급 제도에 중심을 둔다.

드루즈는 금식하거나 순례를 가거나 모스크 기도에 참여하지 않는다. 그들은 믿음을 드러내지(propagate) 않는다. 아무도 개종에 의해 드루즈인이 될 수 없고 오직 출생에 의해서만 가능하다. 공동체 밖에서의 결혼은 도편 추방을 의미할 수 있다. 드루즈는 국경과 나라를 초월하여 강한 공동체의식을 갖고 있다. 화신(reincarnation)에 대한 전적인 믿음이 있는데, 영혼은 악한 인간뿐만 아니라 선한 인간으로 다시 태어난다고 믿는다. 선한 사람들은 악한 사람들 보다 더 좋은 출생의 기회를 갖는다. 많은 드루즈는 전생에 관해 어린 아이들에게 아주 자세히 말해주는 이상한 이야기들을 갖고 있다. 또한 점성술은 중요하고 미래를 말하는 능력이 있는 것으로 본다. 외부인들이 아는 한, 모세의 장인 이드로는 그들이 가장 존경하는 선지자라 한다. 드루즈는 흡연, 음주 혹은 돼지고기를 먹는 것이 금지되었으나 많은 젊은 드루즈는 이러한 금기사항을 엄격히 고수하지 않는다. 그들의 주요 축제일은 이맘 후세인(Hussein)의 순교를 상기시키는 아슈라('Ashura)이다. 이 선지자 무함마드의 손자(이맘 후세인)는 1300년 전에 라이벌 무슬림 세력에 대항하다가 불운의 전투에서 살해당하였다. 이둘 아드하('Id al-adha, 희생의 축연)가 또한 거행된다.

드루즈는 매우 새로운 사상에 개방적이고 새로운 사람에 대해 각별한 호기심이 있다. 대부분의 드루즈는 무지한 배경을 지니고[23] 환생, 숙명, 점성술에 기초한 일종의 민간의 종교를 갖는다. 공동체의 다른 단면들로부터 드루즈의 불신을 드러내는 "드루즈 가정에서 먹고, 기독교 가정에서 잠잔다"는 말이 있다.

드루즈 믿음의 원칙은 사람의 혀(정직)를 지켜주고 형제를 보호하고 연로자를 존경하고 타인들을 돕고 고국을 지키는 것이며, 한 하나님을 믿는 것이다(여기에서 그들이 "일신론자"라는 명칭을 좋아한다). 그들은 많은 사람이 믿는 것과 같이 수피 철학에 의해 영향받지 않는다. 드루즈는 공동체의 모든 구성원들을 위한 인간만이 환생(reincarnation)한다는 열렬한 믿음을 갖고 있다. 그들은 돼지고기와 알코올이 비종교적이고 무식한(al-Juhl) 집안에서는 먹는다 할지라도 일부다처제, 담배(tobacco) 흡연, 알코올 혹은 돼지고기를 먹는 것 등을 거부한다. 그들의 종교는 그들이 다른 무슬림, 유대인 혹은 어떤 다른 종교의 구성원들과 결혼(intermarry)하는 것을 허용하지 않는다. 그러나 이 규율은 현대 사회에서 종종 경시되고 있다.

7. 바하이(Bahá'í)

이슬람의 시아파 이형(version)의 자연적인 발전으로서 1800년대 중반기

---

[23] 드루즈(Druze)들은 두 그룹으로 나눠졌다. 그중 *al-Juhhal*("무식한 자들")은 외부 그룹으로 드루즈의 비밀인 거룩한 문헌에 접근하는 것이 허락되지 않았다. 그들은 드루즈의 정치적이고 군사적인 지도권을 형성하고 보편적으로 그들 스스로를 종교적 쟁점들로부터 거리를 둔다. 그들은 아마도 드루즈의 90%를 형성한다. 내부 그룹은 *al-Uqqal*("지식이 있는 전수자들")이라 불리었다. 여성들은 특별히 *Uqqal*이 되기에 적당하다고 고려되었고 심지어는 영적으로 남성들보다 더 우세하다고 여겨졌는데, 이것은 주변의 기독교인과 무슬림 공동체들과 크게 대조되는 믿음이다.

에 이란에서 시작한 바하이(Bahá'í) 믿음은 그것이 우주적인 종교라고 주장함으로써 근년에 막대한 주의를 끌어왔다. 그것은 세계평화, 종족과 성별 간의 평등, 독립적인 종교적 생각 그리고 믿음과 과학의 책임성 있는 통합을 갈망하는 모든 사람을 위해 희망을 제안한다고 약속한다.

바하이는 쉬라즈(Shiraz)에서의 1844년 바브(Báb's)[24]의 선언으로부터 압둘 바하('Abdu'l-Bahá)[25]의 1921년까지의 기간을 믿음의 영웅적 시기로 여긴다. 이 기간 동안 그 기반이 여러 세기에 걸쳐 확립되었는데 초기의 신자는 큰 핍박을 겪었다. 1921년부터 1957년까지 임명된 수장(head) 쇼기 에펜디(Shoghi Effendi)가 바하아울라(Bahá'u'lláh)의 가르침들의 특징적인 원칙이라고 기록한 것의 요약은 다음과 같다.

▲ 인도 뉴델리의 바하이 예배처소(Lotus Temple)

---

24) Siyyid 'Alí Muhammad (20. Oct. 1819-9. July 1850)는 Bábism의 창설자이자 선지자였다. 그는 쉬라즈(Shíráz) 출신의 상인이었는데, 25세의 나이에 약속된 Qá'im(혹은 Mihdí)이라고 주장하였다. 그의 선언 후에 그는 "Gate"를 의미하는 Báb의 칭호를 가졌다.
25) 'Abdu'l-Bahá 'Abbás Effendí(23. May 1844-28. Nov. 1921)는 통상 'Abdu'l-Bahá로 알려졌는데 Bahá'u'lláh의 아들이었다. 28세의 나이에 Bahá'u'lláh는 그에게 Báb에 관해 말해주는 메신저를 맞이했다. 그가 받은 그 메신저의 메시지는 Bábí가 되는 것이었다. 1892년 'Abdu'l-Bahá는 그의 아버지의 뜻 가운데 그의 계승자이자 Bahá'í 믿음의 수장이 될 것이라 지명되었다.

진리에 대한 독립적인 추구는 미신적 관습이나 전통에 의해 속박을 받지 않았다. 전 인류의 단일성 그리고 믿음에 관한 중추의 원칙과 근본적인 교리, 모든 종교의 기본적인 일치, 종교적, 인종적, 계급적, 국가적인 모든 형태의 편견을 거부함, 종교와 과학간의 조화, 인간이라는 새가 날아오를 수 있게 하는 두 날개인 남자와 여자의 평등, 의무교육의 실행, 보편적인 보조 언어의 채용, 극단적인 부와 가난의 폐지, 국가 간의 분쟁해결을 위한 국제 재판소의 설립, 봉사의 정신으로 행해지는 일들을 예배의 단계에까지 고양시킴, 인간사회의 통치, 원리로서의 정의와 모든 민족과 국가를 보호하는 방벽으로서의 종교를 고취함, 그리고 인류 최상의 목표로서 영속하고 우주적인 평화의 설립-이들은 필수적인 요소들로서 두드러진다.[26]

그러나 다른 무슬림을 가장 화나게 하는 바하이의 주요 교의는 그들이 무함마드를 최후의 가장 위대한 선지자가 아니라 단지 끊이지 않는 선지자의 계열에 있는 한 사람일 뿐이라고 간주하는 것이다. 더구나 꾸란은 알라로부터 온 최후의 그리고 가장 위대한 계시가 아니라 이슬람 이후에 진행되어온 바하이의 경전 가운데 있는 계시의 계열일 뿐이라 한다.

다음 12가지 원칙은 종종 바하이의 가르침의 요약이다. 이 목록은 신뢰할 만한 정식적인 아니고 순환하여 유포되는 다양한 목록 중의 하나이다. 이 목록에서 처음 세 가지는 흔히 "세 유일성들"(Three Onenesses)을 언급하는 것이고 바하이 신앙의 근본적인 부분을 형성한다.

1) 알라의 유일성
2) 종교의 유일성
3) 인간의 유일성
4) 남녀 평등
5) 모든 편견의 형식을 배제

---

26) Effendi, Shoghi (1944). *God Passes By*. Wilmette, Illinois, USA: Bahá'í Publishing Trust, 281쪽.

6) 세계평화
7) 종교와 과학의 조화
8) 진리에 관한 독자적인 조사
9) 보편적인 필수교육의 필요성
10) 보편적인 보조언어의 필요성
11) 정부에의 복종과 당파심이 강한 정치에 연루되지 않음
12) 부와 가난의 양극단을 배제

비록 윤리적인 이슈뿐만 아니라 사회적인 이슈에 집중한다 해도 이 바하이 믿음의 근본적인 내용은 신비적인 것으로 묘사된다. 바하이 경전에서 삶의 목적은 미덕들(virtues)을 획득하고 알라를 알며 영적으로 계발시키고 여태껏 진보해 온 문명을 계속 진척시키도록 돕는 것이다. 개인적인 발달은 태아의 발달과 같이 알라의 사자에 의해 조력된 유기적 진행과정으로 이해된다. 바하아울라(Bahá'u'lláh)는 영혼(soul)이 영적인 영역을 한층 더 고양시킴으로 무한한 진보과정을 갖는 내세에 대해 가르친다. 천국과 지옥은 개인이 알라에게 얼마나 가까이 있는가를 의미하는 것으로 이해되고, 배타적이거나 물질석인 장소가 아닌 것으로 여겨진다.

바하이들은 전 세계에 7백만 신도(2005년까지)를 갖고 있다고 주장하지만 그들은 급진적인 무슬림 규율을 가진 나라(특히 이란)에서 계속 핍박받고 있다. 1979년 이란의 이슬람혁명 이후에 이란인 바하이는 정기적으로 가정을 수색당하고 대학 입학이나 공무원이 되는 것이 금지되었고, 수백 명이 그들의 신앙 그리고 최근에는 스터디 그룹에 참여한 것으로 인해 감옥형을 언도받았다.

8. 원리주의(Fundamentalism) 혹은 이슬람주의(Islamism)

이슬람원리주의는 아래와 같은 것들을 주장하는 이데올로기다.

- 이슬람의 신성한 본문들(texts)에 대한 축자적인 해석들
- 샤리아의 이행(implementation)
- 이슬람 국가

이슬람원리주의(Islamic fundamentalism)는 이슬람주의(Islamism)[27]에 비해 더 오래 되었으나 선호성이 덜하다. 이슬람주의는 하나의 정치적인 이데올로기로 이슬람은 하나의 종교일 뿐만 아니라 이슬람법의 해석에 따라 국가의 법적·경제적, 그리고 사회적인 책임을 통치하는 하나의 정치적 체제이다. 그러므로 이슬람주의는 현대 세계로의 이슬람을 해석하기 위해 시도하는 이슬람의 현대적인 변형이다.[28]

이슬람주의자(Islamist)를 이해하기 위해서는 최근의 역사를 이해해야 한다. 이슬람주의는 19세기와 20세기 동안에 북아프리카, 중동 그리고 중앙과 남동아시아를 가로질러 새로이 발달하였는데, 그 중 몇몇 나라는 서구 국가들에 의해 식민지화되었던 나라들이었다. 이슬람주의는 자주 식민주의 혹은 식민주의 후기 효과의 반작용으로서 묘사되어 왔다. 이것은 오로지 동전의 한 면일 뿐이다. 대부분의 무슬림은 가치방식의 옳고 그름, 의로움 혹은 죄에 근거를 두지 않고 권력과 두려움뿐만 아니라 명예와 수치에 근거를 두는 동양인들이다. 그러므로 의롭게 행동하는(act) 것이 중요한 것이 아니라 그렇게 나타내 보이는(appear) 것이 중요하다. 발견되는 것은 비극인데

---

27) 이 사용법은 논의의 여지가 있다. 이슬람주의자들 스스로 그 용어에 반대할 수 있다. 왜냐하면 그것은 그들의 철학이 삶의 방식으로서 이슬람을 바르게 표현하기보다는 오히려 이슬람으로부터 정치적인 연장(extrapolation)이라고 제안하기 때문이다. 일부 무슬림들은 "이슬람"(Islam)으로부터 유래하는 낱말이 그들이 급진적이고 극단적이라고 간주하는 조직들에 적용되는 것이 문제를 야기한다는 사실을 발견한다.

28) Roy 2006을 보라.

이는 자신과 가족, 국가 혹은 심지어는 이슬람에게 불명예와 수치를 가져오기 때문이다. 무슬림 땅이 그들의 면전에서 이교도(infidels)들에 의해 정복되어 통치되는 것은 모든 무슬림에게 압도적인 수치였다. 그것은 무슬림을 불명예스럽게 하였을 뿐만 아니라 알라에게도 마찬가지라고 생각하였다.

결과적으로 이슬람주의(Islamism)는 이교도(infidels)의 통치를 경험하고 이 불명예에 대한 반작용으로 나타난 것으로서 20세기 동안에 발달한 하나의 현대 운동이다. 제1차 세계대전, 오스만(Ottoman)제국의 붕괴 그리고 터키의 설립자 무스타파 케말 아타터크(Mustafa Kemal Atatürk) 등에 의해 계속해서 일어나는 칼리프 체제(Caliphate) 붕괴에 잇달아, 많은 무슬림이 이슬람은 퇴보 중에 있다고 인식하였다. 그들은 서구의 아이디어가 무슬림 사회 전반에 퍼지고 있었다는 것을 느꼈다. 이것은 이슬람원리주의나 이슬람주의가 기승하는 요인이 되었다. 이것은 수많은 특성과 함께 수많은 조직을 발생시킨 운동이다.

1) 그들은 이슬람법(Shari'a)이 사회적 생활, 정치, 경제 모든 면에 유효하다고 확신하였다.
2) 그들은 이슬람 공동체의 일치(unity)를 위해 부쟁한다.
3) 그들은 학자들에게 현재 상황에서 꾸란과 전통을 해석하는 자유가 있다고 주장한다.
4) 그들은 계시들이 알라와 인간 사이의 유일한 중보자인 무함마드에게 전수되었다고 믿는다.
5) 그들은 현재의 이슬람 국가들이 무함마드의 원래 가르침들과 조화되지 않는다고 주장한다.

일반적으로 원리주의자는 무함마드 시대의 원래 이슬람이 이상이었고 그 방식으로 돌아갈 것을 요구한다. 이슬람주의자는 그들의 믿음의 기초를 강조하지만 이 원래의 사회에 대해서는 이슬람 학자에 의해 연구되지 않았다.

이 "원래의 이슬람"(original Islam)[29]의 특성에 관해 주목한 흔적이 뚜렷이 없다. 단지 당시에 이슬람이 "완전히" 깨달아진 것이라고 강조될 뿐이다. 급진적(radical)이거나 호전적인(militant) 무슬림은 참 이슬람이 "메디나에 있는 무함마드"라고 주장하는 반면에 온건한(moderate) 무슬림은 참 이슬람이 "메카에 있는 무함마드"라고 주장한다.

서구에 의한 이스라엘의 방어와 더불어, 이스라엘과의 전쟁에서 이집트 군대가 보여준 열등함은 원리주의자 운동의 분노를 초래하였는데, 이 운동은 엄격히 계급제도적인 조직을 가진 비밀사회들을 형성하고 있었다. 그 소속원은 자기부인을 실행하고 필요하다면 그들의 생명을 내어놓기까지 하면서 개인적으로 기꺼이 희생(순교, martyrdom)한다. 그들의 주저하지 않는 종교적 복종으로 인해 그들이 개인적으로 바라는 희망은 사회변혁(transformation)에 기여하는 것이다.

이슬람주의(Islamism)에서의 두 경향은 다음과 같이 정의할 수 있다.
1) 평화적인 수단을 갖고 종교적인 개혁을 목표로 삼는 이슬람의 그룹
2) 테러리즘을 포함하여 모든 수단을 직접적으로 사용함으로써 개혁을 원하는 이슬람의 그룹

이슬람원리주의(fundamentalism)로 이끄는 주요 사건
1) 제1차 세계대전의 끝(1918년)에 중동과 북아프리카의 모든 이슬람 국가를 통치한 오스만 제국이 붕괴되었고 나라 간 동맹에 의해 서로 나뉘졌는데, 일부 경우에 있어서는 독단적으로 수많은 정부로 나뉘었다. 대부분은 무슬림 세계가 영국과 프랑스의 지배하에 있었는데 그들은 이것을 견딜 수 없는 것으로 간주했다.

---

29) "원래의 이슬람"(original Islam) 또한 "real Islam", "true Islam" 혹은 "correct Islam"이라 불리었다.

2) 1924년에 아타터크(Atatürk)는 터키에서 서구화된 체제를 이슬람의 체제에 대체하는 세속의 정부를 설립하였다. 많은 무슬림이 이에 부정적으로 반응하였다.
3) 터키에서의 이 사건은 이집트가 이슬람원리주의로 가도록 몰아갔다. 영적인 지도자 쉐이크 하산 알 바나(Sheikh Hassan al-Banna)는 1928년에 엘 카리즈(El-Kharij)라 불린 무슬림 형제단(Muslim Brotherhood)을 시작했다. 그의 목표는 이집트에서 이슬람법을 재적용하는 것이었다. 형제단은 매우 호전적이고 공격적이었으며, 그 나라의 지도자와 더불어 이슬람법에 동의하지 않는 자들에 대한 미움으로 가득 차 있었다. 그들은 사회를 뒤흔들고 "이슬람의 원래의 영광"을 되가져오는 것에 대한 그들의 안건을 추진하기 위해 테러리즘을 사용하였다.
4) 이스라엘이 1948년에 한 국가로서 설립되었을 때 급진적인 원리주의자 그룹은 한층 더 활기를 폈다. 그 원리주의자 그룹은 반항적이고 증오에 찬 무슬림의 점조직을 만들고 그들의 대의를 위해 기꺼이 죽기까지 하였다. 이 열정은 유대인, 이집트의 지도자 그리고 "참 무슬림"이 아닌 어느 누구에게나 향했다! 그들은 암살에 행동의 초점을 맞췄다.

지하드 그룹의 윤곽
- 내적인 정화: 알라, 꾸란과 겨루는 모든 자료를 제거한다. 이것은 책과 인간이 만든 이슬람주석을 파기하는 것을 포함한다.
- 그들은 매사에 알라 이외에 아무 권위도 받아들이지 않는다.
- 그들은 권위와 사회로부터의 저항을 예상한다.
- 그들은 그들을 대항하는 정부와 모든 종류의 체제들을 전복시키기 위해 무장된 세력을 사용한다. 이는 마치 무함마드가 물리적인 폭력을 사용함으로써 행한 것과 같다.
- 이 전쟁에서 자비나 화해가 있을 수 없다.
- 출발은 어려울 것이나 참 신자는 곧 부름을 받고 배가할 것이다.

- 지하드는 강행되어야 한다: 이슬람은 담화의 종교로부터 행동의 종교로 변화해야 한다.
- 그들은 세계를 가로질러 뻗치는 거대한 이슬람 국가를 세우는 것을 목표로 삼는다. 그 유일한 정치적 체제는 이슬람법이 되어야 한다.

현대 지하드의 창시자 세이드 쿠틉(Sayyid Qutb)[30]
- 세이드 쿠틉은 1948년에 이집트 정부에 의해 미국에서 공부하도록 선발되었다.
- 그는 미국에 대한 시기와 적대감으로 가득 차서 돌아왔다.
- 그가 돌아와서 무슬림 형제단 운동에 합세하였다.
- 그는 7권 이상의 책들을 썼고 현대 지하드의 기초를 세우는 창시자로서 여겨진다.
- 그의 저술『그 길을 따르는 지표들』(Signs Along the Road)로 인해 쿠틉은 정부로부터 사형언도를 받게 되었다.
- 그는 1965년에 나세르(Nasser) 대통령 재임 시 사형에 처해졌다.
- 당국은 그의 모든 책을 불태우려고 애썼으나 잔존하였고 암시장에서 그의 책의 입수가 가능했다.
- 쿠틉과 그의 책은 오늘날 급진적인 이슬람운동의 심장이 되었다.
- 그는 철학자이고 오늘날 이슬람테러리스트 그룹의 영적인 지도자이다.
- 그는 이븐 태이미야(Ibn Taymiyyah)의 가르침을 주로 따랐다.[31]
- 그는 세상이 무함마드의 가르침 이전으로 다시 말해, 이교도가 되고 우상숭배하는 시대로 퇴보하고 있다고 느꼈다.
- 그는 또한 알라가 지구를 다스리는 유일한 통치자라고 믿었고 모든 인

---

30) 또한 Gabriel (2002:ch15)을 보라.
31) 타끼 알 딘 아흐마드 이븐 태이미야(Taqi al-Din Ahmad Ibn Taymiyyah, 1263-1328)는 순니 이슬람학자였다. 그는 몽골침략의 혼란기에 살았다. 이븐 한발(Ibn Hanbal)에 의해 설립된 학파 소속으로 그는 이슬람이 원천인 꾸란과 순나로 돌아오기를 간절히 바랬다. 그는 또한 와하비 운동의 으뜸가는 지적 자원이다.

간이 만든 정치 제도, 즉 민주주의, 사회주의, 독재주의 그리고 공산주의를 거부하였다.
- 그의 논리는 선과 악은 함께 공존할 수 없으므로 (악한) 인간의 방식을 파괴하여야 하며 알라의 방도를 따라야 한다는 것이다.

이슬람의 진정한 모습은 무엇인가?

그 원래 이슬람은 메카(주후 570-621년)에서의 무함마드의 역할모델로부터 해석되어야 하는 것인가? 혹은 메디나(주후 622-632년)에서인가 혹은 어떤 종류의 혼합인가? 달리 말하자면, 진정한 이슬람은 온건한가 아니면 급진적인가? 메카에서의 기간 동안에 무함마드는 경고자, 설교자 그리고 평화로운 시민이었다. 그러나 메디나에서 그는 군대의 리더였고 이슬람을 퍼뜨리기 위해 물리적인 힘을 사용하였다. 그는 호전적이었다.

무슬림은 이슬람의 어떤 유형이 올바른가에 대해 일치하지 않는다. 스위스 취리히에서 한 이슬람 학자는 이 질문에 부딪힌다. "왜 여인이 사우디아라비아에서 차를 운전하는 것은 허용되지 않는가?" 그의 대답은, "글쎄 사우디아라비아에서의 이슬람 유형은 올바른 것이 아니오. 취리히에서의 이슬람 유형은 올바른 것만 갖고 있소!"

9. 여러 다른 그룹과 운동

- 무슬림 형제단(Muslim Brotherhood)
- 이슬람의 지하드 운동들
- 이바디(Ibadi) 이슬람

이 그룹들과 다른 그룹은 여기에 설명되지 않는다. 독자는 문서나 온라인(예를 들어, www.wikipedia.org)을 통하여 정보를 찾기를 바란다.

10. 대중적인(Popular) 이슬람

이슬람은 많은 면모를 갖고 있다. 개인적인 종파와 개별 나라들에서의 이슬람의 특성 사이에는 커다란 차이가 있다. 여러 유형의 신앙심과 교리에 있어서의 중대한 차이가 발견된다. 비록 꾸란이 이 모든 그룹에 대해 교리와 삶에 있어서 가장 높은 권위임에도 그것의 해석과 결과적으로 따르는 적용은 하디스와 이즈마(ijma)에 의해 결정되고 있다.[32]

이러한 "정통" 신앙에서의 차이 외에도, 서구의 문학 속에 매일의 삶에서 무슬림이 실제적으로 실천하는 이슬람의 유형을 묘사하면서 "대중"(popular) 이슬람 혹은 "민속"(folk)[33] 이슬람이라 불리는, 믿음과 실천에 있어서 다른 차이가 나온다.[34] 이슬람 이전 시대에 아라비아에서의 대중적인 믿음과 실천은 신비로운 사상(occult)에 의해 강하게 형성되었다. 사람들은 영적 세계의 지배를 받고서 무력하게 느꼈으며 이 위력들(powers)에 영향을 줄 수 있었던 점쟁이들(diviners)로부터 구원과 원조를 갈구하였다. 신비로운 주술사(shamans)는 그들 스스로가 실질적인 세력가들(power brokers)이었다. 이슬람이 출현하였을 때 심지어 무함마드는 이 세력에 눌려 고통을 겪었고 이들에 대하여 대중적인 처방을 구하였다고 보고한다. 미신과 신비적인 주술들에 대한 묵인이 새로운 믿음과 타협하였다. 이슬람이 퍼질 때 지역 주민은 신비 주술을 이슬람이라는 새로운 종교와 나란히 함께 지켰다. 이 사실이 실질적으로 의미하는 바는 정규의(official), 고도로 눈에 보이는 종교적인 실천에서는 일치(uniformity)된 이슬람이지만, 진짜 문제들 혹은 재난들(calamities)은 신비적인 세계를 실재로 보지 않고 부차적인 것으로 다룬다는 것이다.

---

32) 제1부 제4장 2. 네 권위들을 보라.
33) 민속이슬람에 대한 "popular Islam" 혹은 "folk Islam"이란 용어들은 이슬람 세계에서 알려져 있지 않다.
34) 비슷하게 복잡한 것이 기독교인 간에 존재한다. 교회는 다양한 형식의 종교적 표현을 수용하고 기독교인은 매일의 삶에서 그들의 믿음을 다른 방식으로 살아간다.

신학적으로 정의된 이슬람과 사람들이 이슬람으로 살아가는 방식 사이에 간격이 벌어졌다. 대중적인 신앙은 매일의 삶에서 현재 일어나는 문제를 다루고 사람들의 요구사항과 관습에 적용한다. 이들은 질병, 홍수, 흉작 그리고 사고-정통이슬람(orthodox Islam)에 의해 거론이 거의 되지 않은 것들-와 같은 사건을 포함한다. 민속신앙은 신비, 민간전승, 속담 그리고 시(poems)에 둘러싸여 있다. 조부모는 그들의 경험의 비밀스러운 것들을 가족의 젊은 구성원에게 물려준다. 마술이나 점성술이 대중적인 신앙에 더 깊은 구성 요소가 될 수 있다.

대중적인 신앙과 정통신앙 간의 관계는 팽팽하다. 이슬람 학자는 대중적인 이슬람에 대해 잘못된 교의에 관련된 경우는 싸우나 어느 정도까지는 관대히 다루도록 요구받는다. 대중적인 이슬람의 요소는 정통이슬람과 정반대이다. 예를 들면 다음과 같다.[35]

· 신성한 영적 행사들(즉, 사당〈shrine〉과 순례의 장소를 방문하는 것)
· 신비주의의 실천
· 미신이나 이교적인 조망
· 신비적인 실천과 주문(spells, 동물제사, 의례 그리고 의식을 포함하여).

이슬람의 역사는 신앙의 기본적인 교의에 대해 어떤 회의나 정식적인 교리적 결정을 내놓지 않았다. 그러므로 어느 곳의 대중적인 이슬람이 정통이슬람과 다른 것인지 정확하게 결정하는 것은 불가능하다. 불신(kufr)이 무엇인지에 대한 질문은 개인적인 경우에 있어서 또한 다르게 대답되어 왔다는 것을 의미한다. 이러한 종류의 신앙심이 여러 시대와 문화적(인종적) 그룹에서 매우 다르게 전개될 수 있으므로 "대중적인 이슬람"의 현상을 포괄적인 방도로 묘사한다는 것은 가능하지 않다.

---

35) Musk(1992)는 무슬림의 매일 삶의 실례와 함께 "민속이슬람"(popular Islam)이란 주제에 대해 자세히 다룬다.

다음 도식은 무슬림이 그들의 믿음을 실천하는 방도에 영향을 주는 이슬람의 5개 주요 요소를 보여 주는 것이다. 무슬림은 영속하는 긴장 가운데 사는데, 5개의 요소는 유사성만이 아니라 서로 정반대의 것도 보여 준다.

대중적인 이슬람

무슬림 각 개인은 태어나면서부터 이슬람 신앙을 가지며 일생동안 이슬람 안에서 살아나간다. 그들의 신앙은 자주 여러 가지로 변하고 있는 다음의 이슬람의 모습들로부터 요소를 취하면서 지역관습과 문화와 혼합된다.

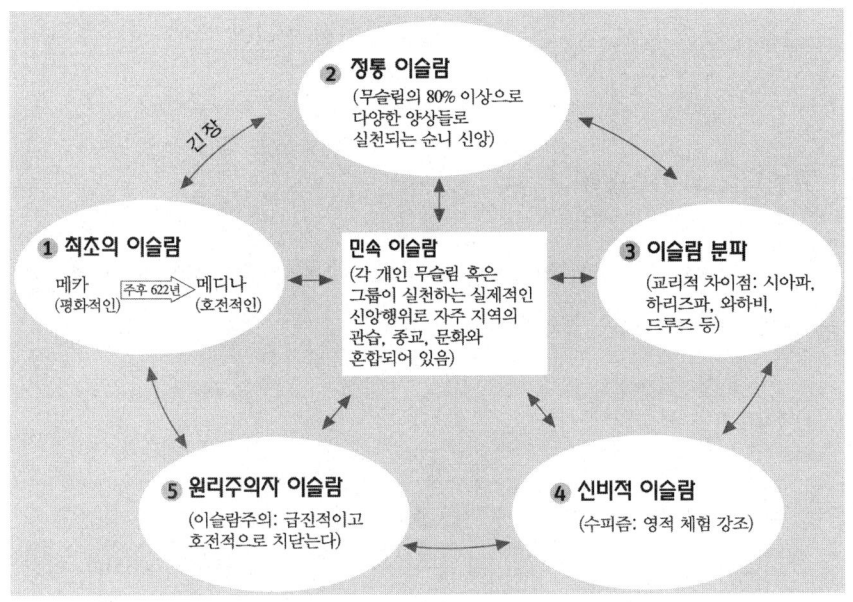

1) 원래의 이슬람[36]

이것은 무함마드와 그의 동반자에 의해 실천되었던 이슬람인데 메카(주

---

36) 제1부 제1장 2. 무함마드와 이슬람의 기원을 보라.

후 610-622년)와 메디나(주후 622-632년)의 두 시기로 나눠진다. 무함마드는 주로 메카에서 평화적이었고 메디나에서는 더 호전적이었다. 그렇다면 무엇이 진정한 이슬람인가, "메카 이슬람" 혹은 "메디나 이슬람" 혹은 일종의 혼합체인가?

2) 정통이슬람[37]

이 이슬람의 형태는 모든 무슬림의 85% 이상이 따르는 "순니(Sunni) 이슬람"이라 불리는데, 이 신앙은 무함마드 시기부터 오늘날까지 지역 공동체에서 그들의 종교 지도자에 의해 해석되고 규정된 것이다. 순니 이슬람 내에는 많은 분파가 있다.

3) 종파(sect) 이슬람[38]

계승, 교리적 진술, 샤리아 이행, 하디스의 권위에 관한 의견 등의 질문들로 인해 빚어진 수많은 종교적인 분파.

4) 신비주의 이슬람[39]

영적인 경험에 관한 강조로 수피즘(Sufism)이라 불려졌는데, 이 실천은 정통이슬람과 정반대이지만 많은 경우에 있어서 묵인되었다. 수피(Sufi) 이슬람 내에도 많은 부수적인 분파가 있다.

---

37) 제1부 제6장 1. 순니파와 시아파의 기원을 보라.
38) 제1부 제6장을 보라.
39) 제1부 제6장 3. 수피즘: 이슬람신비주의를 보라.

5) 원리주의 이슬람[40]

무슬림의 증가율이 급격히 상승하고 있으며 이슬람을 퍼뜨리기 위해 물리적인 힘을 사용하려 한다. 대중매체에서 토의되는 대부분의 이슬람의 모습이 이것이다. 그것은 또한 "이슬람주의"(Islamism, 원류로 되돌아가는)라 불린다. 무함마드 시대 동안에 실천된 것으로서의 이슬람을 말함인데, 이슬람주의는 그들이 믿는 것이 진정한 이슬람이라며 이를 실천에 옮기려고 애쓴다. 그러나 여러 그룹이 이념 면에서 다르고 서로 자주 싸운다.

질문들
- 당신은 순니와 시아 무슬림 둘 다 진정한 무슬림으로 간주하는가?
- 진정한 무슬림의 표식은 무엇인가?
- "진정한 이슬람"으로서 당신은 무엇을 묘사하겠는가?
- 시아파 이슬람은 어떻게 존재하게 되었는가?
- 당신은 무함마드가 수피(Sufi)였다고 생각하는가?
- 아흐마디야 운동(Ahmadiyya Movement)에 대한 당신의 견해는?
- 왜 많은 아랍인과 터키 무슬림이 서로를 진정한 무슬림으로서 여기지 않을까?
- 당신은 급진적인 또는 호전적인 무슬림이 진정한 이슬람을 대표한다고 간주하는가?
- 최근 무슬림 테러리스트들의 공격에 대해 당신의 의견은 어떠한가?
- 꾸란에서 사람을 죽이는 것을 조장하는 절들을 당신은 어떻게 해석하는가(예를 들어, 꾸란 9:5)?

---
[40] 제1부 제6장 8. 원리주의 혹은 이슬람주의를 보라.

Ask your muslim friend

제 7 장

종교, 문화 그리고 관습

1. 종교와 문화

 유대교와 같이 이슬람은 그 추종자들이 피할 수 없는 문화적인 면모를 지닌 종교이다. 이슬람이 성장한 나라는 예로부터 상당히 진보한 문화를 가졌는데, 이는 이슬람이 새로운 방향에서 융합하고 발전시킨 것이다. 이슬람의 신앙은 그것이 확장된 나라에서 그 사회의 관습과 문화와 혼합되어, 그 지역의 무슬림들은 무함마드의 때와 다르게 이슬람을 실천한다.
 이러한 나라에서의 무슬림의 역사를 살펴보는 것은 종교적인 믿음이 다양한 문화와 섞이는 방식에 관한 하나의 사례 연구이다. 이 문화적 적응(adaptation)은 교리적인 차이만큼 이슬람 그룹을 자주 분리시켰다. 다른 한편, 아랍어는 교리적인 정통성을 초월하여 무슬림을 연합시킨다. 아랍어 시와 산문은 이슬람의 믿음을 칭송하는 데 풍성하다.

2. 사회에서 모스크의 역할

　오늘날의 세계에는 무슬림들이 가진 이슬람의 관점에 대해 혼선이 있다. 많은 무슬림이 특히 인권, 선택의 자유 그리고 알 카이다(Al-Qaida)가 이슬람의 핵심가치를 대표하는지에 대한 질문에 난처해한다. 이슬람에서 삶과 종교는 깊게 얽혀 있어 서로 불가분의 관계이다. 모스크는 이슬람법을 보급시키고 적용하는 중심점이며, 무슬림 공동체에서 중심적인 역할을 하는 주요 기관으로 삶과 관련된 거의 모든 것을 지도한다. 모스크는 급진적인(radical) 무슬림뿐만 아니라 진보적인(liberal) 무슬림에게도 만남의 장소이다.

　모스크(mosque, masjid)란 단어는 보통 예배에서 "부복하다"(to prostrate)를 의미하는 어근인 "사자드/수주드"(sajad/sujud)에서 유래하며, 이슬람에서의 예배는 알라의 계시된 법을 떠받들고 효력을 주는 것이다. 이 맥락에서 다른 아랍어 용어는 보통 타운에 있는 중심적인 모스크에 사용되는데, 이는 "회합의 모스크" 혹은 "금요일 모스크"란 의미를 지닌 "자미"(jami)란 단어이다.

　모든 모스크는 메디나에서 무함마드에 의해 지어지고 관리되었던 첫 모스크를 본뜨려고 하는데, 무함마드는 그의 집을 짓기 전에 모스크를 먼저 지어 그것의 절대적인 중요성을 나타내려고 하였다고 한다.[1] 샤리아(Shari'a)가 메디나에서 표명됨으로써 모스크는 종교적인 수업을 가르치는 건물이 될 뿐만 아니라 무슬림 공동체의 중심적인 삶을 위한 곳도 되었다.[2] 그러나 무함마드의 시대 이후 무슬림 공동체는 사상과 당파가 다양한 학파들의 충돌로 내부의 분열과 종교적인 교파의 붕괴를 당면하게 되었다.

　대부분의 무슬림 학자들은 "이슬람이 무엇보다도 뛰어나다"라는 원칙을 이슬람법체계의 모든 양상에 스며드는 샤리아의 기본으로 인정한다. 이 원칙 위에서 모스크 건물은 모든 건축물 중에서, 특히 불신자들(비무슬림들)의

---

1) 무함마드가 무슬림 공동체를 위해 가장 높고 가장 공경받는 본보기이므로 그들은 그를 본받고 그에게 복종하도록 명령받았다(꾸란 4:80; 33:21; 48:8-10; 59:7; 68:4를 보라).
2) 또한 Belteshazzar & Abednego(2006)를 보라.

땅에서는 힘과 우위성을 나타내기 위해 가장 높고 넓으며 웅장한 것이어야 한다고 생각한다.[3]

3. 이슬람의 여성

이슬람에서 여성의 지위는 국가마다 다르고 개별국가에서도 도시와 시골 지역 간에 다르다.[4] 꾸란은 남자에게 여자가 복종하도록 요구하는 남자의 우위성을 선포한다(꾸란 4:34).

> 남자는 여자를 보호하고 부양하는 자인데, 이는 알라가 남자에게 여자보다 강한 힘을 주어 그들의 수입으로 여자를 부양하기 때문이다. 그러므로 바른 여자는 남자에게 헌신적으로 복종하고 알라가 그들에게 지키도록 한 것에 대해 삼간다. 불충과 부적절한 행동을 하는 여자들은 훈계하고 그들과 침상을 나누는 것을 거절하고 그들을 때리라. 그러나 만약 그들이 다시 복종하면 그들의 생계를 도우라. 이는 알라가 가장 높고 위대하심이라.

---

3) 꾸란 3:110; 4:95; 32:18을 보라.
4) 이 주제에 대해서는 또한 Brooks(1995); Glasser(1998); Mernissi(1985); Tucker(1993)를 보라.

이러한 남자의 강한 지위를 토대로, 가부장적 제도가 세워졌다. 공공의 삶(전체적이든 부분적이든)으로부터 격리하는 '베일을 쓰는 것'과 일부다처제는 여성이 억압받고 하위에 예속되었다는 표시이다. 이 꾸란의 진술에 대한 해석은 늘 격심한 논쟁으로 이끈다.[5]

이슬람에서 가족은 이슬람의 내적 안녕을 위해 아주 중요한데 각 무슬림은 결혼해서 많은 자녀를 갖도록 권고 받는다. 남자 무슬림은 네 명의 여자까지 결혼이 허용되지만, 그들 모두를 똑같이 대우하고 그들에게 같은 방식의 태도로 숙박, 음식 그리고 옷을 제공해야 한다는 조건이 뒤따른다.[6] 더불어 남자는 원하는 대로 많은 첩을 가질 수 있다. 원래 다른 종교인과의 결혼을 금지한 꾸란의 질서(꾸란 1:221)는 나중에 남자에게 이익이 되도록 개정되었다. 무슬림 남자는 나중에 유대교도나 기독교인 여자와 결혼이 허용되었다(꾸란 5:6). 남자는 또한 이혼에 있어서 특권을 갖고 있다.

일부다처제는 의무사항이 아니라 선택사항이다.[7] 최근에 점점 더 무슬림 남성들이 일부일처제를 선택하고 있는데 특별히 서구 나라에서는 더하다. 그 외 이슬람의 규율은 비이슬람 국가에서 잘 지켜지지 않는다. 그리고 사회에서의 여성의 법적 지위에 대해 자주 진보적인 태도가 성행한다.[8] 더욱이 여성에 관하여, 많은 실천은 종교에 기초를 두지 않고 문화에 기초하거나 심지어 이슬람 이전의 관습법(common law, 예를 들어, 파라오적인 할례)으로 거슬러 올라간다.[9]

이슬람에서 여성이 하위의 위치를 갖고 있고 많은 이슬람 국가의 공공의

---

5) 베일: 꾸란 24:31; 33:59, 축출: 꾸란 33:53-55, 일부다처제: 꾸란 4:3; 4:129.
6) 남성이 여러 아내를 똑같이 대우하는 것은 사실상 불가능하다. 그러므로 그 같은 혼인 공동체는 자주 문제들이 발생한다.
7) 터키와 같은 일부 나라는 국가법으로 일부다처제를 금지한다.
8) 어떤 경우에는 여성이 가족의 중심이었다. 결과적으로 그녀는 자주 그녀의 남편이 후에 행하는 것에 많은 영향을 미치고 촉매작용을 하였다. 비록 일반적으로 남성보다 덜 교육받았어도 여성들이 때로는 남성들보다 더 정통(orthodox)이다.
9) 파라오의 할례는 문학에서 그리고 수단인에 의해 사용된 용어이고, 여성할례와 정조대를 채우는 것과 같은 서구의 전문적인 용어와 같은 뜻이다. 파라오의 할례 동안에 클리토리스와 소음순은 제거되었고 그 다음으로 소변과 월경을 위한 음문의 작은 열림만을 남겨놓고 대음순은 꿰어 봉해졌다.

생활에서 거의 모습을 나타내지 않는다는 것에는 의심의 여지가 없다. 이것은 주로 남성이 생계를 버는 책임이 있다는 것을 의미하는 전통적인 업무 분담에 기인하는 데 비해 여성은 가사일과 자녀를 돌보아야 하는 책임이 있다고 본다.[10] 심지어 오늘날조차도 이슬람 세계에서 결혼 후에 결코 집을 떠나지 못하는 여성들이 있는데, 그 이유는 남편이 그것을 상스러운 일이라고 여기기 때문이다. 이 분명한 계급제와 역할 배당은 무슬림과 비무슬림에 의해 다르게 보인다. 전자는 무슬림 가족의 영속성과 여성의 보호를 언급한다. 후자는 그것이 여성을 일종의 노예로 예속시키는 것으로 간주한다. 사우디아라비아에서 여성은 심지어 운전도 할 수 없고 그들의 남편의 허락이 없으면 여행이 허락되지 않는다. 여행을 하더라도 그들은 친척에 의해 호위되어야 한다. 이슬람에서 여성들의 열등한 위치를 보여 주는 그 이상의 예는 다음과 같다.

- 여성은 남성이 상속하는 것의 절반만 상속한다(꾸란 4:176).
- 두 여성의 증거는 한 남성의 증거와 같은 가치로 계산된다(꾸란 2:282).[11]
- 꾸란에서 특정 구절은 여성을 불결하게 묘사한다(꾸란 4:43; 5:6).
- 여성은 그들의 집에 조용히 머물러야 하고, 모습을 나타낼 때에는 정숙하게 보여야 한다. 그들이 집 바깥으로 나갈 때는 베일(hijab)을 써야만 한다(꾸란 33:33).
- 여성은 남성을 똑바로 바라보아서는 안 되고 가까운 가족 구성원들을 제외하고 어느 누구에게나 그들의 신체의 어떤 부분이라도 보여서는 안 된다(꾸란 24:31).
- 간음은 포로된 여성을 제외하고는 금지되어 있다(꾸란 4:24).
- 남성은 세 차례 이혼한다는 표현을 반복함으로써 그의 아내와 이혼할 수 있다(꾸란 2:224-230).

---

10) 이 역할 배당은 꾸란으로부터 분명히 나오는 것이 아니다.
11) 법적으로 여성은 남성의 "반 정도의 가치"이다.

- 남성은 네 명의 아내까지 결혼할 수 있다(꾸란 4:3).
- 다수의 아내가 모두 똑같이 대우받는 것은 불가능하다는 것이 보인다 (꾸란 4:129).
- 음란한(indecent) 여성은 누구든지 그녀가 죽을 때까지 바깥에 나가지 못하도록 가두고 자물쇠를 채워야 한다(꾸란 4:15).
- 어떻게 남성이 여성에게 접근하는가? "너희의 처들은 너희에게 밭과 같으니 너희가 원하는 때에 너희의 원하는 방법으로 너희의 밭에 가까이 가라"(꾸란 2:223).
- 여성은 지성과 종교심 그리고 감사하는 마음이 모자란다(Bukhari Vol1 No. 301).
- 지옥에 거하는 대부분은 여성이다(Bukhari Vol1, 48과 301쪽).

이에 관한 하디스로부터의 인용

- 아부 후라이라(Abu Hurayrah)는 다음과 같이 진술한다. 알라의 메신저가 말하기를, "만약 내가 어떤 이에게 그 자신을 다른 사람 앞에서 부복하라고 명령해야 한다면 나는 여자로 하여금 그녀의 남편 앞에 부복하도록 명령하여야 하리라"(Al-Tirmidhi Hadith 3255).
- 아부 후라이라가 보고하기를 알라의 메신저가 다음과 같은 질문을 받았다고 했다. "여성들 가운데 누가 최고인가? 그는 대답하기를, 남편이 바라볼 때 그(남편)에게 즐거움을 주는 여성으로 그가 명령할 때 복종하며, 그녀 자신과 그녀의 부에 관하여 그의 불만을 두려워하여 그에게 반대하지 않는 여성이다"(Mishkat I, 216쪽).
- 무아위야 하이다(Mu'awiyah ibn Haydah)는 다음과 같이 진술한다. "내가 말하기를, 알라의 사도여 어떻게 우리가 우리의 아내에게 가까이 하여야 하며 우리가 어떻게 그들을 떠나야 합니까? 그는 대답하기를, 네가 원할 때 무슨 방법으로든지 네가 원하는 대로 너의 터에 가까이 하고 네가 음식을 먹을 때 그녀(너의 아내)에게 음식을 주고 네가 옷을 입을 때

옷을 입히고 그녀의 면전에 욕설을 퍼붓지 말고 그녀를 때리지 말라"
(Sunan of Abu-Dawood Hadith 2138).
· 아부 후라이라가 알라의 메신저에게 다음과 같이 보고했다. "생명이 그분의 손 안에 달려 있는데 한 남성이 그의 아내를 그의 잠자리로 부를 때 그녀가 응답하지 않으면, 하늘에 계신 유일하신 그분이 그(그녀의 남편)가 그녀로 인해 기뻐할 때까지 노하게 된다." "남자가 그의 아내를 그의 잠자리에 초청할 때 그녀가 오지 않으면, 그(남편)는 그녀 때문에 화가 난 채로 밤을 보낼 것이고 천사들이 아침까지 그녀를 저주한다" (Sahih Muslim II, 723쪽).

무함마드는 그의 생전에 여성의 어려운 입장을 개선하기 위해 아무것도 하지 않은 것처럼 보인다. 그러나 오늘날 이슬람에서 모든 여성이 나쁘게 취급받는 것은 아니다. 일부는 개성이 강하고 집 안에서 남성에게 강한 영향을 미친다. 심지어는 이 법을 달갑게 여기는 무슬림 여성들도 있는데, 그들은 이 법들을 보호책으로 본다.

4. 이슬람연대기와 축제

이슬람력은 달(moon)의 위상에 따라 조정되므로 태양력(solar)보다 11일이 더 짧다. 이와 같이 매월(months)과 축제일(feasts)은 매해 10일 혹은 11일 더 빨리 당겨진다. 이렇게 이슬람세기는 기독교인(보통의 연대)의 것보다 3년 정도가 더 짧다.[12]

무슬림 달력의 첫 해는 히즈라(hijra; 무함마드의 메카에서 메디나로의 이주)의 해인 주후 622년이다. 태음년(lunar year)은 354일로 됐고 각자 29 혹은 30일

---

12) 완전한 전환 표(Full conversion tables)는 G.S.P. Freeman-Granville, *The Muslim and Christian Calendars*, 2nd edn., London: Collings, 1977 (주후 2000년까지 올라가는)에서 찾아볼 수 있다.

로 된 열두 달로 나눠진다. 간편하게 요약하자면 다음과 같다.[13]

· 이슬람력의 시작: 주후 622년 = AH 1년
· 주후 1300년 9월 20일 = AH 700년
· 주후 2000년은 AH 1420년에 시작.

이슬람의 달(month)의 명칭

1. 무하람(Muharram)
2. 사파르(Safar)
3. 라비 알 아왈(Rabi' al-Awwal)
4. 라비 앗 싸니(Rabi' ath-Thani)
5. 주마다 알 울라(Djumada al-Ula)
6. 주마다 알 아히라(Djumada al-Akhira)
7. 라잡(Rajjab)
8. 샤반(Sha'ban)
9. 라마단(Ramadan)
10. 샤왈(Shwwal)
11. 둘 카다(Dhu l-Qa'da)
12. 둘 힛자(Dhu l-Hijja)

무하람(Muharram)은 애통해하는 이슬람의 달(Islamic month)이다(시아파에만 해당). 라마단(Ramadan)은 금식하는 달이고, 둘 힛자(Dhu l-Hijja)는 순례의 달이다.

다른 이슬람 그룹들은 다른 축일들을 기념한다. 정통이슬람(orthodox Islam)에서는 다음의 축일이 중요하다.

---

13) AD(Anno Domini, 라틴어): 주님의 해에, 예수님의 생일로 시작하여 해들을 셈. AH(Anno Hegirae"히즈라[Hijra] 이후"): 주후 622년에 메카로부터 메디나까지 무함마드의 이주로부터 시작하여 연수를 셈.

제7장 종교, 문화 그리고 관습

날	달(Month)	이름(Name)	설명(Description)
1	무하람 (Muharram)	새해 첫 날 (New Year's Day)	많은 국가에서 지키는 휴일. 무슬림에게 주후 622년 메카로부터 메디나로의 히즈라(이주)를 연상시킨다.
10	무하람 (Muharram)	아슈라 ('Ashura)	시아인들이 이맘 후세인(Hussein)의 순교를 기림.
12	라비 알 아왈 (Rabi' al-Awwal)	밀라드 나비 (Milad-e Nabi) 마우리단 나비 (Mawlid an Nabi)	무함마드의 생일. 모든 무슬림이 기념하는 것은 아니다.
27	라잡(Rajjab)	승천의 밤 (Laylat al-Mi'rajj)	무함마드가 꿈에서 하늘로 야간여행(Night Journey)한 것을 기억하는 것. 일부 무슬림은 그가 육체적으로 황홀경에 있었다고 믿는다.
1	라마단 (Ramadan)	금식월의 시작	신자는 해뜰 때부터 해질 때까지 음식, 음료 혹은 담배(tobacco)를 삼간다. 금식의 시작은 동틀 녘 기도(Sahar)로 시작하여 해 질 녘 기도(Iftaar)로 마치는데, 이 해질 녘 기도에 가족과 친구들와 더불어 음식을 즐긴다.
27	라마단 (Ramadan)	권능의 밤 (Laylat al-Qadr)	운명의 밤(Night of destiny). 꾸란의 계시의 밤으로 이 계시는 무함마드에게 98장(Sura)의 다섯 절로 시작한다. 무슬림은 알라의 영광을 구하며 밤 동안 줄곧 기도한다.
1	샤왈(Shawwal)	금식을 깨뜨리는 축일 (Eid al Fitr)	이 축일은 금식월인 라마단의 끝을 표시한다. 이것은 특별히 큰 축제로 새로운 의상을 구입하고 가난한 자들과 친밀한 사람들에게 선물을 나눈다. 터키에서는 "Seker Bayram"으로, 남동아시아에서는 "Hari Raya Puasa"로 알려져 있다.

10	둘 힛자 (Dhu l-Hijja)	희생제의 축일 (Eid al Adha)	이슬람에서 가장 큰 축제. 대부분의 무슬림에게 이것은 아브라함이 그의 아들 이스마엘을 희생제로 드리도록 기대된 것을 기억하는 것이다. 가족은 희생 동물(보통 양)을 도살한다. 핫지(hajj; holy pilgrimage)의 끝에 축제의식들이 4일 동안 계속된다. 터키에서는 "Kurban Bayram"으로, 남동아시아에서는 "Hari Raya Hajj"로, 아프리카의 일부 지역들에서는 "Tabaski"로 알려져 있다.

이슬람력에서 금식월[14]인 라마단(Ramadan)은 특별한 위치를 차지한다. 비록 아홉 번째 달에 위치하지만, 그것은 종교적 해의 중앙이고 무함마드가 첫 번째 환상을 받았다고 말해지는 때인 이슬람의 "거룩한 달"이다. 매일 믿음의 실천을 제대로 하지 않고 포기한 무슬림조차도 라마단 기간만큼은 그들의 정체성의 근원인 꾸란으로 돌아가야만 하며, 오로지 한 알라만 있다는 것을 그들 자신과 다른 사람들에게 상기시키는 공동체에 그들의 위상을 둔다. 금식하는 것과 마찬가지로, 이달 동안에 꾸란 전체를 낭송하고 모든 기도를 주의 깊게 준수하는 것이 관습으로 통용되며 이달 동안 행해진 행위와 의식은 어느 다른 달에 행한 것보다도 더 가치가 있는 것으로 고려된다.

5. 관습과 규정식의 법조항

어떤 행동을 하기 전에 심지어 차를 타면서도 독실한 무슬림은 "비스밀라"(bismillah; 알라의 이름으로)란 말을 하고 끝에는 "알함둘릴라"(Alhamdulillah; 알라께 찬미를)라고 말한다. 이것은 일터에서와 식사 시간에도 적용된다.[15]

---

14) 금식에 관하여 꾸란 2:183-187을 보라. 제1부 제5장의 2. 이슬람의 다섯 가지 의무를 보라.
15) 일반적으로 이러한 관용 표현(al-basmala)은 아랍어로 말해진다. 그러나 예외가 존재하는데, 예를 들어, 독일에 있는 무슬림들의 70% 이상이 터키 자손이다. 거기에는 터키 억양법과 철자법과 비슷한 슬로건이 있다.

어떤 것을 하려고 의도하거나 약속을 할 때 관용표현인 "인샤알라"(Insh'allah; 알라의 뜻대로 되기를)는 대부분의 경우들에 더해진다. 무슬림이 동료 무슬림을 만나면 그는 "앗살라무 알라이쿰"(Assalamu alaikum; 당신에게 평화가 임하기를)이란 인사를 하고 그 후에 다른 사람은 "와 알라이쿠무 살람"(Wa alaikum assalam; 당신에게도 평화가 임하기를)이라 대답한다. 잠들기 전에 그리고 잠자리에서 일어나기 전에 "수브하날라"(subhanallah; 알라께 모든 영광을)라는 표어로 알라를 찬미한다. 그 외에 마귀와 악한 영 "진"(jinn; demons)에 대항하여 보호하는 것으로 간주되는 더 많은 관용표현이 있다.

이슬람은 음식과 음료를 포함한 거의 모든 것을 "할랄"(halal; 허락된 것)과 "하람"(haram; 금지된 것)의 두 범주로 분류한다. 규정식의 법규에 관해 엄격히 복종하는 것은 실천하는 무슬림에게 필수적인 것으로[16] 그들의 종교적 정체성에 있어서 중요한 부분이다. 의학적으로 그리고 도덕적으로 해롭지 않고 허용된 모든 좋은 것은 일반적으로 유효하다. 그러나 금지된 음식은 다음과 같이 세 부류로 배열한다.

1) 의식을 혼란하게 하고 술 취하게 하는 물질, 특히 포도주와 다른 알코올 성분의 음료, 그리고 마약.
2) 피를 완전히 흘리지 않은 고기와 돼지고기를 사 먹는 것도 똑같이 금지되었다. "바스말라"(basmala)[17]의 신앙고백 없이 도살한 모든 고기는 부정한 것(haram)이다.
3) 유독성이 있고 부패한 음식.

---

16) "할랄"(*halal*; 허락된 것)과 "하람"(*haram*; 금지된 것 혹은 터부)이란 용어는 이러한 관련하에 사용된다. 또한 꾸란 5:5를 보라.
17) "알라의 이름으로"라고 보통 번역되는 "*bismillah*"는 "*basmala*" 혹은 "*tasmiya*"로 명명한다.

질문들

- 이슬람의 메시지는 무엇인가?
- 이슬람의 여성들은 왜 남성들과 똑같은 권리들을 가지고 있지 않은가?
- 이슬람의 여성들은 왜 자주 그들을 완전히 가리는 옷을 입어야 하는가?
- 당신은 왜 예수님의 어머니 마리아가 꾸란에서 유일하게 이름이 언급된 여성이라고 생각하는가?
- 당신은 금식월인 라마단을 지킴으로써 어떤 영적 이익을 얻는가?
- 당신은 무함마드의 생일을 기념하는가? 만약 그렇다면 왜 기념하는가?
- 당신은 어느 이슬람축일들을 기념하는가?
- "희생제의 축일"(feast of sacrifice)은 아브라함을 기념하는 것이다. 이 축제는 정확히 당신에게 어떤 의미가 있는가? 누가 희생제물로 드려져야 할 아들이었는가? 그것이 꾸란에 기록되었는지 찾아서 내게 보여줄 수 있겠는가?
- 이슬람달력은 주후 622년으로 시작한다. 이 시간(메카에서의 무함마드)보다 앞서는 시간은 비이슬람적이었나?
- "할랄"(halal)과 "하람"(haram)이란 용어를 내게 설명해줄 수 있겠는가? 이것이 당신의 삶에 어떻게 영향을 주는가?

제 2 부
무슬림의 반론에 대한 대답

제2부에서는 다음과 같은 정보를 제공한다.
a) 가장 흔한 무슬림 반론과 사고방식.
b) 기독교와 이슬람의 교리적인 차이점.
c) 무슬림이 이해할 수 있도록 기독교인이 대답을 주는 방식.

　성경의 가르침에 대한 이슬람의 도전은 무함마드로부터 시작한다. 무함마드에게 계시되었다는 내용이 기록된 꾸란은 기독교의 가르침과 모순되는 진술을 많이 담고 있다. 이러한 반론에 대해서 기독교인은 타당성 있고 충분히 근거가 있는 대답을 하는가? 그렇다! 각 반론에 대해서 기독교인들은 진실한 대답을 줄 수 있다. 이 장은 가장 널리 통용되는 무슬림 반론 중에서 일부를 선택하여 그 개략을 진술하려고 한다.[1]

　성경과 기독교의 가르침에 대한 정확한 지식은 무슬림과의 토론을 위한 중요한 선행조건이다. 기독교인은 무슬림들에게 복음을 나누는 데 자신감을 갖기 위하여 이 장의 내용을 공부하고 토론하도록 서로 격려하여야 한다. 많은 인내와 사랑과 함께 성경적인 대답이 주어져야 한다. 요점은 기독

---

[1] 기독교에 대한 더 많은 무슬림들의 반론들이 있다. 예를 들면, Gilchrist(1999)를 보라.

교인이 무엇을 믿는가를 설명하는 것뿐만 아니라 또한 그들이 왜 그것을 믿는가를 설명해야 한다. 기독교인이 즉석에서 대답을 하지 못할 난처한 경우에는 신중하지 않은 대답을 주기보다는 오히려 대답을 하지 못한다는 것을 인정하는 것이 낫다. 그리고 디모데후서 2:15의 정신하에서 제기된 요점을 연구함으로 추후모임을 준비하기 위해 충분히 시간을 가져야 한다.

> 네가 진리의 말씀을 옳게 분변하며 부끄러울 것이 없는 일꾼으로 인정된 자로 자신을 하나님 앞에 드리기를 힘쓰라(딤후 2:15).

그 대답은 무슬림이 하나님과의 관계를 생각하고 마침내는 진리를 받아들이도록 도전을 주어야 한다.[2]

---

[2] 무슬림은 대개 종교적인 문제에 대해서 의문을 가지기 보다는 오히려 꾸란을 무조건 받아들이고 암송한다는 것을 명심해야 한다. 무함마드와 꾸란에 대해서 의문을 가지는 것은 죄이기 때문이다.

제 8 장

충돌이 있는 신학적인 영역들

기독교인과 무슬림 사이의 차이점, 무슬림의 반론과 기독교인의 대답은 다음의 장에 기술되어 있다. 우리는 기독교인들과 무슬림과의 대화를 위한 진입점으로 사용할 수 있는 두 종교의 유사점을 조사함으로 시작한다.[1] 다음의 표는 기독교와 이슬람에 어느 정도 유사점과 상이점이 있는가에 대한 주제들의 실례들을 열거한다.

주 제	유사점	차이점
하나님은 한 분이다.	하나님은 오직 한 분이라는 신앙.	성경과 꾸란은 하나님을 다르게 묘사한다.
통치자 하나님	하나님은 영원히 계시고 세상을 통치한다.	하나님이 세상을 통치하는 방식.
계시	하나님은 그분의 말씀을 인간에게 계시하셨다.	계시의 방식과 성경과 꾸란이 실질적으로 하나님의 말씀을 내포하는 방식.
죄	인간은 죄를 짓는다.	죄의 정의가 근본적으로 다르다.

---
1) 또한 이 주제를 위하여 제3부 제16장에 있는 설명들을 보라.

용서	하나님은 인간의 죄들을 용서할 수 있다.	하나님이 용서하는 방식.
언급된 사람들	꾸란과 성경은 같은 인물들을 말한다. 예를 들면, 아브라함, 모세, 노아, 마리아, 예수[4] 등	이 사람들은 누구이며 그들의 실제적인 임무는 무엇인가?
심판의 날	심판의 날이 있을 것이라는 사실	정확히 이날에 무엇이 발생할 것인가?
영원	천국(낙원)과 지옥의 존재	전체의 개념이 다르다.

위에서 본 대로 많은 사람과 주제가 성경과 꾸란 양쪽에 언급되어 있다. 그러나 그들의 임무와 가르침은 상당히 다르다. 예를 들면, 꾸란은 낙원에서의 아담의 범죄에 대해서 말하지만, 구체적인 이야기나 인간타락에 대한 중요성은 창세기에 말하고 있는 것과는 다르게 전적으로 오해하고 있다. 이슬람에서 아담이 지은 죄는 인류에게 더 이상 영향력을 미치지 않기 때문에 무슬림은 원죄에 대한 성경적인 개념을 거부한다. 그러나 우리가 아담의 죄 때문에 정죄를 받지 않겠지만 아담으로부터 죄성을 물려받아서 강한 죄성을 가지고 있다는 것을 분명히 해야 한다.

예수님은 꾸란에 있는 선지자 중에서 중요한 위치를 차지하고 있지만, 기독교적 관점에서 볼 때 중요한 요점이 빠져 있다. 이슬람에서 예수님은 세상 죄를 위하여 십자가에서 돌아가신 하나님의 아들이 아니다. 좀 더 세심한 연구는 유사점보다도 상이점이 더 많다는 것을 보여 준다. 이것은 다음 장에서 분명하게 입증될 것이다.

---

2) 예수님의 이름은 꾸란에 "이사"(Isa)로 나타난다. 하지만 정확한 아랍어 철자법은 "야수"(Yasu‘)이다. 이 불일치에 대한 분명한 이유는 알려지지 않았다.

제 9 장

성경에 대한 무슬림의 반론

1. "성경은 하나님의 계시가 아니다"

> **무슬림 반론**
> "성경은 알라(Allah)의 진정한 계시가 아니다. 오직 꾸란만이 알라로부터 온 마지막이며 가장 위대한 계시이다."

먼저 계시의 교리에 대한 차이점을 이해하는 것이 중요하다.

기독교	이슬람
하나님은 그분의 창조와 역사 속에서, 특별히 선민인 이스라엘을 통하여 자신을 계시하신다. 하나님은 그분의 본질과 이름을 계시하신다(출 20장). 하나님은 예수님 안에서 사람들을 화해시키고 그들을 자신에게 가까이 오게 하시기 위해 세상에 오신다. 예수님은 최종적이고 본질적인 하나님의 말씀이다(요 1:1-14; 히 1장). 하나님은 예수님 안에서 자신을 계시한다. 성경	알라는 자기 자신을 계시하는 것이 아니라, 오직 자신의 뜻을 계시한다. 그는 다른 시대에 여러 민족에게 선지자들을 보낸다. 소수의 아랍인 외에 중요한 성경 인물들이 꾸란에 언급이 되어 있다. 노아, 아브라함, 모세, 다윗, 솔로몬, 스가랴, 요나, 예수. 무슬림들은 무함마드가 마지막 선지자이고 천사 지브리일(Jibril)을 통하여 꾸란이 그에게 조금씩 주어졌다고 주장한다. 아랍어로 된 원본 꾸란은 일곱 번째 천국에 보관되어 있다고 전해지며 "모경"(mother of the book)

은 하나님의 자기계시에 대한 영감을 받은 증거이다. 하나님은 성령의 감동으로 성경의 말씀을 기록했던 저자들을 선택하셨다(딤후 3:16; 벧후 1:16-21). 이 저자들이 그들의 고유한 방식으로 성경을 기록하였다. 따라서 성경은 이중 저자 즉, 하나님(성령의 능력을 통한)과 일부 선택된 사람들을 지니고 있다. 그래서 인간들이 성경을 썼다고 하더라도, 하나님이 관리하고 그분이 계시된 진리를 보장했다.	이라 한다. 이 책은 인류의 모든 행위를 위한 알라의 명령을 담고 있다. 무함마드가 계시된 본문을 직접적으로 그리고 수정 없이 전했다고 한다. 이는 인간적인 요소들이 꾸란에 현존하지 않다는 것을 의미함과 동시에 꾸란은 알라의 순수한 말이라고 주장한다. 비록 알라만이 직접화법으로 인류에 말한다고 무슬림들이 주장한다고 하더라도, 꾸란의 일부가 삼인칭으로 기록되었다는 것을 이미 꾸란 첫 장에서 분명히 알 수 있다 (꾸란 1:5에서 "우리는 당신만을 경배하며 당신에게만 구원을 비노니"라고 했다).

성경이 하나님의 감동으로 된 말씀이며 죄 용서, 구속과 구원의 확신에 관하여 인류에게 주어진 유일하고 분명한 메시지라고 기독교인은 믿는다.

어떠한 인간의 행위도 완전할 수 없다. 그러므로 구전으로 전해져 무함마드가 죽은지 23년이 지나 필기사를 통하여 기록되었다는 오늘날의 꾸란이 알라의 원본에 대한 완전한 사본이라는 이슬람의 주장은 지지를 받기가 어렵다.[1] 무슬림은 기록된 책인 꾸란이 의심할 여지가 없는 완전한 형태로 된 알라의 말씀이라고 믿는다.

이와는 달리 기독교인은 하나님의 말씀이 완전한 하나님의 아들 곧 예수 그리스도[2] 안에서 인간이 되셨다고 믿는다. 그러므로 무슬림들은 궁극적인 계시로 하나의 책을 가지게 된 반면에, 기독교인들에게는 신적인 계시로 한 사람이 주어졌다. 그래서 다음의 질문이 있다. 책과 사람 중에 어느 것이 하나님으로부터 온 더 귀한 계시인가?[3]

---

1) 무슬림들은 알라 이외에 완전하거나 거룩한 것은 아무것도 없다고 주장한다! 그렇다면 세상에 있는 꾸란 같은 책이 어떻게 완전할 수 있는가?
2) 요 1:14을 보라. 예수님 자신이 하나님의 계시가 되었다는 것과 하나님의 말씀이 인간의 모양으로 인간에게 왔다는 것은 알라가 자신을 계시하는 방법에 대한 이슬람의 사고 방식에는 맞지 않는다.
3) 제3부 제15장 4.에 있는 이야기를 보라.

2. "성경은 하나님의 말씀이 아니다"

> **무슬림 반론**
> "성경은 더 이상 하나님의 말씀이 아니다. 성경은 유대인과 기독교인에 의해서 변경되고 왜곡되었다"(tahrif).

무슬림 관점에서 보면 꾸란은 하나님으로부터 이전에 계시되어 쓰여졌던 모든 것을 포함한다.[4] 무슬림들은 이러한 초기 성경이 왜곡되었으며 현재 꾸란만이 하나님의 진리의 말씀을 내포하고 있다는 견해를 취한다. 꾸란은 성경의 주제를 많이 언급하지만, 대부분이 좀 더 짧게 소개되고 있으며, 많은 부분에서 아주 왜곡되어 있고 피상적인 방식으로 오해되었다.

꾸란은 많은 부분에 있어서 성경의 진술과 모순되기 때문에 무슬림은 도리어 성경이 왜곡되었다고 추정한다. 무슬림은 꾸란에 대해서 철저한 비평적인 조사를 하지 않고 이러한 주장을 단언한다. 그들의 입장은 실제적으로 성경에 대한 꾸란의 진술과 모순이 된다.[5] 이것은 무슬림이 말하는 모든 것이 꾸란과 일치하는 것이 아니라는 것을 의미한다. 다음의 표는 이러한 부분을 설명한다.

꾸란의 가르침	현대의 무슬림이 믿는 것	기독교인이 믿는 것
성경의 기원에 관하여		
성경은 알라로부터 왔다 (꾸란 5:47).	성경의 기록들은 원래 선지자들을 통하여 알라에 의해서 인류에게 계시되었다.	하나님에 의해 선택된 사람들이 성령의 지도하에 성경을 썼다(벧후 1:21; 딤후 3:16).

---

4) 이 책들은 제1부 제5장 1에 나열되어 있다.
5) 하지만 꾸란은 "성경"이라는 단어 자체를 결코 언급하지 않는다. 꾸란은 율법서 "토라"(*Taurat*)와 복음서 "인질"(*Injil*) 같은 성경의 부분을 언급한다.

꾸란의 가르침	현대의 무슬림이 믿는 것	기독교인이 믿는 것
성경의 권위에 관하여		
성경에는 알라의 인도와 빛이 있다 (꾸란 5:46; 10:94; 32:23).	유대인과 기독교인이 성경을 왜곡시켰기 때문에 성경은 더 이상 알라의 말씀이 아니다.	성경은 구원의 길을 우리에게 제시해 주는 기록된 하나님의 말씀이다 (요 20:31).

다음의 표는 꾸란에 있는 도전을 주는 두 구절들의 한 예를 보여 준다.[6]

아랍어 구절	번역	설명
꾸란 32:23 وَلَقَدْ ءَاتَيْنَا مُوسَى ٱلْكِتَٰبَ فَلَا تَكُن فِى مِرْيَةٍ مِّن لِّقَآئِهِۦ ۖ وَجَعَلْنَٰهُ هُدًى لِّبَنِىٓ إِسْرَٰٓءِيلَ	"우리가 진정으로 이미 모세에게 그 책(성경)을 주었노라. 그 책의 가르침을 의심치 말라. 우리(알라)가 그것을 이스라엘 자손들에게 지침이 되게 했노라."	꾸란은 구약성경에 대해서 긍정적으로 말한다. 꾸란은 무슬림이 주장하는 것처럼 구약의 책들이 변경되었다고 말하지 않는다.
꾸란 10:94 فَإِن كُنتَ فِى شَكٍّ مِّمَّآ أَنزَلْنَآ إِلَيْكَ فَسْـَٔلِ ٱلَّذِينَ يَقْرَءُونَ ٱلْكِتَٰبَ مِن قَبْلِكَ ۚ لَقَدْ جَآءَكَ ٱلْحَقُّ مِن رَّبِّكَ فَلَا تَكُونَنَّ مِنَ ٱلْمُمْتَرِينَ	"만약 우리가 너(무함마드)에게 계시한 것이 의심이 나면 너 이전에 성경을 읽은 사람들에게 물어 보라. 진리가 너의 주로부터 네게 이르렀나니 절대로 의심하는 자가 되지 마라."	사실 이 구절은 알라로부터 온 계시에 대해서 의심하는 무슬림은 이전에 책이 주어진 사람들인, 유대인이나 기독교인에게 물어 봐야 한다는 것을 말하는 것이다.

성경의 권위는 꾸란의 어느 곳에서도 의심되지 않고, 오히려 긍정적으로 강조되곤 한다. 예를 들면, 꾸란 3:3에서 복음서(Injil, 인질)와 토라(Taurat, 모세율법)는 "인류에게 주어진 지침서"라고 묘사되어 있다. 게다가 꾸란(6:34;

---

[6] 성경의 권위가 긍정적으로 확증된 꾸란의 추가 구절은 다음과 같다. 꾸란 2:136; 3:3; 4:136; 5:68; 10:37.

10:64)은 아무도 알라의 말씀을 변경할 수 없다고 말한다. 그러므로 이치에 닿는 질문은 다음과 같다. 왜 오늘날 무슬림들은 그들의 꾸란과 모순되는 이견을 가지고 있을까?

성경이 왜곡되었다는 주장을 증명하기 위하여 무슬림들은 다음의 타당한 질문들에 대답해야 할 것이다.

1) 언제 그리고 왜 성경이 왜곡되었는가?
2) 누가 성경을 왜곡하였는가?
3) 성경이 왜곡되었다는 것에 동참하지 않는 다른 신자는 어떻게 반응하는가?
4) 이러한 주장을 위한 증거가 없다면, "원본성경"이 존재했다는 것을 어떻게 아는가?

성경의 신뢰성은 네 가지 기초적인 진리에 의해서 증명된다.

1) **성취된 예언**: 성경에서 수백 년 전에 미리 예언된 많은 것들이 성취되었음이 발견된다. 비평가 누구도 이를 부인하지 않는다. 이는 역사 전체에서 유례가 없는 것이고 다른 어떤 종교도 그와 같은 명료성이 없다. 다음의 표는 예언과 성취의 실례들을 보여 준다.[7]

예수님에 대한 사건 (예언 시기)	예언	성취
메시아의 출생과 선재(주전 700년)	미 5:2	눅 2:4-7
동정녀 탄생(주전 700년)	사 7:14	마 1:18-23
신성(주전 700년)	사 9:6	마 1:23
나귀를 타시고 예루살렘 도착 (주전 480년)	슥 9:9	마 21:1-9

---

7) 또한 Nehls(1985)와 www.answering-islam.org를 보라.

메시아가 구원과 치유를 위하여 오심 (주전 700년)	사 53:3-6	마 1:21; 눅 18:40-43; 19:10
메시아의 이름(주전 700년)	사 49:1-8	마 1:21
고난과 십자가 죽음	사 53장 시 22:1-18	마 27:33-50; 요 18:36-19:37
장사	사 53:9	마 27:60
부활	시 16:8-11	행 2:25-32
승천	시 110:1	행 1:6-11; 히 1:13

2) 목격자들: 성경에 기록된 사건들은 공공연히 일어났다. 모든 이스라엘 인들이 증인이었다. 사도들은 진리를 확증하기 위한 목격자들을 계속해서 접촉하는 그들의 소명을 반복했다(눅 1:2; 행 2:22-24; 5:30-32; 26:25-26 등).

…처음부터 말씀의 목격자 되고 일꾼 된 자들의 전하여 준 그대로 내력을 저술하려고 붓을 든 사람이 많은지라(눅 1:2).

3) 고고학: 수많은 고고학적인 발견은 성경의 신뢰성을 확증하고 역사적인 진실과 정확성을 확인한다.[8] 다른 종교서적과 비교할 때, 성경은 가장 오래된 것으로 유일한데, 거기에 언급된 장소, 사람, 표제와 사건 그리고 성경을 기록하기 위하여 사용된 언어와 문학형식이 이를 입증한다. 고고학의 발견은 성경의 역사적인 신뢰성에 대한 의심을 제거하는 데 도움이 될 수 있다. 성경의 진리가 회의론자에 의해서 도전을 받을 때, 고고학은 성경의 인물과 장소와 사건이 사실이라는 것을 증명하기 위하여 사용될 수 있다. 고고학적 발견에 관한 많은 중요한 사건이 있다. 한 예로 1967년 직후에 바로 기록된 것을 들 수 있다.

---

8) 예를 들면, Free(1992) 혹은 많은 발굴을 통하여 성경의 진실성에 대한 견고한 증거를 보여주는 웹사이트 www.christiananswers.net을 보라.

6일 전쟁 시 통곡의 벽(Western Wall)과 성전산(Temple Mount, 모리아산-역주) 점령 후에, 고고학자들은 근대 예루살렘의 시내 한계선 안에서 더 광대한 발굴을 시행했다. 특별히 하나의 중요한 사건이 옛 도시(Old City)의 남서부에서 바로 일어났다. 사해 사본보다 더 오래된 성경본문을 유일하게 보존하고 있는 두 개의 작은 은색 두루마리가 발견되었다. 이 두루마리 둘 다 민수기에 있는 제사장의 축복을 담고 있다. 또한 하나는 출애굽기(20:6)와 신명기(5:10과 7:9)의 병행구절에서 발견된 인용구를 포함한다. 동일한 절이 나중에 계속해서 다니엘(9:4)과 느헤미야(1:5)에서도 나타난다.

4) 역사: 종종 비기독교인들인 타키투스(Tacitus)나 요세푸스(Josephus)[9]와 같은 시대의 역사가들도 성경 이야기를 확인한다. 기록된 사건이 실제로 발생했기 때문에 우리가 성경을 의심할 이유가 없다. 예를 들면, 요세푸스는 주후 93년에 아래의 내용을 썼다.[10]

이 무렵 예수라고 하는 현자가 있었다. 만약 그를 한 인간이라고 부를 수 있다면, 그는 놀라운 기적을 행하는 자였으며, 진리를 기쁨으로 받아들이는 이들의 선생이었다. 다수의 유대인뿐만 아니라, 이방인 중 많은 이들이 그에게 모여들었다. 그는 구세주(메시아)였다. 우리 지도층에 있는 사람들이 그를 고소하였고 빌라도는 그를 십자가에 처형하라고 명령했다. 그러나 처음부터 그를 사랑하던 자들은 버리지 않았는데 이는 그가 삼 일째 되는 날 다시 부활해서 그들 앞에 나타났기 때문이다. 하나님의 예언자들이 그에 관해 다른 많은 놀라운 일들을 선포하였듯이 말이다. 그를 따라 그리스도인이라고 명명된 무리는 오늘날까지 사라지지 않고 있다.[11]

---

9) 코르넬리우스 타키투스(주후 54-117)는 로마제국의 가장 위대한 역사가였다. 로마 시민권자이고 플라비우스 요세푸스(Flavius Josephus)로 알려진 요세푸스(주후 100년경)는 사제와 왕족의 혈통으로서, 주후 70년 예루살렘 멸망 때 생존하여 역사를 기록했던 1세기 유대인 역사가이며 변증가였다. 그의 작품들은 1세기 유대교에 대하여 중요한 통찰력을 준다.
10) 성경의 진실에 대한 과학적인 추가 증거를 위하여 스토너(Stoner)의 책(1969)을 보라.
11) Antiquities of the Jews, Book 18, Ch 3:3 in *the Works of Flavius Josephus* translated by William Whiston, Milner and Sowerby, London, p392.

3. "기독교인은 모순되는 본문들로 구성된 성경을 가지고 있다"

> **무슬림 반론**
> "기독교인은 여러 곳에 내용이 다른 가지각색의 성경을 가지고 있다. 하나님은 모순되는 성경의 저자가 분명히 아니다."

이 논쟁은 상이한 성경본문이 존재한다는 가정하에 근거한다. 그러나 무슬림은 이러한 주장을 결코 조사하지 않았다. 무슬림이 실제로 의미하는 바는 꾸란에도 해당되는 다른 번역본이 있다는 것이다. 무슬림들은 각각의 번역본이 다른 지적인 배경과 다른 시대의 사람들에게 말하는 것임을 알아야 한다. 언어는 동적인 것이고 시대에 따라서 변화하기 때문에 번역본은 업그레이드를 필요로 한다. 그러나 성경은 모두 히브리어와 헬라어 원본으로부터 번역이 되었다! 성경 본문이 변경되지 않고 성경이 다른 언어들로 번역되는 것이 가능하다는 것은 대부분의 무슬림에게 이해하기 힘든 것이다.

계시에 대하여 가르치는 이슬람 꾸란의 문맥에 대해서[12] 무슬림들은 알라의 말씀이 축어적이어야 한다는 견해를 취한다. 이 이론은 현실적이지 않다. 왜냐하면 본문이 수세기 동안 구전되고 기록되는 것이라 손으로 베낄 때 약간의 불일치는 필연적으로 생기기 때문이다. 이 가정은 약간의 논쟁이 있다. 무슬림들은 꾸란의 본문과 전달에 대해서 비평적으로 보지 않고 꾸란이 "완전"하다고 가정한다. 하지만 꾸란은 무슬림들이 생각하는 것만큼 결코 "완전"하고 변화하지 않는 것이 아니다.[13] 어떠한 책도 성경처럼 철저하게 심사되거나 비평적으로 심의되지 않았다. 성경은 시험을 통과했다!

기독교인들은 안심할 수 있는데, 그 이유는 모든 책 중에서 성경은 신빙성에 대한 최상의 증거를 가지고 있기 때문이다. 다른 어떠한 고대 문헌도 그렇게 많은 고대 필사본을 가지고 있지 않다. 5천 개 이상의 고대 필사본을

---

12) 이 이론은 제2부 제10장 1.에서 설명된다.
13) 길크리스트를 보라(1999: 23-40).

비롯해서 일부 사본 가운데는 이슬람 도래 이전에 쓰였던 주요한 성경 필사본이 세 개나 발견된다. 이것은 우리가 오늘날 가지고 있는 성경이 고대의 유대인들과 기독교인들이 사용했던 성경과 똑같다는 것을 말해준다.[14]

1) 알렉산드리아 사본(Codex Alexandrinus)은 주후 5세기에 쓰여졌다. 이 필사본은 분실된 극소수 일부의 신약성경 구절을 제외하고 성경 전체를 담고 있다.[15] 전체 필사본의 본문은 현대 성경에 포함되어 있다. 이 필사본은 런던에 있는 대영도서관(British Library)에 소장되어 있다.
2) 시내 사본(Codex Sinaiticus)은 주후 4세기 말에 쓰여졌다. 이 필사본은 신약 전체와 구약 일부를 담고 있다. 러시아의 성 피터스버그(St. Petersburg)의 도서관에 소장되어 있다가 후에 판매되어 현재는 런던에 있는 대영도서관(British Library)에 소장되어 있다.
3) 바티칸 사본(Codex Vaticanus)은 아마도 성경 전체를 담고 있는 가장 오래된 필사본일 것이다. 주후 4세기에 쓰여졌으며 현재는 로마의 바티칸도서관(Vatican Library)에 소장되어 있다. 신약의 마지막 부분은 처음 부분과는 달리 다른 사람에 의해서 쓰여졌다.[16]

성경이 변경되었다는 주장에 관하여, 상기에 언급된 필사본들이 무함마드 이전 것이라고 단호하게 이야기해야 한다. 그 시대 후에 성경이 변경될 수 있었다는 것은 전혀 말이 안 된다. 왜냐하면 성경이 상기의 본문으로부터 벗어나지 않았기 때문이다. 무함마드 시대에 성경은 신적 계시로 간주되었으며 누구도 변경할 수 없다고 꾸란은 분명히 언급한다. 그러므로 성경이 훼손되었다고 주장하는 무슬림은 이러한 사실을 모르는 것임에 틀림없다.

---

14) 성경의 완전성과 동질성을 증명하는 더 많은 필사본들, 예를 들면, 히브리어로 된 맛소라사본, 사해사본, 70인역, 라틴어 벌게이트역이 있다(또한 길크리스트 1990: 20-23을 보라).
15) 알렉산드리아 사본에서 분실된 구절들은 마 1:1-25; 6장; 요 6:50-8:52; 고후 4:13-12:6이다.
16) 히 9:14부터 요한계시록의 마지막 부분까지이다.

다음의 표는 하나님으로부터 인류에게 주어진 계시와 책에 대한 흥미로운 대조를 보여 준다.

주 제	기독교	이슬람
창조자로부터 온 완전하고 최종적인 계시	예수 = 살아 있는 인물	꾸란 = 책
인류에게 주어진 기록된 지침	성경 = 하나님의 기록된 말씀	꾸란과 하디스(hadith) = 알라의 말씀

그래서 차이점은 다음과 같은데, 기독교에서는 "말씀이 육신이 되어 우리 가운데 거하시매…"(즉 예수, 요 1:14). 반면에 이슬람에서는 "알라의 말씀"이 책이 되었는데 그것은 꾸란이다. 기독교에서 완전한 최종적인 계시는 살아계신 인물인 예수님이신 데 반해 이슬람에서는 꾸란이라는 책이다. 그래서 기독교와 이슬람 사이에서 완전하고 최종적인 계시를 논의할 때에 우리는 예수님과 꾸란을 비교해야 할 필요가 있다.

질문

- 어떻게 꾸란은 오늘날 존재하는 것처럼 기록된 본문이 되었는가?
- 왜 오늘날 무슬림은 한편으로 꾸란이 성경의 권위를 확증하는 반면에, 다른 한편으로는 성경이 왜곡되었다고 주장하는가?
- 성경이 훼손되었다는 주장에 대해서 무슬림은 무슨 증거를 가지고 있는가?
- 무슬림은 역사의 어떤 시대에서 성경이 변경되었다고 주장하는가?
- "만약 그들이 계시에 대한 의미에 대해서 의심을 한다면, 유대인들과 기독교인들에게 물어 보라"는 꾸란 10:94의 조언을 왜 무슬림은 따르지 않는가?
- 꾸란이 유대인과 기독교인의 성경에 신뢰성을 주고 있음에도 불구하고 왜 무슬림은 영적인 대답을 위하여 성경을 참고하지 않는가?
- 무슬림은 알라 이외에 어느 것도 완전하고 거룩하지 않다고 주장한다! 그렇다면 어떻게 이 세상에서 꾸란과 같은 책이 완전할 수 있는가?

제 10 장

예수 그리스도에 대한 무슬림의 반론

1. "예수님은 평범한 선지자 이상이 아니다"

> **무슬림 반론**
>
> "예수는 다른 선지자와 같은 선지자이다. 예수는 이스라엘인에게만 왔다. 무함마드는 모든 인류에게 온 가장 위대한 마지막 선지자이다"(참조: 꾸란 4:171; 5:75; 33:40; 43:63-64).

무슬림들은 예수님을 단지 선지자로만 인식하고 무함마드는 최후의, 가장 중요하고 위대한 선지자로 제시한다. 하지만 꾸란은 예수님에게 아주 높고 독특한 지위를 돌린다.[1] 예수님의 이름이 꾸란의 전체 장 114개의 장들 중에서 15개의 장들에[2] 언급되어 있음에도 이 중 어느 장(수라)에서도 예수님의 인격과 사역에 대해서는 언급하지 않는다. 그래서 꾸란에 있는 예수님의 묘사는 예수님을 언급하는 93개의 흩어진 구절로부터 구성된다. 예수

---

[1] 기독교인은 예수님의 유일성을 묘사하기 위하여 꾸란을 필요로 하지 않는다. 그러나 꾸란을 주의 깊게 공부함으로 예수님이 선지자 이상이라는 것과 그가 유일하고 필적할 사람이 없다는 것을 무슬림들이 인정해야 한다는 것을 지적할 수 있다.
[2] 꾸란에 있는 예수님에 대해서는 예를 들면, Parrinder(1965)를 보라.

님에 대한 가장 중요한 진술과 그분에게 주어진 이름에 대한 기술은 아래의 목록과 같다.

꾸란	진 술
3:45	그분은 이 세상과 내세에서 대단히 존경받는다.
4:158	그분은 알라에 의해서 하늘로 승천하셨다(문자적으로 그분에게, 즉 알라에게).
4:171	그분은 메시아(그리스도)이시며,[3] 알라의 말씀이시며[4] 알라의 영이시다.
5:113	그분은 생명을 창조하고 병든 자를 고치고 죽은 자를 살리셨다.
19:19	그분은 흠이 없으시다(죄가 없음).[5]
19:20	그분은 동정녀에게서 탄생하셨다.
19:21	그분은 인류의 길을 인도하신다.
19:34	그분은 진리의 말씀이시다.
21:91	그분은 세상의 모든 사람을 위한 표지(sign)이시다.
43:61	그분은 (심판의) "때에 대한 지식"을 가지고 있으시다.
43:63	그분은 분명한 증거와 함께 오셨다.

대부분의 무슬림들은 예수님을 독특한 분으로 말하는 꾸란의 주목할 만한 진술을 무시한다. 하지만 꾸란은 결코-가장 맹렬하게 기독교의 가르침에 대해서 적대하는 구절들에서도-예수님에게 죄가 있다고 하지 않는다는 것이 중요하다.[6] 게다가 우리는 꾸란이 아주 강하게 이 메시아 칭호를 거부한다고 예측하게 하지만 실상 꾸란이 메시아 용어를 사용한다는 것은 주목할 만하다.[7] 그러므로 심지어 꾸란조차도 예수님을 선지자 이상의 유일하고

---

3) "메시아"의 주제에 관한 설명에 대해서 제3부 제16장 3.을 보라.
4) 알 부카리(Al-Bukhari, 6:200-201; 60.178.236)는 예수님이 "알라의 말씀"이라는 칭호를 확인한다.
5) 또한 꾸란은 19:13에서 세례 요한이 거룩했다고 말한다. 예수 외의 모든 선지자들은 무함마드를 포함하여 그들의 죄 사함을 구했어야만 했다(꾸란 4:106; 40:55; 47:19). 알 부카리의 하디스(6:324; 54.10.506)는 예수님이 사탄과 죄의 접촉 없이 지냈다고 확인한다.
6) 다른 모든 선지자들은 죄를 지었으며 용서를 구했다는 보고서가 있다. 심지어 무슬림 전통에서도 예수님이 죄가 없다고 확인한다.
7) 꾸란은 이 칭호에 대한 설명을 주지 않는다.

필적할 사람이 없는 분으로 묘사한다. 무슬림들은 다음 성경 구절의 진술에 근거하여, 예수님은 오직 그의 백성인 이스라엘인에게 보내진 선지자였다고 주장한다. 예수님이 말씀하셨다. "나는 이스라엘 집의 잃어버린 어린 양 이외에는 다른 데로 보내심을 받지 아니하였노라 하시니"(마 15:24; 1:21; 10:5-6을 보라).

그러나 무슬림들의 이 주장과 관련해서는 예수님의 사역을 전체 문맥에서 살펴보아야 한다.[8] 우선 예수님은 유대인을 위한 선포에 집중하였고, 후에 이방인에게도 확장하였다. 이것은 예수님께서 만난 수많은 만남에서 분명해진다(예를 들면, 야곱의 우물가의 여인, 요 4장).[9] 대위임령(마 28:18-20)과 제자들에게 약속한 성령의 임재(행 1:8)는 예수님의 메시지가 모든 인류에게 적용된다는 것을 분명히 보여 준다.

예수님의 전략은 아브라함에게 주어진 하나님의 축복에서 유래한다(창 12:1-3). "…모든 족속이 너로 말미암아 복을 얻을 것이라(창 12:3)." 이 축복은 이삭에게 그리고 나서 예수님에게 전가되었다. 예수님은 이를 다음의 말씀으로 확증한다. "…이는 구원이 유대인에게서 남이라"(요 4:22). 그래서 예수님은 그분의 사역을 유대인에게 선포함으로 시작한다. 왜냐하면 하나님의 축복이 유대인을 통하여 모든 인류에게 흘러가기 때문이다.

예수님이 오직 이스라엘인에게만 보내졌다는 무슬림의 반론은 꾸란의 진술과 모순된다. 꾸란 19:21은 예수님이 "인류에게 길잡이"였다고 말한다.

---

8) 무슬림들은 종종 그릇된 결론으로 이끄는 문맥의 성경 구절을 취한다. 그러므로 기독교인은 항상 전체 문맥을 설명하는 데 예리하여야 한다.
9) 여기서 예수님은 수가성의 사마리아 여인과 이야기를 나눈다. 나중에 예수님은 같은 수가성에서 온 많은 사람에게 연설한다. 이 만남의 결과로 많은 사람이 예수님을 믿는다.

2. "예수님은 하나님의 아들이 아니다"

> **무슬림 반론**
> "알라에게 아들이 있다는 것은 불가능하다. 그렇지 않으면 그분은 딸들과 부인들이 있었을 것이다. 알라 오직 한 분만 있다"(참조, 꾸란 19:35).

앞에서 강조하였듯이 예수님은 특별한 칭호들을 가지고 비상한 행동을 함으로 꾸란에서 특별한 위치를 차지한다. 그러나 성경과 근본적인 차이가 분명히 존재한다.

예수님에 대한 진술	성 경	꾸 란
예수님의 위치	하나님의 아들	선지자, 사자(rasul)
예수님의 사역	인류의 구속[10]	선포와 치유

무함마드는 예수님이 하나님의 아들이라는 기독교의 가르침을 마치 하나님께 부인이 있었으며 그 부인과의 사이에서 아들을 낳은 것처럼 생물학적 관점에서 이를 오해했다. 이 오해는 꾸란의 여러 구절에 나타난다.[11] 따라서 이슬람에서 예수님의 위치와 사역은 선지자와 사자에 대한 꾸란의 개념으로 정의될 뿐이다. 예수님은 하나님의 아들이며 세상의 구세주라는 가르침은 무슬림의 신관인 알라의 단일성과 유일성(Tawhid)의 개념과 모순된다. 그러므로 무슬림들이 알라와 예수님이 부자관계라는 것을 받아들이기는 매우 어렵다. 따라서 알라는 아들이 없기 때문에, 무슬림에게 하나님의 아들로서의 예수님은 이해될 수가 없다. 결과적으로 "아버지" 용어는 무슬림에게 생소하며 받아들이기 어렵다. 그러나 하나님이 모든 기독교인들의 아버지라는 진술은 성경의 핵심진술 중의 하나이다(살후 1:2; 벧전 1:17).

신약에서 "하나님의 아들" 혹은 단순히 "아들"은 예수님에 대한 널리 퍼

---
10) 구속은 제2부 11장 3항에서 논의된다.
11) 꾸란 6:100-101; 10:68; 19:88-92를 보라.

진 메시아적 명칭이다. 하나님 자신이 예수님을 그분의 아들로 부르고 그분을 사람들 앞에서 인정한다.[12] 예수님은 자신을 "하나님의 아들"로 공언하고 하나님으로부터 온 자신의 기원과 하나님 아버지와의 유일한 관계를 드러낸다.[13] 예수님이 자신을 하나님의 아들이라고 부를 때에 이는 모든 피조물보다 예수님이 절대적인 우위임을 주장하는 것을 포함한다.[14] 그분은 모든 만물보다 먼저 있었다. 그분을 통하여 모든 것이 존재한다. 그래서 "하나님의 아들"이라는 용어는 "주"(the Lord)라는 용어와 필적한다. 예수님을 하나님의 아들로 인정하는 것은 그분을 통하여 온 계시를 받아들이고 믿는다는 것이다(마 16:16). 심지어 마귀도 예수님이 하나님의 아들이심을 인정했고 그분의 계시의 우주적인 차원을 보여 준다.[15]

> **"하나님의 아들"의 개념은 어떻게 설명할 수 있을까?**
>
> 처음으로 무슬림 남자를 만날 때, 당신은 그가 어디에서 왔는지 물어보고 나서야 인사하고 다음과 같이 말을 걸 수 있다.
> "아아, 파키스탄의 아들, 아아, 나일강의 아들 혹은 아아, 이라크의 아들."
> 그리고 나서 당신은 이렇게 말할 수 있다.
> "그런데 파키스탄(혹은 무엇이든지)은 부인 혹은 배우자가 없어요. 그럼에도 당신은 파키스탄(혹은 무엇이든지)의 아들이지요."
> 이는 많은 사람들이 "아들"이 성적 관계를 통하여 태어난 육체적인 아들들 이외에 다른 존재들을 의미한다는 것을 기억하도록 돕고 있다.

---

12) 마 3:16-17; 17:5; 눅 9:35를 보라.
13) 비고, 마 11:27; 요 14:20.
14) 비고, 골 1:15-16; 요1:3.
15) 마 8:29; 막 3:11; 눅 4:41.

3. "예수님은 하나님이 될 수 없다"

> **무슬림 반론**
> "예수는 하나님이 아니었다. 예수는 우리 모두와 같은 사람이었다. 하나님은 한 분이다. 그분은 배우자가 없다!"(참조, 꾸란 5:19-20)

정통 이슬람에서는 알라가 자신을 인간으로 계시하지 않을 뿐만 아니라 할 수 없다고 인식한다. 이슬람에 따르면 알라의 계시는 지브리일 천사를 통하여 무함마드에게 계시된 구전을 문서로 기록한 말씀이다. 인간 예수 그리스도는 하나님의 계시로서 육체적 형태를 취한 하나님의 영원한 말씀이라는 것은 이슬람의 계시 개념에 맞지 않는다. 이는 이슬람에서 불신앙의 최악의 형태인 우상숭배(shirk)로 이해된다.

하지만 성경의 진술은 분명하다. 구약은 하나님이신 분이 오실 것이라고 예언하고, 신약은 이러한 예언이 어떻게 성취되었는가를 보여준다.[16] 성경은 예수님이 "하나님이 우리와 함께하신다"는 사실을 분명히 보여준다고 말씀한다(임마누엘, 마 1:23).

빌립보서 2:6-11은 다음의 사실들을 확인한다.
1) 예수님은 세상에 있는 동안 하나님이셨으며 동시에 인간이었다.
2) 예수님은 완전한 방식으로 신성과 인성을 연합하여 세상에 살았던 유일한 분이셨다(참조, 1:2-4).
3) 유일하게 죄가 없었던 예수님은 자신을 완전한 희생물로 드리실 수 있었고 그분을 믿고 영접한 모든 사람의 죄를 위하여 십자가에서 죽으셨다.

---

16) 성경에 있는 다음의 구절들을 보라. 단 7:13-14; 사 7:14; 9:6; 요 1:10-12; 5:21-27; 10:25-33; 14:6; 행 20:26-29; 롬 9:4-5; 마 14:32-33; 26:63-64; 눅 7:48-50; 빌 2:5-6; 히 1:1-4; 고후 4:4; 요일 5:20; 딛 2:11.

4) 이것이 예수님의 사역이었고 그분은 이 사역에 철저히 순종하셨다.
5) 예수님은 가장 높은 이름을 받으셨다. 모든 사람이 그분 앞에 엎드리고 그분의 권위를 받아들여야 할 것이다.

> **무슬림과의 대화**
> **무슬림**: 예수님은 하나님이 될 수 없습니다. 어느 인간도 하나님이 될 수 없습니다.
> **기독교인**: 하나님에게 불가능이 있습니까?
> **무슬림**: 아니요. 하나님은 모든 일을 하실 수 있습니다.
> **기독교인**: 만약에 하나님이 당신의 집 앞에 인간의 몸으로 걸어오시기로 결정하셨다면(그리고 동시에 여전히 온 우주를 다스리신다면) 당신은 하나님이 그렇게 하시는 것을 막을 수 있습니까?
> **무슬림**: 아니요. 어느 누구도 하나님이 기뻐하시는 것을 막을 수 없습니다.
> **기독교인**: 그래요, 하나님은 역사 가운데 세상에 인간의 몸으로 나타나시기로 작정하였습니다. 바로 그분이 예수님입니다! 어떻게 당신은 이것이 하나님께 불가능하다고 감히 말할 수 있습니까?

4. "예수님은 십자가에 죽지 않았다"

> **무슬림 반론**
> "예수는 십자가에서 죽지 않았다. 알라가 이렇게 잔인한 방식으로 선지자를 죽이도록 허용하셨다는 것은 불가능하다"(참조, 꾸란 4:157).

꾸란은 예수님에 대한 세 가지 중요한 사실을 부인한다. 즉 신성, 구세주로서의 기능 그리고 십자가형, 이 세 가지에 있어서 이슬람은 기독교의 가장 중요한 핵심과 다르다. 자유주의 신학자들이 주장하는 대로 두 종교의 "조화"는 기독교 신앙의 근본을 부인하지 않고는 불가능하다. 예수님의 십자가 죽음은 꾸란에서 모호한 입장을 차지한다. 진술도 불분명하고 분명한 그림을 제시하지 않는다. 꾸란은 한 곳에서만 실제의 십자가형을 언급하는데, 이곳에서 이 사건을 부인한다. 꾸란 4:157-158은 유대인에 대해서 말한다.

وَقَوْلِهِمْ إِنَّا قَتَلْنَا الْمَسِيحَ عِيسَى ابْنَ مَرْيَمَ رَسُولَ اللَّهِ وَمَا قَتَلُوهُ وَمَا صَلَبُوهُ وَلَـٰكِن شُبِّهَ لَهُمْ ۚ وَإِنَّ الَّذِينَ اخْتَلَفُوا فِيهِ لَفِي شَكٍّ مِّنْهُ ۚ مَا لَهُم بِهِ مِنْ عِلْمٍ إِلَّا اتِّبَاعَ الظَّنِّ ۚ وَمَا قَتَلُوهُ يَقِينًا ۝ بَل رَّفَعَهُ اللَّهُ إِلَيْهِ ۚ وَكَانَ اللَّهُ عَزِيزًا حَكِيمًا ۝

"마리아의 아들이며 하나님의 선지자 예수 그리스도를 우리가 살해했다"고 그들이 뽐내며 말했다. 그러나 그들은 그를 살해하지 아니하였고, 십자가에 못 박지 아니했으며, 그와 같이 보이도록 만들었을 뿐이라. 이에 의견을 달리하는 자들은 의심하는 것이며 그들이 알지 못하고 그렇게 추측을 할 뿐 그를 살해하지 아니했노라. 하나님께서 그를 오르게 하셨으니 알라께서는 권능과 지혜로 충만하심이라."

꾸란은 십자가형을 부인하기 때문에, 꾸란이 구원의 방법으로 십자가형의 이슈를 언급하지 않는다는 것은 놀랄 만한 일이 아니다. 십자가형에 대한 거부에 대해서는 무함마드가 주로 이단 기독교 신자들을 만났기 때문에 예수님의 구원사역에 대해서 제대로 설명을 듣지 못했다는 것으로 설명할 수 있다. 꾸란의 본문은 애매함을 내포하고 있다. "그들에게 그렇게 보이게 되었다"라는 말은 발생할 수 있었던 것에 대한 다른 이론과 추측을 일으켰다. 무슬림 신학자들에게 많은 다른 견해가 있다.[17]

· 누구도 십자가에 죽지 않았다. 유대인들에게 "그렇게 보였다." 그러나 십자가에 못 박히지 않았다.
· 예수님은 십자가에 못 박혔다. 그러나 그는 죽지 않았다. 유대인들과

---
17) 또한 길크리스트(1999:119-125)를 보라.

로마인들은 예수님이 죽었다고 생각했다. 하지만 예수님은 무덤에서 회복하여 도망갔다(이것은 아흐마디얀[Ahmadiyyan]의 해석이다).
- 다른 인물이 예수님을 대신하여 십자가에 죽었다. 알라가 사람들을 속였다.[18] 예수님은 산 채로 하늘로 승천했다. 누가 예수님을 대신했는가는 불분명하다. 대체설에 대한 다른 많은 견해들이 있다(예를 들면, 유다). 오늘날 이 이론이 널리 알려져 있다.

아흐마디야(Ahmadiyya) 운동의[19] 추종자는 예수님이 십자가형에서 살아나서 인도로 이주하여 그곳에서 자연사 하였다고 믿는다.[20] 선지자의 그런 잔인한 죽음은 모든 선지자가 성공한다고 생각하는 이슬람에서는 일반적으로 받아들여지지 않는다. 알라는 결코 십자가형의 치욕을 허용하지 않는다. 하지만 이것은 구약 선지자의 운명과 대조된다.

좀 더 상황을 혼동스럽게 하는 것이 있다. 유수프 알리(Yusuf Ali)의 번역본에 따르면 꾸란은 "보라! 알라가 말했다. 오 예수! 내가 너를 취하여 되살릴 것이다"라고 말한다. 원문은 다소 다르게 쓰여져 있다. "무타와피카"(mutawaffi-ka)는 "나는 너를 죽게 할 것이다"(I will cause thee to die)란 의미이다. 하지만 개정판에서, 그는 그것을 "내가 너를 취하리라"(I will take thee)로 바꾸었다. 픽톨(M.M. Pickthall)은 "나는 너를 거두어들일 것이다"(I am gathering thee)로 번역한다. 왜 이것이 명백한 속임수인가? "타와피"(Tawaffi)는 "죽는"(to die) 것을 의미한다(다음의 카타파고[J. Catafago], 레인[EW Lane], 무카람[ibn Mukarram]의 사전들을 따르면 말이다). 무함마드의 가장 존경받는 동료 중의 한 사람인 이븐 아바스(Ibn Abbas)는 말했다. "무타와피카

---

18) 알라가 더 좋은 계획을 만드는 것, 즉 다시 말하면 사람들을 속인 것은 꾸란 3:54; 7:99; 10:21에 명시되어 있다.
19) 이 운동은 제1부 제6장 5.에 기술되어 있다.
20) 이 이론은 예수님이 단지 기절하였으나 십자가에서 죽지는 않았다는 주장 때문에 "기절설"(swoon theory)이라 불린다. 그곳에 있었던 모든 사람이 속았다. 무덤에서 예수님은 회복되어 바위를 굴리고 도망갔다. 이 설은 18세기와 19세기에 유럽의 이성주의에 속한 신학자들에 의해서 발전되었다. 심지어 아흐마디야들은 그들이 예수님의 무덤을 인도의 카쉬미르(Kashmir)에서 발견되었다고까지 믿는다.

(mutawaffi-ka)는 무미투카(mumitu-ka)이다." 즉 이 말은 "나는 너를 죽게 할 것이다"란 의미이다(알 부카리, Al-Bukahari).

다른 구절은 이 증거를 더욱 강하게 뒷받침해 준다. 예수님은 이르시기를

내가 태어났고 죽고 (다시) 살아날 그날에 평화가 있게 하소서(꾸란 19:33).

많은 무슬림들은 적 그리스도인 알 다잘(al-Dajjal)을 물리치기 위하여 예수님이 세상에 다시 온 이후에 죽으실 것이라고 추론한다. 그 이후에 예수님은 메디나에 있는 무함마드의 묘 옆에 장사될 것이라고 한다. 이것은 참 해석이 될 수 없다. 왜냐하면 거의 동일한 단어가 세례 요한을 언급하는 마지막 인용구 바로 앞에 있는 한 절에서 사용되고 있기 때문이다.

그가 태어났고 죽고 다시 살아날 그날에 평화가 있게 하소서(꾸란 19:15).

두 사람에 대해 거의 동일한 단어들이 사용되었는데, 왜 세례요한은 죽었고 예수님은 죽지 않았다고 주장하는가? 이것은 반복되어 인용된 구절인 꾸란 4:157과 모순된다. 기독교인의 관점에서 예수님의 십자가형은 전체 성경말씀의 중심이며 절정이다. 십자가형은 예수님의 사역이다.[21] 하나님은 예수님을 무덤에서 산 사람으로 부활시켰을 때 그분의 능력의 위대함을 보여주셨다. 십자가형은 성경에서 인정된 사실이다. 게다가 이 주제에 대한 다른 역사적인 증인이 있다. 그 증거는 다음을 포함한다.

- 메시아의 죽음은 구약의 선지자들에 의해서 예언되었다(사 53장; 시 22:1-8).
- 예수님의 희생제물로서의 죽음은 구약 가르침의 논리적인 결과와 성

---

21) 예수님의 사역은 모든 사람들이 죄사함과 영생을 누릴 수 있도록 "최종적이고 완전한 희생제물"로서 십자가에 죽는 것이었다(요 3:16; 5:24; 14:6; 20:31).

취이다(눅 24:26; 24:44). 신약에서 예수님의 한 번의 희생제물로서의 죽음은 계속 반복해서 드려져야 했던 구약의 희생제물을 대체한다(히 10:1-18).
- 복음서의 삼분의 일은 세상에서의 예수님의 마지막 일주일과 죽음과 부활에 대한 것들이다.
- 예수님은 자신의 죽음을 예고하셨다(눅 9:22; 22:37).
- 수많은 목격자의 증언이 있다(벧후 1:16-18; 요일 1:1-3; 고전 15:3-8).
- 역사가들은 예수님의 죽음을 보도하였다(예를 들면, 1세기 역사가인 요세푸스와 코르넬리우스 타키투스).
- 예수님에 의해서 삶이 변화된 사람들의 간증이 있다(행 4:8-13; 7:56; 24:24).

다음의 표는 기독교인들, 유대인들 그리고 무슬림들 사이에 십자가형의 상황에 대한 놀랄 만한 불일치를 보여 준다.

기독교	유대교	이슬람(꾸란에 따라)
예수님은 메시아이며 십자가에서 죽으셨다.	예수는 메시아가 아니었지만 십자가에서 죽었다.	예수는 메시아였지만 십자가에서 죽지 않았다.

5. "무함마드의 생애는 예수님보다 더욱 위대했다"

무슬림 반론
"무함마드는 알라의 마지막 선지자였고 그의 생애는 예수보다 더 위대한 인물이다!"

무슬림은 기독교인이 예수님을 가장 존경하며 심지어 경배한다는 것을 알고 있다. 이것은 그들에게 이상한 것이며 그들은 기독교인이 우상숭배를 하고 있다고 생각한다. 이슬람에서 무함마드는 모든 선지자 가운데 마지막이며 가장 위대한 선지자이고 예수님을 포함한 다른 선지자들보다 더 위대한 인물이다.

많은 무슬림은 흔히 실제의 무함마드보다도 그를 더 높게 치켜 올리려는 욕구로 인해 그가 결코 하지 않았고 말하지 않았던 것들을 그에게 돌림으로 이상화한다. 하지만 이러한 태도는 사실보다는 "바라는 생각"에 가까울 뿐이다. 그러므로 기독교인은 무슬림이 진술한 것을 주의 깊게 경청하고 그러한 주장들을 뒷받침할 수 있는 증거를 친절하게 요구하는 것이 중요하다. 제2부 제11장의 1에서 말한 대로, 예수님은 꾸란에서조차도 무함마드를 포함한 모든 사람 위에 뛰어난 분으로 묘사되어 있다. 다음의 표는 예수님과 무함마드의 생애에 대한 현저한 대조를 보여준다.

주제	예수님의 생애	무함마드의 생애
결혼	결혼에 대한 하나님의 개념이 창조 이야기에 기술되어 있다(창 1:27; 2:21-25). 예수님은 결혼이 한 남자와 한 여자 사이에서 이루어진다는 율법을 확증한다(막 10:2-12).	모든 무슬림의 모델인 무함마드는 많은 부인이 있었다. 꾸란(꾸란 4:3)은 무슬림 남자는 네 명까지 부인을 두도록 허용하는데, 이는 여러 여자에게 많은 곤란을 일으킨다.
죄를 용서하는 권위	예수님은 사람들의 죄를 용서하는 권능과 권위를 가지고 있다(마 9:1-8; 막 2:1-1; 롬 10:9)!	무함마드가 알라의 이름으로 사람들의 죄를 용서했다는 주장이 꾸란에 없다.
미래의 하나님 나라와 평화	예수님은 진리, 사랑, 하나님과의 평화, 기쁨, 자기 부인, 헌신과 하나님께 드려지는 삶에 근거한 영적인 하나님 나라를 선포하였다(마 26:26-29; 벧전 2:9-10; 계 1:5-6).	무함마드가 메디나(Medina)의 지도자들과 맺었던 조약은 그의 장래의 정치적인 생애의 기반이었고 그의 왕국의 군사확장을 위한 토대였다. 오늘날 급진적인 무슬림들의 목표는 전 세계를 지배하고 평화를 제정하는 규칙에 관한 이슬람법을 소개하는 것이다.

자기 이해와 능력	예수님은 자신의 사역을 알고 있었고 하늘에 계신 아버지께 순종하였다. 예수님은 예루살렘에서 십자가에 못박혀 죽는다는 것을 알았지만, 그분은 자기 사명으로부터 피하지 않았고 오히려 자기를 믿는 모든 사람을 위하여 희생제물로 죽기 위하여 자원하여 예루살렘으로 갔다 (마 6:14-15).	무함마드는 주후 622년에 메카(Mecca)에서 메디나(Medina)로 이주하였다. 그는 메카에 있는 고향 사람들로부터 핍박을 받았고 개인의 안전이 주어진 곳으로 가기를 선택했다! 메디나에서 그는 군대를 창설하고 급속도로 세력과 부를 증강시켰다.
용서	예수님은 그분을 따르는 자에게 기꺼이 다른 사람을 용서하라고 지시했다(마 6:14-15).	무함마드는 "피의 복수"(예를 들면, 이는 이로)의 법을 따랐다. 무슬림들은 무조건적인 용서를 알지 못한다.
후계자	예수님은 자신의 죽음 후에 성령께서 오셔서 모든 제자들을 인도할 것이라고 예고했다.	무함마드는 후계자를 지명하지 않았기 때문에, 그가 죽은 이후에 그의 추종자들 사이에 미래의 지도자가 누가 될 것인가에 대해서 다툼이 있었다.

질문들

- 왜 꾸란은 무함마드가 그의 죄사함을 받기 위해 알라께 구하라는 명령을 받았다고(꾸란 48:2) 말하는 반면에, 예수님은 "거룩한 아들"(꾸란 19:19)이라고 말하는가?
- 꾸란은 알라가 인류보다도 계획을 만드는 데 좀 더 빠르며 사람들을 속인다고 말한다(꾸란 3:54; 7:99; 10:21). 만약에 이것이 사실이라면, 어떻게 당신은 역사에서 무엇이 사실이며 혹은 가짜인지를 확실히 아는가?
- 정말로 십자가에서 죽은 분이 예수님이었다는 것이 역사적 사실인데, 왜 꾸란은 십자가형을 거부하는가(꾸란 4:157)?
- 꾸란의 진술은 무함마드보다 예수님을 더 높게 묘사한다. 그런데 왜 무슬림들은 무함마드가 가장 위대한 선지자라고 믿는가?
- 신학적인 이해로는 메시아가 하나님의 아들이라는 사실이 분명하다. 그렇다면 무슬림은 예수님을 메시아로 받아들이면서도, 왜 예수님이 하나님의 아들이라는 것은 부인하는가?
- 무함마드가 마지막 선지자라면 예수님은 왜 하늘로 승천하였는가(꾸란 4:158)? 그것으로 예수님이 봉인(the seal)이며 마지막 선지자라고 할 수 없는가?

제 11 장

기독교 가르침에 대한 무슬림의 반론

1. "하나님은 성경에 잘못 묘사되어 있다"

> **무슬림 반론**
> "알라는 우주를 창조한 유일한 진정한 하나님이다. 기독교 성경은 무슬림이 결코 동의할 수 없는 하나님에 관한 많은 특성들을 그리고 있다. 우리는 꾸란에서만 하나님에 대한 진정한 묘사를 발견할 수 있다."

무슬림이 아랍어 이름인 "알라"(Allah)로 하나님을 부를 때, 그들은 히브리어 엘라(Elah), 엘(El), 엘로힘(Elohim)에서 발견될 수 있는 셈족어의 기원을 사용한다. 아랍어가 모국어인 기독교인은 이슬람의 출현 이전에 그들이 확실히 사용했던 것처럼 오늘날도 "알라"(Allah) 용어라는 표현을 사용한다.[1] 성경의 구원역사에서 자신을 계시한 한 분 하나님이 또한 꾸란에 자신을 계시한 하나님인가? 하나님에 대한 성경과 꾸란의 증언들이 일치하는가? 그 대답은 확실히 "아니요"이다! 간단한 설명이 다음의 단락에서 주어진다.

---

1) 아랍어 성경에는 "하나님"이 "알라"로 번역되어 있다. 아랍 기독교인과 무슬림이 하나님에 대해서 말할 때에 "알라"를 말함에도 불구하고 그 용어에 대한 이해는 다르다.

일부 기독교인은 모든 무슬림이 마귀나 혹은 거짓 신에게 기도하고 있다고 말하는 경향이 있다. 이러한 진술은 극단적으로 단순화한 것이며 위험한 것이다. 사람들은 서로 판단하기를 멈추고 오히려 하나님의 심판에 맡겨야 한다. 단지 하나님이 행하셨던 것에 대해 질문을 해야 할 것이다. 예를 들면, 고넬료가 기도할 때(행 10:2) 그는 마귀 혹은 거짓 신에게 기도한 것인가? 많은 무슬림처럼 고넬료는 하나님을 거의 몰랐음에도 불구하고 하나님께 정직하게 기도했다. 무슬림처럼 하나님과 화목할 수 있는 예수님의 메시지를 그는 조만간 들었어야 했다. 그리고 나서 고넬료는 하나님을 올바르게 알 수 있었다.

> **실화**
>
> 한 무슬림이 다음과 같이 고백했다. "과거에 나는 알라에게 수많은 개인적인 기도를 했습니다. 하지만 알라가 멀리 떨어져 있기 때문에, 나의 개인 기도 천사가 알라에게 이르는 긴 여정 가운데 있는 나의 간구를 전달해야 합니다. 나의 간구 중에 어느 것도 지금까지 알라로부터 응답을 받지 못했습니다. 나는 나의 천사가 일을 잘 하지 못했다는 의심을 크게 갖고 있습니다. 그는 아마도 알라에게 도달하지 못하고 지쳐서 도중에 잠들었거나 다른 천사를 만나서 수다를 떨다가 알라에게 나의 간구를 전달하는 것을 잊어버린 것 같습니다! 나는 정말로 실망하였고 무엇을 해야 할지 모르겠습니다!"

많은 무슬림은 그들의 기도가 알라에게 도달한다는 확신이 없다. 이와 같이 기독교인은 우리 가까이 계시고 하나님의 영을 통하여 우리의 기도를 들으시는 하나님의 개념을 설명할 놀라운 기회를 가지고 있다.

그렇다면 어떻게 알라가 꾸란에 기술되어 있는가? 일부 특성은 성경에 있는 것과 같아 보인다. 예를 들면, 하나님은 창조자이며 그는 자비롭고 전지전능하며 영원하다. 그러나 대부분의 중요한 특성 중 일부는 근본적으로 다르다. 성경의 하나님에 대한 완전한 기술을 꾸란과 비교해보면, 한 분이며 유일하신 하나님이 자신을 성경과 꾸란 양쪽에 계시할 수 없다는 것은 분명하다. 큰 차이가 여기 목록에 있다.[2]

특성	성경의 하나님	꾸란의 알라
관계	부자(녀)관계(사랑하는 관계)	주종관계(고용자와 고용인 관계)
계시	그분의 뜻과 그분 자신을 계시한다.	오직 자신의 뜻만을 계시한다.
구원	예수님만을 통한 구원의 확신	선행의 형태로 알라 면전에서 공로를 축적함으로써, 구원의 확신은 없다.
언약	언약은 하나님이 약속을 지킬 것이라는 것을 보증한다.	언약이 없고 약간의 약속만이 있으며 알라가 변덕스러운 존재로 묘사된다.
평화	그리스도를 통한 그분의 영생의 선물을 받음으로 즉시로 내적 평화가 온다.	이슬람이 온 세상에 수립될 때 정치적 평화가 온다.
본체	삼위일체	알라는 아들과 배우자가 없는 하나이다.

상기로부터 우리는 성경의 하나님이 꾸란의 알라와 같을 수 없다고 결론을 내릴 수 있다. 베드로가 고넬료에게 진정한 하나님을 알게 하였듯이(행 10장), 같은 방법으로 기독교인들은 오늘날 예수 그리스도 안에 있는 하나님과 그분의 성경의 메시지를 무슬림들이 알도록 해야 한다.

2. "삼위일체가 없다"

> **무슬림 반론**
>
> "오직 한 분 하나님만이 있다! 어떻게 기독교인들은 "삼위일체"를 믿는가? 이들은 삼신을 믿는 것이다. 그러나 알라는 오직 한 분이다"(참조, 꾸란 4:171; 5:75-76).

---

[2] 추가 설명은 길크리스트(2003:137-140)를 보라.

누가 영원한 하나님에 대해서 기술할 수 있을까? 인간의 마음은 우리의 인식을 넘어선 것을 헤아릴 수 없다. 이러한 이유 때문에 하나님은 자신을 예수 그리스도 안에서 인간의 수준으로 계시할 때까지 자신을 대부분 은유적으로 소개했다. 무슬림은 예수님이 하나님의 아들이라는 것뿐만 아니라 삼위일체의 교리[3]를 하나님의 유일성(Tawhid)의 교리에 대한 위반이라고 간주한다. 꾸란에 따르면, 무함마드는 한 하나님이 자신을 아버지와 아들 그리고 성령으로 구성된 삼위일체로 계시하신 성경의 책을 전혀 알지 못했다. 성경은 하나님의 삼위일체에 대해서 설명을 하지 않고, 그 사실만을 진술한다(마 28:19). 하지만 이사야에게 삼위일체가 가능하다는 한 환상이 주어졌다(사 63:7-10). 야훼(7절)가 구세주가 되었다(8절에서 예수님은 세상에 살 때에 그의 실제적인 이름인 히브리어로 예슈아[Yeshua]). 그 다음에 사람들이 예슈아(Yeshua)에 대항하고 그의 성령을 근심시킨다고 말한다(10절). 기독교인이 실제로 믿지 않는 마리아가 삼위일체의 한 부분이었다는(참조, 꾸란 5:119) 꾸란의 진술에 비추어 볼 때 무함마드는 삼위일체에 대해서 소문으로만 알았던 것 같다. 이 주제의 본질은 우리 지성의 한계 가운데 있는 지식임을 생각하면서 다루는 것이 기본 원칙이다. 하나님의 단일성에 대한 인식과 마찬가지로 하나님의 삼위일체의 본질을 믿는 것은 항상 믿음의 행위일 것이다.

하나님의 세 "위격"이 다음과 같이 성경에 기술되어 있다.

- 하나님 아버지:[4] 신약에서 하나님에 대한 가장 흔한 이름이다(마 18:10; 눅 12:32; 요 11:41). 성경은 하나님을 개인적인 방법으로 인간에게 관련되는 한 인격체로 그린다. 우주의 주는 관계의 하나님이다. 하나님 안

---

3) 삼위일체의 교리(또한 길크리스트 1999:137-140을 보라)는 성경의 자료에 대한 교회의 계속된 탐구의 결과이고 논쟁과 연구 논문을 통하여 결론에 이르렀고, 결국 주후 325년에 첫 번째 니케아 종교회의에서 성경의 증거와 일치한다고 믿고 공식화했다. 이 교리는 이후의 종교회의와 문서로 좀 더 다듬어졌다. 삼위일체교리의 공식화를 위한 가장 널리 알려진 성경의 토대는 요한복음에 있다.
4) 이 칭호는 이슬람에 존재하지 않으므로 거부된다.

에서, 아버지와 아들 그리고 성령이 완전한 사랑 안에서 서로 연관이 있다. 자신의 본질 때문에 하나님은 사람을 그분과의 관계 속으로 들어오도록 하고 하나님을 아버지로 알도록 초청한다.

- 하나님 아들: 예수님은 하나님의 아들로서 완전한 유일성을 강조하는 언어를 사용함으로 하늘에 계신 아버지와 자신의 관계에 대해서 말씀하셨다(마 11:27; 요 17:15). 예수님은 아버지로부터 이 세상에 오셨다. 그리고 아버지께 돌아감으로써 세상을 떠나셨다(요 16:28). 예수님은 창조되지 않고 성육신 전에 선재하셨다(미 5:2; 요 1:1-2). 무슬림과 토론하면서 그런 성경의 본문을 강조하는 것은 중요하다. 왜냐하면 이 본문이 아버지와 아들 간의 내적이고 신성한 관계를 분명히 보여주기 때문이다.

- 하나님 성령: 예수님에 의해서 예고된 성령은 아버지로부터 오시며 예수님에 대해서 증언하시며(요 15:26), 죄에 대하여, 의에 대해서, 심판에 대하여 세상을 책망하시고(요 16:8), 영원히 신자와 함께 계실 것이며 그들 안에서 사는 진리의 영이시다(요 14:16-17). 성령은 제자들을 모든 진리로 인도하시며 예수님이 말씀하신 모든 것을 기억나게 하신다(요 14:26).

성경은 몇 군데에서 하나님의 세 위격인 아버지와 아들과 성령에 대해 한 문장 안에 언급한다(마 28:19; 고후 13:14; 엡 2:18). 이러한 절은 무슬림들과 토론 중에 인용할 수 있지만 이사야 63:7-10이 이를 설명하는 데 가장 큰 도움이 된다. "하나 안에 세 위격"이 가능하다는 것을 본질로부터 온 실례로 보여 줄 수 있다.

- 태양은 그 자체를 물체, 빛 그리고 체온으로 나타낸다.
- 물은 세 개의 상태인 액체, 고체 혹은 기체로 나타날 수 있다.

- 동전은 세 면으로 보여질 수 있다(윗면, 뒷면 그리고 모서리).
- 시간은 과거, 현재 그리고 미래로 구성된다.
- 인간은 몸, 혼 그리고 영으로 구성된다.

이러한 예증은 삼위일체를 더 잘 이해할 수 있도록 완전하지는 않지만 부분적으로 도울 수 있다. 그러나 기독교인은 세 위격 안에 자신을 계시한 오직 유일한 하나님을 믿는다는 것을 무슬림에게 설명하는 것이 중요하다.

3. "낙원에 가는 길은 예수님의 죽음에 의해서 획득될 수 없다"

> **무슬림 반론**
> "낙원에 받아들여지기 위하여, 우리는 알라에 의해서 보상되는 선행을 해야 한다. 어떻게 예수가 인류를 위하여 죽음으로 그들의 죄가 용서받을 수 있는가? 그것은 불가능하다"(참조, 꾸란 6:164).

무슬림은 십자가에서의 예수님의 대속적이고 희생적인 죽음을 거부한다. 그들은 그들의 죄가 용서받을 수 있는 방법에 대한 자신의 견해를 가지고 있다. 다음의 표는 기독교와 이슬람 간의 구원에 관한 차이와 낙원에 가는 방법의 차이를 설명한다.

기독교의 가르침	이슬람의 가르침과 민속 이슬람
화목은 하나님과 교제의 회복을 의미한다. 이는 구약에서 하나님에 의해서 소개되어 신약에서 완성되었다. 구약과 신약은 죄가 사람을 하나님으로부터 분리시킨다는 전제하에 있다. 그 증거로는 범법자가 머지않아 그리고 내세에 하나님의 면전으로부터 배제된다. 이 딜레마를 무마시키기 위한 구제책은 하나님에 의해서 제공된다. 어떤 사람이 범법자를 대신하여 처형될 것이다. 희생제물이 범법자의 대속물이 된다. 레위기 4장과 16장에 보면 죄인은 특정한 동물을 자신을 위한 대속물로 드리도록 되어 있다. "죄의 삯은 사망"(롬 6:23)이며 육체의 삶에는 피가 있기 때문에, 범법자는 오직 피를 흘림으로 주님과 오직 화목될 수 있다(참조, 레 17:11). 이 구약의 희생예식은 "…세상 죄를 지고 가는 하나님의 어린양"(요 1:29)이신 예수님 안에서 완성되었다. 예수님의 희생죽음을 통하여 용서와 하나님과의 화목의 길이 믿음으로 하나님의 이 명령을 받아들이는 모든 사람을 위하여 제정되었다.[5]	무슬림은 하나님에 대한 잘못된 개념에 집착하고 있고 그들은 죄와 죄의 결과에 대한 잘못된 이해를 가지고 있다. 죄를 하나님을 향한 모욕으로 보지 않고 오히려 천국으로부터 범법자들의 길을 막는 행위로 본다. 마음의 청정은 문제가 거의 되지 않는다. 무슬림은 최후 심판의 날에 선행이 악행과 비교되어 저울질 된다고 믿는다. 선행이 더 무겁다면 죄인은 낙원에 간다. 자기 평가를 위하여, 이슬람 신학은 엄격한 죄의 목록을 제공한다. 카티아(kkati'a)는 실수, 비틀거림이라 부른다. 단(dhanb)은 과실, 범죄이다. 이틈(ithm)은 중범죄이다. 쉬르크(shirk)와 쿠프르(kufr)는 알라에게 배우자를 추가하는 것 같은 것은(그리스도에 대한 신앙은 쉬르크[shirk]이다) 가장 심각한 범죄로 간주된다. "경범죄"는 선행으로 보상될 수 있다. 더 중한 범죄는 용서(istighfar)가 요구된다. 쉬르크(shirk)와 쿠프르(kufr)는 타우바(taubah; 회개)가 요구된다. 이러한 이해에 근거하여 무슬림은 구세주를 필요로 하지 않는다. 꾸란은 죄가 사함을 받는 방법에 대해서 불분명한 메시지를 주고 있고 죄 용서에 대하여 불확실하다.[6] 꾸란은 구원의 교리를 내포하고 있지 않기 때문에, 우리가 천국에 들어갈 수 있는 방법에 대한 많은 이론이 시대마다 진화, 발전되었다. 아래는 천국에 입장하는 것에 대하여 무슬림들이 주장하는 가장 흔한 의견들 중 일부이다(일부는 정통이슬람 신학보다는 민속신앙에서 나온다).

---

5) 예수님은 유일하게 죄가 없는 완전한 분이기 때문에(히 4:15) 오직 그분만이 이를 성취할 수 있었다는 것이 강조되어야 한다.

6) 심지어 무함마드조차도 죽은 후에 그가 어디로 갈 것인가에 대하여 확신이 없었던 것 같다(꾸란 46:9; Mushkatu'l Masabih III, 118).

기독교의 가르침	이슬람의 가르침과 민속 이슬람
구약 시대에 드려진 모든 동물의 희생제물은 오직 유효한 희생제물이신 예수님을 지칭했다(참조, 히 10:10-14). 그러므로 예수님의 십자가의 죽음은 사람들이 구원받을 수 있는 유일한 길이다(요 14:6; 히 10:1-18; 벧전 3:18). 　이 사랑 안에서 하나님은 우리에게 구원의 길을 계시하셨다. 모든 사람이 예수님을 개인적으로 구세주로 영접함으로써 이 사랑으로 돌아가야 한다(요 3:16). 결과적으로 하나님은 그분을 영접하는 모든 사람에게 구원과 영생을 약속한다(요일 5:11-13; 요 5:24). 　하나님은 선행으로 획득할 수 없는, 선물로서 구원을 제공한다(엡 2:8-9; 롬 6:23). 이러한 화목의 신적 개념은 많은 사람, 특히 무슬림들이 이해하기 힘들다. 성령께서 이를 계시할 때에만 이해할 수 있다(행 10:44).	· 선행을 통한 구원(참조, 꾸란 7:7-9): 많은 무슬림들은 이슬람법을 지키기 위한 자기 스스로의 노력으로 알라를 기쁘게 하려고 한다. · 알라의 자비를 통한 구원(참조, 꾸란 3:31): 많은 무슬림들은 알라가 어쨌든 그들의 죄를 관용스럽게 용서하기를 단순히 희망한다. · 예정을 통한 구원(참조, 꾸란 5:23; 14:4; 30:29): 알라는 미리 누구를 천국에 들어오도록 허용할 것인가 혹은 아닐 것인가를 결정한다. · 많은 무슬림은 이슬람의 선자자인 무함마드가 심판의 날에 그들을 위하여 대언할 것이라고 희망한다. · 모든 사람은 일정한 기간 동안 자신의 죄 때문에 지옥에서 처벌을 받을 것이다. 그 후에 모든 무슬림은 천국에 들어가기를 소망한다. · 이슬람을 위하여 "지하드"(jihad) 중에 싸우다 죽은 순교자는 천국으로 직행한다고 약속한다(참조, 9:20-22; 9:111). · 일부 무슬림들은 만약에 그들이 메카로의 순례 중에 죽으면 천국으로 직행할 것이라고 믿는다.

결론적으로,

기독교	이슬람
하나님이 제공한 것: • 하나님은 죄 용서를 구하는 모든 사람을 위하여 예수님을 구세주로 주셨고 죄를 위한 희생제물로서의 예수님을 통하여 용서를 내린다. 구원의 유일한 길이 제공된 것이다. • 하나님은 선물로서 영생(천국)을 제공한다. 이 선물을 받아들이는 모든 사람들은 죄 용서를 받을 것이다. • 하나님은 믿음으로 구원의 길을 받아들이는 사람이라면 누구든지 영생을 얻고 천국에 들어가는 것을 보증한다.	알라가 제공하는 것: • 구원은 선행을 하려고 애쓰와 샤리아(Shari'a)에 순종함으로써 얻어진다. 사람들은 낙원에 가는 여러 다른 방법을 선택한다. • 사람들은 자신의 노력을 통하여 이 길을 얻으려고 한다. 어느 누구도 확실하게 그들의 죄가 사함을 받았는지 모른다. • 알라는 누구도 보증하지 않는다(순교자들이 낙원에 간다고 생각할지라도).

4. "원죄가 없다"

무슬림 반론

"우리는 죄를 물려받지 않는다. 모든 사람은 죄 없이 태어나고 그들이 성장하면서 성인들의 죄의 삶을 단지 모방한다. 사람은 이슬람법을 어김으로 죄인이 된다"(참조, 꾸란 6:164).

두 종교 사이의 다른 차이점은 인간의 죄성에 대한 이해이다.

기독교 교리	이슬람 교리 및 민속 이슬람
세상에 있는 죄의 존재는 에덴동산에서 아담과 하와의 첫 번째 범죄로 거슬러 올라간다. 아담은 죄를 지은 첫 번째 사람이며 그러기에 죄가 세상에 들어왔다(창 3장). 모든 인류가 아담의 후손이기 때문에 모든 사람은 이 범죄의 결과로 영향을 받으며 죄를 짓는 성향을 갖고 태어난다(참조, 롬 3:23; 5). 이를 "원죄"라 부른다. 태어날 때에 모든 아이는 죄가 없다(아무 죄도 아직 짓지 않았다). 그러나 죄를 지을 수 있는 경향이 있는 본질을 가지고 태어난다. 아담은 하나님을 반역하여 그의 명령을 무시했다. 이러므로 하나님과의 교제가 단절되었다. 그 결과 모든 아담의 후손, 즉 다른 말로 모든 인류는 본질적으로 "영적으로 죽었고" 하나님과 분리되었다. 우리를 향한 하나님의 사랑은 영원불변하다. 그러므로 예수님은 죄 사함을 받을 수 있는 길을 예비하셔서 인류가 하나님과 화목할 수 있도록 했다(요 3:16; 14:6). 하나님은 어디에나 있는 모든 남자와 여자가 회개하고(그에게 돌아오고), 용서에 대한 그분의 제안을 받아들이고 죄로부터의 정화를 포함하는 새로운 관계로 들어오도록 부르신다(히 8장).	꾸란은 "원죄"를 가르치지 않는다. 모든 인간은 무거운 짐 없이, 순수하고 자유롭게 태어난다(참조, 꾸란 30:30). 그러므로 인간은 알라로부터 분리의 상태가 아니다. 일부 무슬림들은 모든 사람이 무슬림으로 태어나고 그들이 이슬람을 거부할 때에만, 알라로부터 분리된다고 믿는다. 그러나 꾸란은 타락의 이야기를 포함한다. 하지만 성경과는 대조적으로 아담과 그의 아내가 그들의 죄를 숨기려고 하지 않았고 오히려 알라에게 즉시 죄 사함을 구했다. "그들은 말했다. 우리의 주여! 우리가 우리 자신의 영혼(souls)에 해를 끼쳤다…"(꾸란 7:23). 그래서 아담과 그의 아내는 원래 알라를 대적하여 죄를 지은 것이 아니라 자신을 대적하여 죄를 지었다. 그들이 알라의 명령을 어긴 것은 알라와의 관계나 상호관계에 변화를 주지 않았다. 그들은 알라에 의해서 천국으로부터 추방되었으나, 범죄에 대해서 용서를 구함으로 그들의 죄가 더 이상 인류에게 영향을 미치지 않았다. 이슬람은 인간이 자유로이 선과 악을 선택할 수 있는 도덕적으로 중립의 피조물이라고 가르친다. 꾸란은 악의 성향에 대해서 유감으로 생각하지만(참조, 꾸란 100:6-8), 인간의 실패를 심각한 범죄로 간주하지 않는다.

무슬림들은 그들이 십자가에서의 예수님의 죽음을 통한 구원과 하나님과의 화목을 필요로 하지 않는다는 견해를 고수한다. 그들은 자신의 힘과 선행으로 죄를 말소할 수 있다고 생각한다. 성경은 하나님께서 주시는 능력 없이는 선을 행하는 것은 불가능하다고 선언한다. 게다가 모든 선행은 범죄의 대가를 지불하기에 충분하지 않다(사 64:6). 그러므로 인간은 스스로 구원할 수 없다(참조, 엡 2:8-9).

무슬림과 기독교인은 아담과 그의 아내가 낙원으로부터 쫓겨났다는 것을 인정한다. 하나님이 표면적으로 그들을 용서하였다면 왜 그들이 쫓겨났는 가? 왜 그들과 그의 후손이 세상에서 살고 죽는 선고를 받았는가? 이슬람은 이러한 중요한 질문에 대답을 못한다.

또한 무슬림은 예수님이 죽지 않고 하늘로 승천한 유일한 분이라고 믿는 다. 왜 이것이 예수님에게만 가능하고 아담과 무함마드를 포함하여 다른 인간에게는 가능하지 않는가? 우리는 예수님이 왔던 곳으로 되돌아간다는 말을 했던 사실에 무슬림들의 주의를 끌어야 한다(요 3:13; 16:28). 예수님은 영생에 이르는 유일한 길이다(요 14:6; 5:24). 그분의 구속사역 없이는 천국으로 가는 길이 없다.

5. "기독교인들의 기도는 무효이다"

무슬림 반론
"올바른 기도 의식은 이슬람방식이다! 기도 방향은 메카를 향하여야 한다. 알라는 이러한 기도만을 받을 것이다"(꾸란 2:142-144).

다음의 표는 기독교와 이슬람의 기도의 차이점을 설명한다. 기독교인들은 양 종교 안에 있는 기도에 대한 개념을 이해하고 이것을 무슬림에게 설명할 줄 아는 것이 중요하다. 그래서 그들이 지식을 가지고 도전적으로 문제를 제기하도록 도와야 한다.

기독교의 기도	이슬람의 기도

기독교의 기도 방식은 성경에 기술되어 있는데, 예수님의 기도가 모델이 된다(눅 11:4). 어법 혹은 형식화와 자세에 대한 다양한 예가 지켜져야 하지만, 엄격하게 지켜져야 하는 예식의 순서가 없다. 예수님은 소위 "주기도문"이라 불리는 기도의 모델을 남겼는데, 이것은 기본적인 구성요소를 반영한다.
 	
기도는 가장 영적인 무기로 비추어지며 성령의 능력 안에서 믿음으로 행해진다(엡 6:18). 기독교인들은 개인기도와 공중기도를 한다. 다양한 교단은 다른 강조점을 가지고 기도한다.
 	
기도의 형태들은 구별된다. 본질적으로 기도는 적어도 이러한 구성요소를 가지고 있어야 한다.
  1. 경배, 흠모
  2. 감사
  3. 고백
  4. 순종
  5. 중보
  6. 간구[7]
  7. 회개
 	
상황에 따라서 기독교인들은 기도자세를 선택하는 것이 자유롭다.
 	
주기도문은 가장 잘 알려진 기도이다.
 	
"하늘에 계신 우리 아버지여,
　이름이 거룩히 여김을 받으시오며,
　나라가 임하시오며,
　뜻이 하늘에서 이루어진 것같이,
　땅에서도 이루어지이다.
　오늘날 우리에게 일용할 양식을 주옵시고, 우리가 우리에게 죄 지은 자를 사하여 준 것같이, 우리 죄를 사하여 주옵시고,
	이슬람의 기도(salat)는 근본적으로 엄하게 규정된 예식이다. 기도하는 것은 의무이며 이렇게 기도함으로 무슬림들은 알라로부터의 축복을 적립하기를 원한다.[9] 기도에 대한 지침은 꾸란뿐만 아니라 하디스(hadith)에서 발견된다. 다른 이슬람 분파들 사이에, 의식에 대한 약간의 차이가 있다. 다음의 요점들이 강조될 수 있다.
	
	1. 기도에의 부름(adhan)은 항상 무아진(mu'adhdhin, 아잔을 외치는 사람)에 의해서 같은 형태로 말해진다.
	2. 무슬림들은 알라 앞에 서기에 적합하도록 자신을 의식적으로 씻어야 한다.
	3. 하루에 다섯 번 하는 기도는 다음의 규정된 요점들을 내포한다.
	
	· 무슬림들은 혼자서 기도해도 되지만, 공동체 안에서 기도를 하는 것을 권장한다.
	· 이맘(imam)은 앞에서 공동기도를 인도한다.
	· 전체 공동체(남자와 여자는 분리하여 기도한다)는 이맘(imam)의 인도를 단순히 따른다. 기도는 들을 수 있도록 낭송된다.
	· 기도의 가사는 일정하게 규정되어 있고 아랍어로 말해져야 한다.
	· 적절한 자세가 규정되어 있다.
	· 기도는 메카를 향해 해야 한다. 그렇지 않으면 무효이다.
	· 기도 시간은 매일 정해져 있으며 일출과 일몰에 따른다.
	
	다섯 번 기도하는 동안에서 무슬림들은 아랍어로 다음을 말한다.

기독교의 기도	이슬람의 기도
우리를 시험에 들게 하지 마옵시고, 우리를 악에서 구하옵시고, 대개 나라와 권세와 영광이 아버지께 영원히 있사옵나이다, 아멘."[8]	"알라는 매우 위대하다("Allahu Akbar"). 꾸란의 첫 장을 낭송하고, 나의 위대한 주께 영광을 돌립니다. 알라는 그를 부르는 자에게 귀를 기울입니다. 우리의 주, 당신을 찬양합니다. 나의 주, 가장 높은 분께 영광을 돌립니다. 당신께 평화와 알라의 축복이 있기를 바랍니다."

게다가 개인기도(du'a')를 하는 것은 흔하지 않다. 왜냐하면 대부분의 무슬림은 하루에 다섯 번 하는 예식적인 기도가 전부인 것으로 생각하기 때문이다. 두 종교에서 기도의 차이는 두드러진다. 기독교에서 기도는 아버지와 자녀처럼 사람과 하나님의 개인적인 대화이다. 무슬림은 자신을 알라의 종으로 본다. 이슬람에서 무슬림은 알라가 자신의 기도를 듣는지에 대한 확신이 없다. 그러므로 기독교인은 하나님과 함께한 자신의 기도의 삶의 경험들에 대해서 무슬림들과 나누는 것이 좋다.

---

7) 하나님께 간청하는 기도: 다른 사람들의 안녕을 위한 관심과 함께 개인적인 필요를 위해 기도한다.
8) 영어전례협의회(ELLC; English Language Liturgical Consultation)의 번역으로 에큐메니컬 번역이다.
9) 또한 제1부 제5장 2.을 보라. 꾸란은 기도에 대해서 말하지만 꾸란에 무슬림들이 하루에 다섯 번씩 기도해야 한다고 구체적으로 기록되어 있지는 않다. 꾸란 2:43; 11:114; 17:78 이하; 30:17 이하; 20:130.

6. "기독교인들은 금식하지 않는다"

 무슬림 반론
"금식의 올바른 방법은 이슬람 방식이다! 알라는 라마단 기간 동안 금식만 받아들인다"(꾸란 2:185).

다음의 표는 기독교와 이슬람 사이의 금식에 대한 차이점을 설명한다. 기독교인은 두 종교에서 금식의 개념을 이해하고 이를 무슬림에게 설명해야 할 필요가 있다. 그래서 그들이 지식을 가지고 도전적으로 문제 제기를 하도록 도와야 한다.

기독교 가르침	이슬람가르침과 민속이슬람
일반적으로 금식은 단순히 특정한 음식들을 삼가는 것이 아니라, 일정 기간 동안 모든 음식과 물 없이 하는 것을 의미한다(예를 들면, 겔 4:16). 하지만 다음의 차이점들이 실제로는 나타날 수 있다. · 출애굽기 34:28을 제외하고 물을 마시지 않고 먹지 않는(겔 4:16; 행 9:9) 가장 긴 기간은 삼일 밤낮이다. · 일반적으로는 음식에만 해당한다. 왜냐하면 물을 마시는 것은 생존하는 데 필수적이기 때문이다(삼하 12:16-17; 마 4:2). · 제한된 수준에서 먹고 마신다(단 10:3). 때때로 내적 자세는 외적 증표로 드러난다(느 9:1). 1. 구약에서 · 특정한 연중 금식이 있었다. 히브리인들은 속죄의 날에 금식했다(레 16:29). 포로기간 후에는 네 개의 다른 연중 금식이 지켜졌다(슥 8:19). 탈무드에 따	몇 개의 무슬림 금식이 있다. 가장 중요한 것은 라마단의 달인, 무슬림의 9번째 달의 금식이다. 이것은 무슬림들에게 의무적이다(꾸란 2:183-185). 185절은 꾸란이 라마단의 달에 계시되었다고 선언한다. 무슬림들은(무함마드의 기록된 말에 근거하여) 라마단 기간에 천국 문이 열리고 지옥의 문이 닫힌다고 믿으며, 금식을 하는 사람은 그들의 모든 경미한(용서받을 수 있는) 죄를 용서받을 수 있다고 믿는다. 1. 라마단을 위한 규칙 · 무슬림이 초승달을 보았다고 말할 수 있는 때까지 라마단은 시작하지 않는다. · 금식은 10세 혹은 12세 때부터 지켜져야 한다(특정한 예외: 병자, 여행자 등). · 이는 새벽녘부터 해 질 녘까지 지속된다. 이 기간 동안에는 자기 침조차도 삼켜서는 안 된다.

기독교 가르침	이슬람가르침과 민속이슬람
르면, 이 모든 연중 금식은 유대역사에서 재난을 표시한 것이다. · 특별 금식: 때때로 개인적이거나(삼하 12:22) 연합적인 금식(삿 20:26). 금식의 목적 · 슬픔의 표현(삼상 31:13; 에 4:3; 시 35:13-14) · 참회(삼상 7:6; 단 9:3-4; 욘 3:5-8) · 사람들이 스스로를 겸손하게 하는 방법(에 8:21) · 자초한 처벌 · 종종 하나님의 인도를 확고히 하도록 명령된다. · 다른 사람들을 위하여(에 10:6) · 어떤 이들은 금식이 자동적으로 사람의 요청을 하나님께 상달되도록 한다고 생각했다(사 58:3-4). 그러나 선지자들은 옳은 행동 없이 하는 금식은 헛되다고 선언했다(사 58:5-12; 렘 14:11-12; 슥 7장). 2. 신약에서 · 일반적인 유대인의 의식: 속죄의 날은 신약에서 언급된 유일한 연중 금식이다(행 27:9). 일부 엄격한 바리새인들은 매주 월요일과 목요일에 금식했다(눅 18:12). 안나(Anna)와 같은 다른 경건한 유대인들은 자주 금식했다(눅 2:37). · 예수: 미래의 사역을 준비하기 위하여 시험의 기간에 금식했다(마 4:2). 금식은 하나님께 향하고(마 6:16-18), 적절해야 한다(마 9:14-17; 막 2:18-22). · 사도행전: 교회의 지도자들이 선교사들(행 13:2-3)과 장로들(행 14:23)을 선발할 때 금식했다.	· 저녁 기도 후에 추가로 20회의 라카아(rak'a)가 행해진다. · 금식은 한 달의 기간인 30일 동안 지속된다. · 저녁에는 자기가 원하는 만큼 먹을 수 있고 합법적인 즐거움을 누릴 수 있다. · 금식을 지킬 수 없다면, 나중에 보충하도록 허용된다. 2. 유익들 (일반적인 무슬림 신앙에 따르면) · 금식은 우리가 겸손하고 알라의 처벌을 두려워하도록 한다. · 이것은 우리의 욕구와 열망을 깨뜨리도록 되어 있다. · 이것은 동정, 연민과 자비를 보장하는데, 우리가 가난한 사람들에게 자선하는 것을 즐기게 한다. · 이것은 부자와 가난한 자, 왕과 종, 강한 자와 약한 자 모두가 굶주림을 경험하고 모두가 동등한 입장에 있다는 기회를 제공한다. · 이것은 몸 안에 유해한 노폐물을 없애는데, 특별히 매우 기름진 음식을 먹고 운동을 거의 하지 않은 사람의 경우에 해당한다.

기독교 가르침	이슬람가르침과 민속이슬람
3. 현재 　신약에서 금식은 개개인의 기독교인들이 자유의지로 한다. 하지만 로마 가톨릭 교회는 천국에 가기 위한 공로를 얻기 위하여 규칙과 법을 만들었다. 　종교개혁은 이 문제에 대해서 변화를 가져 왔으나, 성경적인 금식을 강조하는 데는 실패했다. 오늘날 결과적으로 많은 교회에서 금식은 뒷전에 있거나 소홀히 다뤄지고 있다. 4. 유익(상기의 참조를 보라) · 하나님 아버지께 더 가까이 가고 그분을 더 알기 위하여 · 중대한 결정 전에 · 회개할 때 · 중보기도를 할 때 (막 9:29) 5. 요약 　금식은 사람과 하나님과의 사이의 문제로서, 일반적으로 비밀스럽게 해야 한다. 엄격한 법과 규정이 있지 않다. 특별히 예수님의 가르침인 금식하는 법들은 성경에서만 볼 수 있다.	3. 요약 · 모든 무슬림은 금식을 지키고 규정을 준수해야 한다. · 공개적으로 행해지며, 무슬림은 서로가 금식을 준수하는 것을 지켜본다. · 무슬림은 금식과 관련된 분명한 소망이 있다. 예를 들면, 그들은 알라를 더 알기를 소망한다. 그들은 세상에서의 행복과 내세에서의 번영, 죄 용서, 알라로부터 축복과 보상 등을 추구한다. 하지만 무슬림은 이것에 대해서 어떤 것도 확신이 없다. · 금식에 대한 일부의 지침서는 이슬람 전통인 하디스(hadith)에서 볼 수 있지만, 약간의 구체적인 규칙은 꾸란에서 볼 수 있다.

　일반적으로 기독교에서의 금식은 이슬람에서처럼 엄격하게 행해지지 않고 있다. 무슬림은 알라가 금식을 하는 사람에게 보상과 축복을 줄 것이라는 확신이 없다. 그러므로 기독교인은 무슬림에게 이것에 대해서 도전을 주고 금식에 대한 자신의 경험을 설명해 주는 것이 좋다.

질문들

- 당신은 알라에 대해서 무엇을 아는가?
- 당신은 알라가 당신 때문에 기뻐한다고 느끼는가?
- 어떻게 알라는 당신을 위한 그의 사랑을 보여 주는가?
- 당신은 알라가 모든 것을 다 할 수 있다고 생각하는가?
- 당신은 알라가 세상에 인간의 몸으로 와서 동시에 우주를 다스리는 것이 가능하다고 생각하는가?
- 당신은 "죄"가 세상에 들어왔다는 것에 대해서 어떻게 생각하는가?
- "죄"는 당신에게 어떤 의미인가?
- 낙원에 들어가는 데 무엇이 필요한가?
- 당신은 낙원에 들어가기 위한 이러한 조건을 충족시킬 수 있다고 생각하는가?
- 왜 당신은 하루에 다섯 번씩 기도하는가? 어디에 정확하게 기록되어 있는가?
- 라마단 기간에 금식을 준수함으로 당신은 무슨 유익들을 얻는가?
- 라마단 기간에 금식을 해야 한다고 명령된 인용문을 나에게 보여 줄 수 있겠는가?

Ask your muslim friend

제 12 장

추가 무슬림 반론

1. "바나바서는 사실이다"

> **무슬림 반론**
> "성경에는 마태, 마가, 누가, 요한복음인 사복음서가 있다. 예수는 오직 한 가지 복음서를 받았다. 현재 왜 사복음서가 있는가? 왜 기독교인들은 바나바서를 제거했는가?"

무슬림들은 사복음서를 인증된 복음서로 간주하지 않는다. 많은 무슬림들은 "바나바서"에[1] 대해서 들었고 이 복음서가 진정한 복음서라고 듣는다. 무슬림들은 이것이 사도 바나바에 의해서 주후 1세기에 기록되었다고 주장한다. 이 복음서는 1709년에 네덜란드에서 첫 번째로 나왔다. 무슬림들은 이 주제를 제기하지만, 기독교인은 자신 있게 무슬림에게 증거를 요구해야 한다.[2]

---

1) Islamic Publications Ltd, Lahore, Pakistan에서 출판된 바나바 복음서의 영어번역본을 보라.
2) 또한 무슬림들은 바나바 복음서를 꾸란과 같은 권위가 있는 알라의 말씀으로 간주해야 할 것인가와 이를 믿을 것인가에 대해서 도전을 받고 있다.

이 복음서는 무엇인가? 이 내용이 이슬람의 위조라는 것은 일반인들에게도 알려진 바다. 이것은 꽤 정확하게 주후 14세기까지 거슬러 올라간다. 그 내용은 그리스도의 생애에 대해서 엄청나게 손상된 구조를 지니고 많은 요점들이 이슬람의 가르침과 견해를 같이 한다. 이것의 목적도 분명히 그 시대의 기독교인들을 이슬람으로 개종시키기 위해 설득하는 데 있다. 일부 진술은 성경뿐만 아니라 꾸란과도 모순이 된다.

이야기 전체가 문제점으로 빽빽하게 가득 차 있다.
- 문화배경의 일부가 1세기인 신약시대를 반영하지 않고 오히려 중세 시대의 연애관계에 있는 경쟁자들 사이의 결투를 다룬다.
- 본문은 단테(Dante, 이탈리아 시인과 정치가, 주후 1265-1321)로부터 온 인용문들을 포함한다.
- 본문은 성지에 관한 중대한 지리적, 문화적인 착오뿐만 아니라 연대적 오류를 담고 있다. 작가가 거기에 결코 있지 않았다는 것이 분명하다. 예를 들면, 예수님이 갈릴리 호수가로 가야 하는데, 나사렛으로 배를 타고 가셨다는 것이 20장에 기록되어 있다. 하지만 나사렛은 호수로부터 20km쯤 떨어져 있고 산꼭대기에 있다. 21장에는 예수님이 해수면 아래 200m가 되는 갈릴리 호숫가에 있는 가버나움으로 걸어 올라가셨다고 한다. 누구도 그곳에 걸어서 올라갈 수 없다! 게다가 예수님은 주후 4세기 이후에 교회에 소개된 "사순절"(91-92장)을 지키시고, 한참 나중에 갈리아 지방에서 발명된 나무통(cask, barrel)을 언급하실 뿐만 아니라 나중에 소개된 전통인 세 명의 동방박사(6장에서 언급되는 데 성경은 숫자를 말하지 않는다)와 주후 7세기 스페인에서 처음으로 사용된 주화(minuti, 54장)를 언급하신다.
- 예수님이 아니라 무함마드가 메시아라고 말한다(42, 82, 97장). 예수님은 무함마드가 오는 것을 준비하는 자(예수님을 위한 세례 요한처럼)로 넌지시 암시한다(82, 191장). 이것은 성경과 꾸란 양쪽 모두에 모순된다.

더 많은 구절은 바나바서가 역사적인 신뢰성을 가지고 있지 않은 위조품이는 것을 분명히 보여 준다.[3] 그러므로 무슬림이 이 문서를 무시하고 예수님이 진리임을 배울 수 있는 성경에 있는 사복음서를 공부하도록 설득해야 한다.

2. "무함마드는 성경에 예언되어 있다"

무슬림 반론

"왜 기독교인들은 이슬람의 선지자 무함마드를 거부하는가? 결국 그는 성경에 예언되어 있다"(참조, 꾸란 7:157).

꾸란 7:157과 61:6에 있는 진술에 기초하여[4] 무슬림들은 무함마드가 성경에 예언되었다고 주장하고 이러한 구절은 찾기 쉽다고 생각했다. 그들은 성경의 수많은 예언이 무함마드 대신에 예수님을 가리킨다는 것을 깨달았을 때에 실망했다. 이슬람학자들은 무함마드를 가리키는 본문을 찾기 위하여 열심히 성경을 조사했다. 성경본문이 무함마드를 언급한다는 것에 관한 이슬람 세계에 상이한 견해가 있다. 많은 무슬림들은 구약의 신명기 18:18과 신약의 요한복음 14-16장이 그런 증거라고 생각한다. 하지만 이러한 본문에 대한 좀 더 철저한 고찰은 무함마드가 아니라, 예수님과 성령이 각각 이 구절에 언급되어 있다는 것을 신속하고 분명하게 보여 준다.

---

3) 더 상세한 설명을 위하여 길크리스트(1999:1448-162)를 보라.
4) 꾸란 7:157에서는 "그들의 자신의 (성경) 모세오경과 복음서에서 언급하는 것을 찾을 수 있는 사도, 문자를 터득하지 못한 선지자를 따르는 자들은…"이라고 했다. 꾸란 61:6에서는 "마리아의 아들인 예수께서 말씀하시길, '이스라엘의 자녀들아! 나는 알라의 사도로 너희에게 보내진 자이다. 이것에 대하여 모세오경이 이전에 증명했고, 내 이후에 올 한 사도의 즐거운 환영을 준다. 그의 이름은 아흐마드(Ahmad)이다…'"라고 했다. 아흐마드(Ahmad)는 무함마드 이름과 비슷한 의미를 가진다.

1) 구약 본문: 신명기 18:18

내가 그들의 형제 중에서 너와 같은 선지자 하나를 그들을 위하여 일으키고 내 말을 그 입에 두리니 내가 그에게 명령하는 것을 그가 무리에게 다 말하리라(신 18:18).

무슬림들은 모세가 예언한 선지자가 무함마드라고 주장한다. 이슬람의 주장은 세 가지 이유에 근거한다.

- 무함마드는 모세와 비슷한 특성을 가지고 있다.[5]
- 그 약속 "내 말을 그 입에 두리니"는 지브리일(Jibril, 가브리엘)이 꾸란을 무함마드에게 전달했을 때에 성취되었다.
- 무함마드는 이스마엘 후손들인 "그들의 형제 중에서" 왔다.

언뜻 보기에 이 논쟁은 합리적으로 보인다. 하지만 문맥을 보면 다른 결론을 도출하게 된다. 우선 우리는 주어진 본문을 적절하게 해석해야 한다. "그들의 형제 중에서"라는 용어는 히브리어 원문에서 "축어적"(ad verbatim)인 것을 말하는 15절의 문맥에서 설명된다. "네 하나님 야훼(Jahveh)께서 너의 중 네 형제 중에서 나와 같은 선지자 하나를 너를 위하여 일으키시리니 너희는 그를 들을지니라."

게다가 사도행전 3:17-23과 7:37은 이 선지자가 예수님이라고 분명히 말한다. 예수님이 말씀하셨을 때에(요 5:46-47) 그분 자신이 넌지시 같은 말씀을 하셨다.

---

[5] 이 주장은 신 18:18의 "너와 같은"이라는 말에서 온다. 예를 들면, 무슬림들은 무함마드가 모세와 같은 평범한 삶을 살았는데 둘 다 백성들의 지도자였고 결혼했으며 그들의 후손이 팔레스타인을 정복했다고 말한다.

모세를 믿었더면 또 나를 믿었으리니 이는 그가 내게 대하여 기록하였음이라 그러나 그의 글도 믿지 아니하거든 어찌 내 말을 믿겠느냐 하시니라(요 5:46-47).

모세는 여러 면에서 무함마드가 아닌 예수님과 비슷하다. 예수님과 모세만이 다음의 독특한 특성을 보여 준다. 예를 들면,[6]

· 둘 다 하나님과 인간 사이의 언약의 중재자였다.
· 둘 다 하나님을 대면하여 알았다.
· 둘 다 엄청난 표적과 이적을 행했다.

무함마드는 언약의 중재자가 아니었다. 그는 하나님을 대면하여 알지도 않았고 엄청난 표적과 기적을 행하지도 않았다(참조, 꾸란 28:48). 무슬림은 기독교인이 무함마드를 선지자로 받아들이기를 원한다.[7] 어떻게 기독교인은 이것에 반응할까? 그들은 성경에 있는 선지자의 대열에 있는 하나님의 진정한 선지자는 정해진 기준을 충족시켜야 한다는 것을 지적해야 한다.[8]

· 그는 예언을 할 수 있어야 하고 그의 예언이 실현되어야 한다.
· 그의 예언과 가르침이 하나님의 다른 선지자의 진술과 일치해야 한다.
· 만약에 요구가 있다면, 그는 그가 하나님으로부터 왔다는 것을 증명하기 위하여 또한 이적을 행할 수 있어야 한다.
· 그의 가르침은 하나님의 메시지의 새로운 요소를 포함해야 한다.

그래서 무슬림들이 선지자에 대한 이러한 성경의 기준을[9] 무함마드가 충

---

6) 더 자세한 설명을 위하여 길크리스트(2003:71-80)를 보라.
7) 무슬림들은 그들이 모세, 예수 등과 같은 성경의 선지자를 인정한다는 사실을 제시한다. 그러므로 기독교인들이(그들은 말한다) 그에 대한 답례로 무함마드를 인정해야 한다고 말한다.
8) 예를 들면, 출 7:8-10; 신 18:21-22를 보라.
9) 성경은 이 주제에 대한 여러 구절을 예를 들면, 신 13:5와 18:19-22; 렘14:14-16과 23:16-22을

족했다는 꾸란의 구절을 찾도록 도전해야 한다.

2) 신약 본문: 요한복음 14:16

무슬림들이 무함마드를 언급한다고 주장하는 신약의 진술은 "보혜사"에 대한 예수님의 언급에서 발견된다.[10] 무슬림들은 그 "보혜사"가 기독교인들이 믿는 대로 성령이 아니라 무함마드라고 주장한다. 그들의 이유는 다음과 같다.

- "…그가 너희를 모든 진리 가운데로 인도하시리니 그가 스스로 말하지 않고 오직 들은 것을 말하며 장래 일을 너희에게 알리시리라"(요 16:13)라고 한 예수님의 진술은 무함마드에게 적용된다.
- 예수님이 이 "보혜사"를 말할 때에 남성 삼인칭 단수 대명사인 "그"라는 용어를 사용하기 때문에 무슬림들은 보혜사가 영이 아니라, 한 남자가 되어야 한다고 논쟁한다.
- "내가 떠나가지 아니하면 보혜사가 너희에게로 오시지 아니할 것이요 가면 내가 그를 너희에게로 보내리니"(요 16:7)라는 예수님의 진술에 근거하여, 무슬림들은 이 보혜사는 무함마드만이 될 수 있다고 확신하기 때문에 "성령이 항상 거기에 있었다"라고 주장한다.

기독교인들은 그 문맥 안에 있는 본문을 설명하고 진정한 "보혜사"인 성령과 그분의 사역을 소개할 좋은 기회를 가진다. 이러한 신약 본문은 예수님이 부활(행 2:1-21)하신 50일 후에 오신 성령을 가리킨다. 그래서 기독교인들은 대답할 수 있다.

포함한다.
10) 많은 번역본들은 "보혜사" 혹은 "돕는 자"라는 용어를 사용한다.

- 이 "보혜사"에 대한 전체 본문을 읽으면, 그가 선지자나 다른 사람이 아니라 "진리의 영"(요 14:17)이라는 것과 그가 우리와 "영원히"(요 14:16) 함께 할 것이며, "그가 여러분 안에, 즉 신자들 가운데 살고 그가 예수님을 영화롭게"(요 16:14) 할 것이며, 그는 예수님의 가르침을 제자들에게 기억시킬 것이고(요 14:26 등), 장래의 일을 말할 것이다. 이것은 무함마드가 아니라 성령만이 할 수 있다.
- 예수님은 "보혜사"가 성령이라고 분명히 말한다(요 14:26).
- 예수님은 600년 이후에 무슬림에게 아니라, 그분의 제자들에게 "보혜사"를 보낼 것이라고 말했다!

무슬림은 기독교인이 헬라어 페리클리토스(periklytos, 칭찬받는 자)를 파라클레토스(paracletos, "보혜사", 참조, 요 14:16)로 바꾸었다고 주장한다. 무슬림 학자들은 문자적으로 해석된 "무함마드"의 이름이 "칭찬받은 자"라는 의미가 있다고 지적한다. 무슬림들에게는 이것이 예수님이 요한복음 14:16에서 말하는 그 사람이 바로 무함마드여야 한다는 다른 힌트이다. 하지만 무슬림은 이러한 억측을 위한 증거를 전혀 가지고 있지 않다.

무슬림은 본문(요 14:15-17; 14:26)에서 무함마드의 이름을 "보혜사"로 대체하여 스스로 읽도록 요청할 수 있다. 하지만 이러한 바꾸기는 본문에 적합하지 않다는 것을 쉽게 인식할 수 있다. 다음의 표는 그 논쟁을 요약한 것이다.

성경 구절	성경에 무함마드가 예언되었다는 무슬림의 논지	성경에 예수님 혹은 성령이 예언되었다는 기독교인의 대답
신명기 18:18	· 무함마드는 모세와 일부분 비슷한 특성이 있다. · 무함마드는 그들의 "형제들," 즉 이스마엘 자손의 후손이다.	· 예수님은 모세와 많은 부분에서 비슷한 특성이 있으시다. · 다른 성경 구절은 예수님이 예언의 주체라는 것을 분명히 보여 준다(요 5:46-47; 행 3:17-23; 7:37). · 모세의 "형제들"은 이스라엘인이었다(신 18:15).
요한복음 14:16	· 여기서 "보혜사"는 예수가 예언한 무함마드이다. 무함마드는 예수를 이은 차기 선지자이다.	· 이 구절은 제자들과 함께 계실 "성령"을 언급한다(요 14:17, 26; 16:7). · 문맥은 "성령"이 예수님에 의해서 예언되었다는 것을 보여 준다(요 14:17; 16:7; 행 2:1-21).

이러한 성경본문에서는 이슬람의 선지자인 무함마드에 대한 예고의 암시가 전혀 감지되지 않는다. 성경의 나머지 본문에서도 마찬가지이다. 성경에는 무함마드에 대한 예언이 없다!

질문들

- 당신은 "바나바서"가 사실이라고 생각하는가?
- "바나바서"는 무함마드가 메시아라고 말한다(42장). 그러나 꾸란은 예수님이 메시아라고 말한다. 그러므로 당신은 꾸란을 믿는가? "바나바서"를 믿는가?
- 당신이 무함마드가 성경에 예언되었다고 믿는다면 그런 구절들을 제시해 줄 수 있는가?
- 무함마드가 성경에 예언되어 있다고 당신이 생각하는 구절을 설명하고 읽어줄 수 있겠는가?
- 당신은 하나님의 진정한 선지자의 표시가 무엇이라고 생각하는가?
- 당신의 입장에서 누가 선지자인가?
- 하나님께서 보내신 선지자들의 이름은 무엇인가?

제 3 부
무슬림들과의 만남

> **제3부에서는 다음의 사항들을 제공해 줄 것이다.**
> a) 무슬림을 향한 기독교인의 태도
> b) 실제적인 만남을 위한 기초적인 지식
> c) 개종자를 돕고 새로운 신앙으로 인도하기 위한 실제적인 조언
> d) 교회가 무슬림을 복음으로 전도하기 위한 동기부여
> e) 정치·사회적 이슈에 대한 정보

오늘날 이슬람은 기독교 다음으로 세계에서 두 번째로 큰 종교 공동체이다. 아프리카, 아시아와 서구에 있는 사람들은 무슬림을 만나기 위하여 이슬람 국가로 더 이상 여행할 필요가 없다. 그들은 지구상의 거의 모든 국가에 있다. 기독교인들과 무슬림들은 서로가 직장이나 여가 시간에, 어디서든지 만날 수 있다. 게다가 많은 사람이 같은 국적을 가지고 있다.

비이슬람 국가에 있는 많은 무슬림은 대부분 세속화되었고 더 이상 그들의 종교가 요구하는 사항들을 지키지 않는다. 게다가 이란과 같은 국가에서 온 많은 무슬림은 그들의 종교 때문에 실망하고, 다른 무엇인가를 찾고 있다. 일반적으로 기독교인은 세계의 수많은 무슬림에게 말을 건네는 것조

차 어려워한다. 기독교인들과 무슬림들 사이에 접촉이 흔치 않는 이유는 무슬림들에 대한 무지로 인한 공포 때문이다. 이 책은 기독교인들이 이슬람과 무슬림을 알아가고 이러한 두려움을 없애며 도전을 주는 질문을 시작하도록 돕는 데 목적이 있다.

본토 이슬람 국가에서는 무슬림이 복음을 접할 기회가 아주 적다. 하지만 아프리카, 아시아와 서구에서는 기독교인과 무슬림이 자유롭게 만나기 때문에 더 쉽게 복음을 들을 수 있다. 많은 무슬림은 이슬람이 인간의 가장 깊은 필요를 충족시키지 못하기 때문에 해답을 찾고 있다. 모든 사람은 하나님으로부터의 용납, 죄 용서에 대한 확신과 하나님과의 개인적인 교제를 추구한다. 그리스도 안에서 우리는 모든 대답 그 이상을 찾을 수 있다. 무슬림은 흔히 기독교인의 품행을 주의 깊게 주시하기 때문에 기독교인은 생활에서 본이 되어야 한다. 말과 행동과 품성을 통한 기독교인의 증언의 결과로 무슬림들은 기독교인들이 하나님과 다른 종류의 교제를 하고 있다는 것을 깨달을 것이다.

여기 나오는 지침이 무슬림과 기독교인이 만나는 모든 경우에 그대로 적용되는 것은 아니다. 따라서 독자가 여기서 추천된 방법을 실제적으로 실행할 때 지혜가 필요하다.

제 13 장

이슬람의 도전에 대한 기독교인의 반응

1. 성경은 무엇이라고 말하는가

이슬람은 기독교인들에게 도전을 해오고 있다. 대위임령(마 28:18-20)에서 기독교인들은 그 도전에 대처하도록 부름을 받았다. 준비는 두 가지 방식에서 필요하다. 첫째는 기독교인이 기도와 예수님과의 가까운 교제를 통하여 이 임무를 최선을 다해 준비해야 한다. 둘째로 기독교인들은 다른 문화와 사상들로부터 온 사람들에게 복음을 지혜롭게 전달하는 방법을 적절하게 습득함으로 사랑과 배려를 해야 한다. 무슬림들에게 복음의 메시지를 이해될 수 있는 방식으로 제시하기 위하여 무슬림 이웃, 그의 종교, 그의 사고방식, 그의 소망과 동경을 이해하는 것이 중요하다.

1) 기도: 성경은 기도의 중요성을 반복하여 강조한다.[1] 또한 특별한 관심사를 위하여 금식을 할 것을 제안한다(행 13:3; 14:23). 기도를 통하여 하나님의 뜻을 분별할 수 있다. 좋은 실례는 사도행전 10장에 있는 베드로와 고넬료의 이야기이다. 기도 시간에 베드로는 고넬료와의 조우를 위한 준비가 되

---

[1] 예를 들면, 막 14:38; 눅 21:36; 엡 6:18을 보라.

어 있었고 하나님의 영이 개종을 위해 역사했다(행 10:9-16, 44). 기독교인은 무슬림이 복음을 듣고 이해하고 받아들이도록 기도해야 한다. 기독교 메시지는 개인 간증, 서적과 다른 미디어를 통하여 전파되어야 한다. 게다가 기독교인은 성령이 꿈과 환상을 통하여 무슬림에게 말씀 하시도록 기도해야 한다.[2] 다른 기독교인이 무슬림들에게 복음전도가 필요하다는 것을 깨닫고 기도에 동참하며 그들에게 복음을 전하도록 기도하는 것이 중요하다.

2) 영적 전쟁: 기독교인은 영적 전쟁을 위해 준비하고 자기 스스로를 대비하도록 부름을 받았다(엡 6:10-18). 이슬람은 반기독교적 종교이고 기독교인은 성령의 인도와 보호 아래에서만 활동하도록 강하게 권고 받았다. 기독교인들은 무슬림들이 겪고 있는 진(Jinn, 악한 영)의 어두움을 물리치는 하나님의 수단으로서 영적 전쟁을 사용해야 한다. 목적은 무슬림들이 영적 전쟁을 통하여 그리스도 안에 있는 자유를 발견하도록 돕는 것이다. 각각의 기독교인은 증인이 될 수 있지만, 더 잘 준비해야 한다. 그래야 무슬림에게 더 나은 효과를 가져온다. 그러므로 성경에 대한 합당한 지식은 필수적이다. 이슬람에 대한 지식과 변증학은 역시 훨씬 많은 장점이 있다. 기독교인은 계속해서 공부를 해야 하고 새로운 토대를 깨뜨릴 각오가 필요하다.[3]

3) 사랑의 만남: 하나님은 모든 인류를 창조하셨고 무슬림을 포함하여 그들을 동일하게 사랑한다. 요한일서 4:8은 "하나님은 사랑"이시라고 말한다. 기독교인들은 모든 것이 헛되지 않게 이 사랑을 무슬림에게 전달하도록 부름을 받았다(고전 13장). 기독교인은 이 사랑 안에서 성장할 필요가 있다. 그래서 이 사랑이 기독교인의 일상생활에서 더욱더 명백해지도록 해야 한다(빌 1:9; 고전 16:14). 무슬림을 만난 직후 매번 기독교인은 스스로에게 질문해야 한다. "나는 하나님의 사랑을 전달했는가?"

---

[2] 무슬림들의 개종과정에서 "꿈과 환상"은 중요한 역할을 한다. 많은 개종자가 이를 확증하고 있다. 또한 제3부 제18장 1.을 보라.
[3] 이것은 주로 선교방식과 의사 전달의 새로운 방법을 의미한다.

2. 어느 것이 적당한 태도인가

우선 종교로서의 이슬람과 사람으로서의 무슬림 사이를 구분하는 것이 중요하다. 기독교인은 많은 이슬람교리와 같은 경우처럼 그리스도에 반대하는 것을 거부하면서도 하나님에 의해서 창조된 무슬림을 사랑하도록 부름을 받았다. 무슬림들과의 만남에서 수많은 태도가 나타난다. 이 책에서는 네 번째를 적당한 태도로 여긴다.

1) 개방적인 태도: 이슬람과 기독교는 거의 같은 가치를 지닌 종교이다. 이슬람에는 기독교처럼 하나님께 이르는 합법적인 방법이 있다. 따라서 무슬림 가운데 선교는 모욕적이어서 불쾌하게 한다. 우리는 무슬림을 문화교류와 같은 경우에만 주로 만나거나, 인도주의적인 프로젝트와 같은 경우에만 함께 일한다. 또한 다종교 간 교회예배들을 개최할 수도 있다.

2) 순응적인 태도: 기독교인들은 무슬림들에게 복음을 전달하려고 하고, 그 과정에 있어서 가능한 한 그들에게 맞추려고 한다. 그들은 무슬림 옷을 입고 그들의 기도 의식을 따르며 라마단 기간에 금식을 한다. 그래서 그들은 무슬림들에게 더 나은 접근을 하기를 원한다. 하지만 무슬림들은 그런 기독교인이 무슬림이 되기를 원하거나, 혹은 무슬림들을 기독교로 개종하도록 기만하거나 스파이로 행동한다고 생각한다.[4]

3) 호전적인 태도: 무슬림들을 적으로 간주한다. 이러한 태도를 가지고 있는 사람은 십자군 원정대의 정신구조를 가지고 있고 무슬림을 제거되어야만 하는 기존 문화에 대한 외부 침략자로 본다. 무슬림 가운데 전도하는 것은

---

4) 이것은 적합한 위상을 갖춘 상황화에 반대하여 말하는 것이 아니다(제3부 제20장 3.을 보라). 그러나 기독교인이 항상 스스로에게 질문을 해야 한다. 그들은 품행과 행동에 있어서 어떤 종류의 신호들을 무슬림에게 보내고 있는가? 어떻게 무슬림은 이를 가능하게 해석하는가? 하지만 상황화와 한계설정의 옳은 균형을 찾기는 쉽지 않다.

선택할 만한 사항이 아니다.

4) 선교적 태도: "가서 모든 민족을 제자로 삼으라"(마 28:19)는 명령은 무슬림을 제외하지 않는다. 또한 우리는 무슬림에게 그들을 위해 죽은 예수 그리스도의 메시지를 가지고 다가가야 할 뿐만 아니라, 그들은 예수님을 통하여 구원과 영생을 받아야 한다(요 3:16; 14:6). 기독교인은 하나님의 사랑으로 무슬림들을 만나고, 기독교 메시지를 타협하지 않고 그들의 문화를 존중해야 한다. 이는 기독교인들이 "장벽보다는 우정과 신뢰의 다리를 놓도록" 요구된다. 무슬림이 기독교인을 모르고 신뢰하지 않는다면, 그들은 메시지에 쉽게 귀를 기울이지 않을 것이다. 우리는 전할 권리를 얻어야 한다. 하지만 신뢰하는 관계를 놓는 것은 인내와 사랑을 요구한다!

"내 기억으로 이 교회는 선교를 반대하는 말을 했던 교회이다!"

3. 상호작용이 어떻게 일어나는가?

상호작용은 세 가지 차원에서 일어난다. 모두가 우정과 신뢰 관계의 다리를 놓는 것이 목적이다.

1) 대화 차원: 서로의 견해를 존중하면서 기독교인은 무슬림에게 말함으로 둘 다 사회적인 문제나 다른 이슈에 대해서 서로를 더 알아갈 수 있다. 대화는 가능한 대로 객관적인 자세를 취해야 하고 들을 준비가 되어 있어야 한다.

2) 실무 차원: 기독교인과 무슬림은 사회적이고 인도주의적 프로젝트를 위한 책임을 공유한다. 둘 다 사회정의, 평화 그리고 환경보전에 대한 관심을 가지고 그런 프로젝트에 대해서 함께 사역한다.

3) 선교 차원: 기독교인은 무슬림에게 진리인 예수 그리스도에 대한 복음을 전한다. 여기에서 무슬림이 메시지를 이해할 수 있도록 신중하게 행해야 한다. 무슬림들에게 귀를 기울이고, 서로 이해하기 위하여 열심히 노력하며 이슬람의 문화와 역사를 이해하고, 예수 그리스도의 이름으로 이슬람의 문화와 역사를 "영적으로" 극복하기 위해 계속되는 노고를 필요로 한다.

상호작용의 목적은 무슬림 남자와 여자를 알아가는 것이고 기독교인들이 협력할 수 있는 부분과 없는 부분을 발견하는 것이다. 우리는 획일적인 종교를 만들어 내는 것이 아니라, 공통점과 차이점을 발견하고 인식하도록 상호작용한다. 기독교인은 무슬림에게 주 예수 그리스도의 증인으로서 행동할 의무가 있다.

게다가 기독교 선교는 복잡하고 때때로 예측하기 어렵고 적대적인 세계뿐만 아니라 공공연하게 덜 알려진 민속 이슬람의 평행세계 안에 있는 무슬림들의 견해를 알아가기 위하여 심중을 살피는 데 목표를 두어야 한다.[5] 이 세계는 하디스의 문학과 지역공동체의 관습과 신화에서 발견될 수 있다. 이것은 출생, 결혼과 죽음과 같은 예식과 중대한 상황에서 나타난다. 이슬람 잡지와 신문들은 우리가 무슬림의 일상생활을 이해하도록 해준다.

4. 비위협적인 접근: 질문하기

대부분의 무슬림은 유년시절부터 자신의 종교에 대해서 의심하거나 질문하지 않도록 훈련을 받는다. 왜 무슬림들은 자신의 종교에 대해서 질문하는 것을 허용하지 않을까? 이것은 무슬림들이 진리라고 확신하기 때문에 의심의 여지가 없는 것일까? 혹은 질문들이 이슬람이 아주 열심히 극복하려고 하는 많은 어려움을 드러내기 때문인가? 만약에 무언가가 사실이라면, 두려워할 필요가 없다. 당신은 당신이 원하는 만큼의 많은 질문을 해도 좋지만, 진리는 여전히 남을 것이다.

무슬림과 만남에서 나는 다음을 관찰했다.

1) 흔히 무슬림들은 그들의 종교에 대해서 말한다.
2) 이것이 어디에 기록되어 있냐고 물으면, 대부분의 경우 그들은 꾸란에 기록되어 있다고 주장한다.
3) 하지만 종종 이러한 것들이 꾸란이 아닌 다른 곳에 기록되어 있고 오보이거나 희망하는 견해인 경우가 많다.
4) 무슬림들에게 좋은 질문을 하는 것은 그들에게 스스로를 위한 진리를 찾도록 도전을 준다.

---

5) 또한 제1부 제6장 10.과 Musk(1989)를 보라.

간증: 질문하기의 중요성

어느 날 나는 나에게 다음의 이야기를 한 이집트의 알렉산드리아 (Alexandria)로부터 온 한 남자를 만났다.

"나는 독실한 무슬림 가족으로 알렉산드리아에서 성장했습니다. 나는 관습에 따라서 이슬람에 대해서 질문하지 않도록 훈련되었습니다. 그러나 16세에서 20세 사이에 나는 매년 많은 여행자를 만났고 그들과 짧은 대화를 했습니다. 매번 그들은 나에게 도전적인 질문들을 했습니다. 선한 무슬림으로서 나는 이 질문들을 무시하려고 했습니다. 그러나 내가 20세가 되었을 때에 더 이상 편한 잠을 잘 수 없었습니다. 이 질문들은 내 마음속에 맴돌았습니다. 나는 해답을 찾기로 했습니다. 나의 생애 처음으로 꾸란을 암송할 뿐만 아니라 이해하려고 시도했습니다. 나는 너무나 실망했습니다. 꾸란은 이해하기가 너무 어렵고 대부분의 경우에 나의 질문에 해답을 주지 못했습니다. 이것은 나의 생애에 엄청난 위기를 일으켰습니다. 나는 더 이상 무슬림이 되기를 거부했습니다!

나는 어느 날 사업상 영국을 여행하게 되었습니다. 그때 기독교인들을 알게 되어 성경을 공부했습니다. 나는 성경이 해답을 가지고 있다는 것을 깨달았고 결국 기독교인이 되었습니다. 나는 내가 예수 그리스도 안에 있는 진리를 발견할 수 있도록 나에게 한 간단한 질문을 한 것에 '고맙다'라는 말을 하기 위하여 이 여행자들을 찾기를 원합니다! 아마 이 여행자들의 대부분 중에 일부 기독교인들은 이것이 나의 인생을 바꾸었다는 것을 모르고 있겠지요!"

무슬림들에게 "당신은 어떻게 무슬림이 되었습니까?"라고 물으면, 그들 대부분은 "나는 무슬림으로 태어났습니다"라고 말한다. 그러면 나는 그들에게 다시 묻는다. "글쎄요, 당신이 일본에서 태어났다면 당신은 불교신자나 어떤 다른 신자가 되었지 무슬림이 되지는 않았겠네요?" 이 질문은 더 많은 토론으로 이끈다. 흔히 말미에 그들은 "어떻게 당신이 기독교인이 되었습니까?"를 묻는다. 질문을 하는 것은 자유롭게 복음을 전하지 못하는 나라에서 특별한 장점이 있다. 만약에 당신이 단지 무슬림에게 질문하고 그가 당신에게 질문한다면, 어느 누구도 당신이 개종시키려고 한다고 고소하지 못할 것이다. 다음의 제안들을 고려하라.

1) 당신이 무슬림과 이슬람에 대하여 할 수 있다면 최대한 배워라.
2) 그들을 알아가면서 강한 관심을 보여라.
3) 그들이 자신과 이슬람에 대해서 말하는 것을 주의 깊게 들어라.
4) 호의적으로 도전적인 질문을 하라.

즉각적으로 대답을 하는 대신에, 질문을 하는 접근 방법은 예수께서 종종 사용하셨던 방법이다. 한 실례는 마가복음 11:29이다. 율법사들이 예수님에게 질문을 한 이후에[6] 예수님은 대답하셨다.

> 나도 한 말을 너희에게 물으리니 대답하라 그리하면 나도 무슨 권세로 이런 일을 하는지 이르리라(막 11:29).

결론

- 만약에 어떤 사람이 자신의 신앙에 대한 성실성과 신뢰성에 대해서 이의를 제기하지 않는다면 그 사람은 그의 문화규범과 신앙 밖의 어떤 것을 믿는 것은 생각할 수 없을 것이다. 그러므로 무슬림을 그의 종교에 대해 불신감을 갖는 지점으로 인도하는 것은 종종 필요하다. 특별히 여기에서 타당한 질문을 하는 것은 매우 효과적이다. 하지만 대화가 공격적이거나 부적절하지 않도록 정확한 질문을 하는 것이 중요하다.
- 모든 기독교인은 무슬림들에게 증인이 될 수 있다. 당신이 그들의 종교와 그들이 생각하고 실천하는 방법에 대해서 알면 알수록, 당신은 더 효과적이고 도전적인 질문을 할 수 있을 것이다.
- 타당한 질문을 하는 것은 세계 곳곳에서 사용할 수 있는 비위협적인 접근 방법이다.
- 기독교인은 질문을 하는 것이 복음을 나누는 것과 대체할 수 없다는 것을 알아야 한다.

---

6) 또한 막 10:3과 눅 20:3을 보라.

제 14 장

실제적인 지침들

    요한은 집에서 학교 친구인 오마르(Omar)에 대해서 여러 번 말했다. 오마르의 온 가족은 무슬림이다. 어느 날 부모가 학부모와 교사의 면담에서 서로 대화를 하게 된다. 담소 중에 오마르의 아버지는 그들이 8년 동안 영국에서 살고 있는데, 친구가 없다고 말한다. 그들은 아프리카에서 온 정치적인 난민이다. 그는 호텔분야에서는 흔하지 않은 술과 관련이 없는 직업을 오랫동안 찾고 있었다. 현재 그는 호텔에서 수위이고 그의 직업에 대해 행복해 한다. 그의 부인 역시 서구사회에 섞이는 것이 얼마나 어려운 것인가를 보여 주는 많은 일을 언급한다. 요한의 부모는 그들을 가까운 시일 내에 식사에 초청하기로 약속했다(이 인물들의 이름은 가명이다).

    일상생활은 기독교인들이 무슬림들과 교제하고 그들과 친구가 되도록 하는[1] 무수한 가능성을 제공한다. 기독교인들은 그들과 접촉하고 예수님의 증인이 되기 위하여 이러한 중요한 기회를 사용해야 한다.

---

[1] 무슬림이 기독교인과 친구가 되도록 조언하는 것에 있어서 꾸란은 다소 견해차를 보임에도 불구하고(꾸란 5:54는 부정적이고 꾸란 5:85는 긍정적이다), 내가 만난 대부분의 무슬림은 친구가 되는 것을 기뻐한다.

1. 열 가지 기본적인 규칙

1) 무슬림을 보통 사람으로 보라

· 극소수의 무슬림만이 급진주의자이거나 폭력적인 원리주의자이다.
· 대부분은 조용하고 행복한 삶을 선호한다.
· 대부분은 하나님을 섬기기를 열망하는 단순한 사람들이다.
· 그들은 모든 사람처럼 욕망, 희망, 기쁨과 슬픔이 있다.

2) 무슬림들을 개인으로 보라

· 무슬림 각자는 다른 사람들과 다른 한 개인이다. 틀에 박힌 방법으로 그들을 보는 것을 삼가라.
· 개인적으로 그들을 알아가고 그들에게 정성스러운 관심을 보여 주라.
· 무슬림 각자는 그가 다른 사람들과는 다르게 실천하는 자신의 민속 이슬람을 따른다.

3) 그들의 내적 갈등을 이해하라

· 많은 무슬림들이 불안해 하고 스스로에게 질문한다. "무엇이 진정한 이슬람이며 어떻게 내가 이슬람을 실천해야 하는가?"
· 주로 서구의 방종하고 퇴폐적인 사회에서 사는 젊은 무슬림은 종종 혼동한다. 그들은 서로 배척하는 사회에 속해 있다. 그들은 이슬람을 따르기 위한 문화적인 의무가 있지만, "자유로운 세상"에서 살고 싶어 한다. 자유로운 근대 민주주의의 가치 제도는 보수적인 이슬람신정정치[2]와 엄청나게 대조가 된다.

---
[2] 민주주의는 한 국가의 국민이 그 나라의 법을 위하여 마지막 투표를 하는 데 반하여 신정국가에는 법이 종교 지도자에 의해서 주로 만들어진다. 많은 이슬람 국가에서는

4) 문화 차이를 인식하라

- 많은 무슬림이 서구 문화와 그들의 부모 문화 사이에서 고민한다.
- 특별히 비이슬람 국가와는 대조적으로 이슬람 국가에서는 여자를 대우하는 차이가 크다.
- 기독교인들은 이것을 이해하고 어떤 만남 가운데서도 민감하도록 목표를 삼아야 한다.

5) 이슬람과 무슬림을 두려워 말라

- 흔히 무슬림은 외적으로 자신감이 넘치지만 그들의 마음은 종종 불안하다.
- 이슬람은 기독교인들에게 위협이 아니라 도전이다! 고려하라. 그리스도께서 "하늘과 땅에 있는 모든 권세를 내게 주셨으니" 그리고 "…내가 세상 끝날까지 너희와 항상 함께 있으리라"(마 28:18-20)고 말씀하셨다.
- 기독교인은 예수 그리스도 안에 있는 진리를 안다! 그렇다면 무엇을 두려워해야 한단 말인가?

6) 무슬림을 만나는 데 솔선수범하라

- 기독교인은 종종 너무나 수줍어 한다. 용기를 내어 무슬림을 만나기를 힘쓰라.
- 흔히 무슬림은 격리되고 외롭다. 우정을 쌓는 일에 솔선수범하라.
- 무슬림과 어울리는 새로운 방식과 방법을 생각하고 기도하라.

독재정권이나 왕국이 있다. 다른 이슬람 국가는 어느 정도 민주주의 선거제도를 도입했다.

7) 하나님의 사랑을 그들에게 전달하라

· 하나님은 무슬림을 포함한 모든 사람을 사랑한다.
· 무슬림은 예수 그리스도를 통한 하나님의 사랑을 모른다.
· 기독교인은 우선 실제적인 돌봄과 둘째로 복음을 나눔으로 무슬림에게 하나님의 사랑을 나눌 의무가 있다.

8) 우선 들어라 그리고 나서 그들의 마음에 말하라

· 무슬림이 관심을 가지는 일상생활의 문제에 대해서 말하라.
· 그들의 근심, 두려움과 의심을 인식하고 들어라.
· 당신이 그들을 위하여 그들의 면전에서 혹은 개인기도 시간에 기도를 해도 되는지 물어 보라.

9) 자연스럽고 공개적으로 말하라

· 당신이 믿는 것과 일상생활에서 경험한 하나님의 인도함을 설명하라.
· 그들이 이해하는 방식으로 소통하라. 그들이 당신이 말하는 것을 이해하는지를 물어 보라.
· 적당한 시간에 당신의 개인회심에 대한 이야기를 나눠도 된다.
· 무슬림은 기독교 신앙에 관한 논쟁에 당신이 참가하는 것을 아주 좋아하는 것 같다. 그들은 텔레비전에서 보여지는 자유로운 생활방식의 서구를 기독교인으로 인식한다. 그들은 성경이 왜곡되었고 예수님은 하나님의 아들이 아니며 속죄를 위하여 십자가에서 죽은 것이 아니라고 듣는다. 진정한 증인으로서 기독교인은 그러한 도전에 응답하고 상냥하고 자세한 정보에 근거하여 모든 잘못된 주장을 거부해야 한다.

10) 예수님의 유일성을 설명하라

· 이슬람을 모욕하는 말을 하지 말고 성경의 메시지에 집중하라.
· 우선 예수님의 유일성이 설명되어야 한다. 그분은 선지자 이상이다.
· 예수님의 이름과 칭호를 설명하라.

2. 문화와 종교 이슈

행동에 대한 문화와 종교 규범은 존중해야 한다. 이 규범은 여러 나라에서 온 무슬림마다 각각 다른데, 그들이 정통주의자인가 혹은 자유주의자인가에 따라서 다르다. 일부 보편적이고 실제적인 규범이 있다.[3]

· 첫 인상이 중요하다. 내가 수줍어하는가, 공격적인가, 방어적인가, 무관심한가? 내가 우호적인가, 관심이 있는가, 잘 듣는 사람인가 그리고 솔직하고 정직한가?
· 자신 있게 행동해야 한다. 왜냐하면 설득력 있는 메시지를 가지고 있기 때문이다.
· 관심에 경청하고 감사하고 긍정적인 것을 말하는 것은 건설적이라는 인상을 준다.
· 성경과 꾸란에 대한 존경을 보여라. 방바닥에 절대 두지 말고 그 책들 위에 어떤 것도 놓지 마라. "깨끗한" 성경을 사용하라. 성경은 주를 달거나 표시된 메시지 없이 좋은 상태로 있어야 한다.
· 환대는 중요하다. 그러나 무슬림들에게 용납될 만한 음식과 음료수만이 제공되어야 한다. 예를 들면, 할랄(halal). 미리 손님에게 물어 보고 준

---

3) 이 목록이 완전하다는 것을 의미하지 않는다. 기독교인들은 항상 모든 상황에 적합하게 행동하도록 노력해야 한다.

비하는 것이 최상이다.[4]
- 무슬림이 초청하면 기꺼이 승낙해야 한다.
- 일반적으로 말하면, 대화는 특별히 삼자가 없을 때에는 같은 성별을 가진 사람들끼리만 이루어져야 한다.
- 여자는 수수한 옷을 입어야 하고 의상과 화장품에 대해서는 지방 관습에 민감해야 한다.
- 대부분의 무슬림은 근대 서구 스타일에 "보수적"이다. 예를 들면, 남자가 긴 머리와 귀걸이를 하는 것은 눈살을 찌푸리게 한다.
- 기독교인은 무슬림의 몸짓언어에 관한 관습을 지켜주어야 한다.[5] 만약에 의심이 나면, 무엇이 적당한 행동인가를 물어보고 교정을 받아들이는 것이 현명하다.

3. 대화하기

대화의 진전에 주목하라. 심지어 토론의 열기가 높아지거나 무슬림이 불경건한 진술을 하더라도 기독교인으로서 침착해야 하며 우호적이여야 한다. 다음의 기본적인 규범들은 도움을 준다.

- 무슬림들이 말할 때에 경청하라. 친구들의 경험과 의견에 진정한 관심을 보이는 사람들은 나중에 경청하는 사람들을 얻을 수 있다.
- 특별히 종교적 색채를 띤 특정한 말은 모호하고 애매한 메시지를 지닌다. 예를 들면, 하나님, 기도, 구원, 천국과 지옥, 선지자, 죄 등과 같은

---

4) 술이나 돼지고기를 제공하지 말라. 게다가 정통 무슬림은 음식을 준비하기 위하여 기독교인에 의해서 이미 사용된 냄비로 준비된 고기를 먹지 않는다.
5) 예를 들면, 앉아 있을 때에 다리를 꼬는 것은 권할 만한 것이 아니다. 이것은 십자가를 기억나게 하기 때문에 정통 무슬림들은 불쾌할 수 있다. 무슬림들이 다리를 꼬는 경우에만 기독교인은 그렇게 하는 것이 좋다.

것이다. 무슬림이 질문할 때, "그것은 무엇을 의미하는가"⁶⁾와 같은 반대 질문과 함께 용어들을 명료하게 하는 것이 종종 더 낫다.

다른 문화와 종교로부터 온 사람들은 특별히 종교전문용어에 있어서 종종 같은 언어이지만 다른 것을 의미하기도 한다. 당신은 무슬림 친구들이 의미하는 것을 납득하고 오해를 피할 수 있도록 용어에 대한 그들의 이해를 설명하게 해야 한다.

---

6) 예를 들면, 무슬림이 "당신은 크리스천입니까"라고 질문할 때, 당신은 "크리스천"이라는 용어에 대해서 무슬림이 이해하고 있는 것이 무엇인가를 찾도록 반대질문을 사용할 수 있다. 그리고 나서 그것에 맞게 대답할 수 있다. 이 회답 질문에 대답하는 방법은 신약에서 흔히 예수님이 사용하신 것이다(막 10:3; 11:27-33; 눅 20:3).

다음의 요점들은 좀 더 도움이 된다.

- 관심 있는 질문을 하거나 생각을 자극하는 질문을 할 필요가 있다. 물론 무슬림이 모든 질문에 대답할 것이라 기대할 수 없다. 그러나 무슬림에게 하나님과 자신의 관계를 곰곰이 생각해 보도록 격려해야 한다. 다음과 같은 질문들이 유용하다.
  왜 무슬림들은 하루에 다섯 번 기도하는가? 우리의 죄가 어떻게 용서될 수 있는가? 당신은 메카 순례 중에 무엇을 경험하는가? 어떻게 무슬림들은 낙원에 들어갈 수 있는가? 그들의 대답이 무엇이든지, 요점을 알아듣도록 차근차근 타이르는 더 깊은 대화로 인도해야 한다.
- 무슬림이 종교적인 진술을 할 때에는 참고문헌과 증명할 수 있는 것을 요구하라. 그리고 나서 우리는 이 문제들을 공부할 시간을 벌어야 한다.
- 절대로 이슬람이나 무슬림을 비평하지 말라! 진술을 질문으로 바꾸는 것이 바람직하다. 또한 무슬림이 이상하게 들리는 진술을 하거나 질문을 하더라도 절대로 무슬림을 비웃지 말라.
- 당신을 분명하게 표현하라. 무슬림이 기독교인들을 이해할 수 있도록 기독교인의 표현들은 신중하게 설명되어야 한다.
- 가능하면 특정한 문헌이 토론을 확장하도록 제공해야 한다. 하지만 무슬림에게 이 문헌을 건네기 전에 이것이 적합한 것인가를 결정하기 위하여 스스로 읽는 것은 필수이다. 그들이 원하면 정중히 거절할 수 있는 방식으로 문헌을 권하라.
- 당신이 무슬림의 질문에 대해서 대답을 알지 못한다면, 부적절한 진술을 하는 위험부담을 갖는 것보다 알지 못한다고 인정하는 것이 낫다. 그리고 나서 당신은 대답을 조사하고 답을 주기 위하여 새로운 만남을 계획할 수 있다. 평신도가 그런 대답을 찾을 자원과 지식을 가지고 있을 것 같지 않기 때문에 우리는 도움을 줄 수 있는 자원을 가진 사람을 필요로 한다.
- 어떤 경우에 반론과 논쟁은 격렬한 말들을 주고받는 쪽으로 갈 수 있지만, 당신은 침착하게 사실 그대로 지키려고 해야 한다. 이 논쟁은 무슬림을 "이기려"는 것이 아니다.
- 기독교인은 진리 안에 분명히 서 있도록 부름을 받았다. 적당한 시간에, 당신의 신앙과 소망이 어디에 있는지 증언해야 한다. 또한 당신은 개종에 대한 이야기를 할 수 있고 예수님과 당신의 개인적인 관계와 하나님과 당신의 일상의 경험에 대해서 말할 수 있다.

4. 무슬림 모스크를 방문하기

모스크에 있는 사람들을 방문하는 것은 무슬림을 만나는 한 가지 방법이다. 하지만 편안함을 느끼는 기독교인만이 그렇게 해야 한다. 행동에 대한 규범을 미리 분명히 하고 나서 준수하여야 한다. 우리가 신발을 벗어야 한다는 무슬림의 요구는 간단한 예의이지만 우리는 이것에 제약을 받는다. 이슬람식의 기도에 참가하는 것은 무슬림에게 잘못된 의도로 받아들여질 수 있다.

단계적인 가이드라인
1) 기독교인 개개인이나 그룹 지도자는 모스크의 지도자와 함께 약속을 하고 방문의 형식을 의논해야 한다.
2) 기독교인으로서 당신이 모스크 방문을 원하는 이유들을 말하라.
   · 그들의 종교와 문화에 대한 당신의 관심 때문에
   · 무슬림과 기독교인 사이에 더 나은 관계를 수립하기 위하여
   · 주중에 모스크에서 무슬림이 어떤 모임을 가지는 것과 기독교인인 당신에게 어떤 것이 열려 있는지를 알기 위하여
   · 당신은 들을 준비가 되어 있을 뿐만 아니라 당신이 이해하는 진리를 토론할 준비가 되어 있다고 설명하기 위하여
   · 또한 당신이 그들의 도서관에서 공부하기를 원하기 때문에
3) 그룹으로 모스크를 방문할 때 모스크에서 어떻게 행동해야 하는지를 미리 묻고 관례를 준수해라(신발 벗기, 남자와 여자의 의상, 여자를 위한 특별한 규칙). 무슬림은 당신이 그들의 종교와 문화규칙을 지키기를 기대하지만 기독교인인 당신은 기도나 세정의식에 참가하지 말아야 할 것이다. 당신은 뒤에 앉아서 조용하게 지켜보고 그들을 위하여 기도해야 한다.
4) 기관이나 당신의 지역 교회의 이름으로 가는 것이 낫다. 무슬림은 기독교 선교단체를 경계하고 그들의 활동을 십자군 운동과 연관시키거나

물질적 도움을 줌으로 개종자를 얻고자 하는 시도와 연관시킬 수 있다.
5) 모든 것에 허락을 받고 하도록 주의하라. 항상 친절하고 정중하라.
6) 당신이 모스크를 얼마나 오랫동안 방문해도 되는지를 묻고 약속한 시간에 떠나라.
7) 질문은 무슬림이 말한 주제에 대한 것이어야 한다. 모스크에서 그들에게 "설교"하지 말라(기억할 것은 무슬림들은 단체로 있을 때에는 그들의 진정한 내면을 보이지 않는다). 당신이 나중에 집에서 개인적으로 만날 때에 더 직접적인 질문을 해도 좋다.
8) 경청하고 그들이 말한 것에 관심을 보여라. "무엇인가를 말할 권리를 얻어라."
9) 적당한 시간에 당신은 성경적 견해를 주되 짧게 요점을 답해야 한다.
10) 항상 당신은 그들이 진술하는 것에 대한 출처를 정중하게 물어 보라 (당신의 집에 꾸란이 있고 당신이 꾸란에서 그것을 찾아보기를 원한다고 말하라). 만약에 그들이 당신의 질문에 대답할 수 없다면 그 문제에 대하여 더 이상 추궁하지 말라.
11) 공격적이거나 모욕적인 질문은 하지 말라.
12) 기독교 그룹은 항상 리더의 지도를 따라야 한다.
13) 만약에 기독교인 자매가 무슬림 여인과 우정을 쌓지 못했다면 오직 남자와 함께 모스크를 방문해야 한다.
14) 또한 기독교인은 무슬림에게 시설을 설명하고 성경의 메시지에 대하여 이야기하기 위하여 교회에 초청해도 좋다.
15) 당신이 만약에 우정을 쌓았다면, 스스로 정기적으로 모스크를 방문해도 좋다.
16) 하지만 모스크에 처음이면, 항상 무슬림 안내인에게 당신을 모스크에 안내하도록 요청하라. 만약에 당신이 모스크에 그냥 들어선다면, 그들은 무례함을 느낄 것이다. 나중의 방문을 위한 규칙에 대해서 숙지하라.

17) 기도 중에 있는 무슬림 앞에서 절대로 걷지 말라.
18) 기억하라. "만약에 당신이 물어 보지 않는다면, 당신은 알지 못할 것이다!" 모스크마다 상이한 관습과 일정이 있다.

5. 여성에 관한 특별한 이슈들

1) 무슬림을 초청하거나 방문을 할 때에, 성별이 다른 두 사람이 개인적으로 만날 경우는 제3자가 있어야 함을 확실히 하라.

· 여자들끼리 방문해야 한다. 무슬림 여자들을 당신의 집으로 초대하라. 답례로 그들이 가끔 당신을 초대하기도 한다.
· 작은 선물을 주는 것이 통례인데(사탕, 경전, 책, DVD), 그것을 포장하라.
· 그들이 방문한다면 당신의 집이 반드시 친근감이 있고 편안한 장소가 되도록 하라. 그들이 존중받는 느낌을 받을 만한 자리를 주어라.
· 개가 있어서는 안 되고, 당신의 가족이 아닌 남자가 있어서도 안 된다.
· 방 안에 기분을 상하게 하는 그림이나 물건에 대해서 미리 생각하고 정리하라.
· 성경을 방바닥이 아닌 적당한 장소에 놓아라.
· 당신이 무엇을 섬길 것인가를 생각하고 베풀라.
· 그들이 나누는 것에 귀를 기울이고 그들의 일상생활, 문화와 종교에 지대한 관심을 보여라.
· 적당한 질문을 하라. 하지만 그들이 대답할 수 없다면 압박하지 마라.

2) 여자들의 관심이 있는 이슈(이러한 이슈는 당신이 그들과 함께 나누고 사랑할 수 있는 필요 영역이다)**에 대해 성경이 어떻게 말하는가를 나누라.**

- 자녀: 자녀가 있다는 것은 매우 중요하다. 자녀가 없는 여자들은 자녀를 갖기를 간절히 바란다. 여자가 아들이 없다는 것은 아들이 있는 여자들처럼 받아들여질 수 없다는 것을 의미한다. 자녀들을 돌보고 훈련하는 것은 여자들의 책임이다. 이혼하게 되면, 여자는 자녀를 잃어버릴 것에 대한 두려움이 있다.
- 결혼: 각각의 신부는 최고의 남편을 원하지만, 부모가 자기의 남편을 고르고 강제로 결혼하도록 하는 것을 두려워한다. 오늘날 신부는 결혼하기 전에 학교, 심지어 대학을 마치기를 원한다.
- 그들은 결혼생활이 원만하고 이혼하지 않으며 다른 부인들이 있지 않기를 원한다.
- 의복: 당신이 살고 있는 문화와 사람들에게 맞는 수수한 의복을 입어라.
- 교제: 일부 여자들은 친밀한 교제를 할 사람이 전혀 없다. 가족이 항상 대화를 하는 것은 아니기에 친척 밖에서 대화할 수 있는 타향 친구를 좋아한다. 기독교인 자매로서 시간이 지나감에 따라서 그녀가 가까운 친구로서 하나님을 알도록 돕기를 원함으로 그녀가 하나님과 개인적인 교제를 가질 수 있다.
- 건강 욕구: 이것은 필요의 영역이 될 수 있는데, 그들이 쉽게 의료진에게 그들의 필요를 말하지 못하기 때문에, 그들은 여자에게 말하기를 선호하고 또 도울 수 있는 여자를 찾기를 바란다.

3) 여자들이 그들의 신앙과 영적 생활을 보는 법

가정과 가족은 출생, 결혼, 죽음 그리고 연중 축제 때에 이슬람이 실천되는 곳이다. 가정은 여자의 영역이다. 그녀는 가정에서 신앙의 파수꾼이다.

그녀는 종종 자녀에게 기도하는 것과 하디스의 이야기를 가르친다. 그녀는 라마단 식사를 위하여 요리하고 이드('Id, 축일)를 준비한다.

4) 무슬림 여자들에 대한 기독교인의 전도

· 영적인 이슈에 대해서 자연스럽고 공개적으로 이야기하라.
· 일상생활 속에 있는 하나님과 당신의 개인적인 경험을 그들과 나누라.
· 당신의 개종 이야기를 나누되 그들이 이해할 수 있는 용어를 선택하라. 당신이 개종 전과 개종 과정 그리고 오늘날 어떻게 달라졌는가를 분명히 표현하라.
· 그녀가 필요를 표현할 때, 당신이 그녀를 위하여 기도해도 좋은지를 물어 보라. 재차 기도를 해도 좋은지 물어 보라. 필요가 충족되었다면, 그때 그녀와 함께 하나님께 감사하라!
· 본으로 가르치라.
   a. 하나님은 그들을 사랑하고 그들의 필요를 돌본다.
   b. 하나님은 기도를 듣는다.
   c. 하나님은 응답한다.
   d. 하나님은 신뢰할 만하며 약속을 지킨다.
   e. 물질적인 필요에서 영적인 이슈로 옮기도록 노력하라.

5) 말하는 것을 배우라

여자들은 구두로 배우는 것을 즐긴다. 대부분은 읽을 수 있지만, 일부는 여전히 읽을 수 없다. 여자들은 흔히 재미와 즐거움을 위하여 책을 읽기보다 서로 이야기를 듣고 말한다.

· 이야기는 그들에게 지식을 주고, 감정을 일으키며 그들이 재차 반복해

서 이야기를 나누는 것을 즐기는 형태로 보편적인 진리를 전달한다.
- 그들의 필요에 맞는 이야기를 말하고 배우라. 그들의 신앙, 그들이 알고 동의하는 이야기, 그들의 신앙에 누락되어 있는 것, 하나님을 사랑했고 순종했던 사람들에 대한 이야기, 하나님의 말씀을 듣지 않고 순종하지 않은 사람들에 대한 이야기, 두려움과 죽음에 대한 이야기들에 대해서 생각하라.
- 기본적인 기독교 교리에 대해서 이야기를 나누라. 사람이 하나님과 관계를 갖고 구원을 받기 위하여 무엇을 듣기 원하는지를 생각하라.
- 의사소통을 위하여 드라마, 비디오, 음악 그리고 다른 현대 미디어를 사용하라.

6. 무슬림 어린이들과의 만남

무슬림 어린이와의 만남은 도전을 주는 것이고 기독교인으로부터 많은 헌신, 인내, 사랑 그리고 감정이입을 요구한다. 어린이는 매우 다른 문화와 가족의 배경으로부터 온다. 일부는 다른 언어와 문화 때문에 어려움이 있다. 많은 어린이는 이중생활을 한다. 자유롭고 현대적인 문화는 가정에서 흔히 엄격한 이슬람 문화와 공공연히 비교된다. 이중 생활방식은 많은 어린이를 충돌로 이끈다. 더욱 어려운 것은 독립적인 행동과 비평적인 질문을 요구하는 현대 교육제도하에 있는 학생들에게서 일어난다는 것이다. 일반적으로 무슬림은 비평적인 질문을 하도록 허용되거나 훈련이 되어 있지 않다.

흔히 어린이는 꾸란 강좌가 있는 이슬람센터에 갈 것이다. 그들은 아랍어를 읽는 것을 배우지만, 대체로 읽는 것을 이해하지 못한다.[7] 그들을 기독교 가르침에 반대하도록 만들기 위하여 그들에게 흔히 사용되는 이슬람 행

---

7) 모국어가 아랍어가 아닌 무슬림은 아랍어 꾸란을 읽는 것을 배우지만, 일반적으로 그들이 읽는 것을 이해하지 못한다. 무슬림에게 꾸란을 아랍어로 암송하는 것은 아주 중요하지만 반드시 그것을 이해하는 것은 아니다.

동과 생각에 대한 개론이 주어진다.

그러므로 어린이는 기독교, 성경 그리고 예수님에 대하여 거의 모른다. 그들이 가지고 있는 약간의 지식은 대부분 왜곡되거나 잘못된 것이다. 일반적으로 그들은 기독교에 대한 종합적인 견해를 가지고 있지 않다. 다른 나라에서 온 어린이는 다르게 성장한다. 그들은 부모의 무슬림 공동체의 관습을 따른다. 무슬림 어린이나 청년과 일하는 기독교인은 반드시 구체적인 책이나 신학교들을 통하여 충분한 정보수집을 하고 훈련을 받도록 해야 한다.

어린이 동아리를 지도하는 그룹 리더를 위한 실제적인 힌트
- 기독교 회중은 기도와 실제적인 도움과 같은 모든 면에서 가능한 어린이 그룹의 리더를 후원해야 한다.
- 어린이를 위한 그룹에서, 그 지역의 어린이는 호의적으로 무슬림 어린이들을 받아들이고, 그들을 사랑하고, 가능하면 그들을 집에 초대할 필요가 있다.
- 부모와 리더의 접촉은 중요하다. 리더는 그 자녀가 배우는 것과 하는 것을 설명할 것이다. 부모의 집에 정기적으로 방문하는 것은 자녀와 부모, 양자의 신뢰를 얻는 데 필수적이다.

성경 이야기를 말하기
- 성경 이야기는 간단하고 이해할 수 있는 방식으로 전해져야 한다. 기독교적 표현을 충분히 설명해야 한다.
- 인기 있는 선교사 이야기에 주의하라. 어린이는 그들이 선교를 위한 단순한 대상이라고 쉽게 느낀다.
- 해설이 있는 재료를 갖고 실제적인 역할 연기를 하는 것을 적극적으로 한다.
- 어린이 그룹과 많은 노래를 하라. 노래로 부르는 가사는 말로 이야기를 하는 것보다 더 쉽고 오래 영향을 미친다.

- "예수님" 대신에 "하나님"에게 기도하는 편이 좋다. 기도는 서서 할 수 있다. 눈은 감지 말아야 한다. 손은 접어서 겹치지 말아야 한다.
- 성경본문은 암기를 통해 배워야 한다. 무슬림들은 이 점에 있어서 잘 훈련되어 있다.
- 리더의 행동과 간증을 통하여 성경에 권위가 있다는 것을 어린이에게 인식하도록 해야 한다. 성경은 방바닥에 부주의하게 놓여 있지 말아야 한다.
- 어느 누구도 어린이가 개종하도록 압력을 가하지 말아야 한다. 기독교인은 그들이 믿는 것이 진리라는 것과 하나님의 능력이 사람의 마음을 변화시킨다는 것을 나누어야 한다.

개종과 지속적인 돌봄
- 어린이가 그리스도를 믿기 원할 때, 그것이 무엇을 의미하는지에 대해서 그가 혹은 그녀가 이해하고 있는 것을 확실하게 하라. 그들은 그들의 죄성에 대해서 이해하는지, 영생이 선행으로가 아니라 하나님의 선물로서 받아들여진다는 것을 이해하는가? 예수님을 따르는 것은 실제로 무엇을 의미하는지(성경읽기, 기도, 교제, 결과, 있을지도 모르는 핍박)를 이해하는가?
- 어린이는 그들이 어려움에 처하기도 하지만(그들을 놀라게 하지 말라), 예수님이 특별하게 그들에게 가까이 있고 도울 것이라는 것을 알게 해야 한다.
- 만약에 어린이가 동의하면, 개종의 기도를 할 수 있다.
- 어린이는 좋은 성경 번역본과 성경공부 교재를 가져야 한다.
- 이러한 어린이는 그리스도인으로서의 삶에 있어서 상급의 교육과 친구를 절박하게 필요로 한다. 그들은 특별히 어려운 시기에 애정어린 도움을 필요로 한다.

제 15 장

무슬림에게 복음 설명하기

1. 일반적인 가이드라인

성경은 죄가 대속적 희생을 통하여서만 사함을 받을 수 있다고 분명히 언급한다. 예수님은 자신을 십자가에서 희생제물로 드렸고 모두가 그분 안에서 믿음을 통하여 구원을 받고 영생을 얻는다고 가르치셨다. 하지만 예수님은 누구든지 억지로 그분의 제안을 받아들이도록 하지는 않으셨다. 그러므로 기독교인은 무슬림에게 개종하도록 압력을 가해서는 안 된다.[1] 복음은 하나님의 사람들을 통하여 전달되지만, 성령만이 예수 그리스도 안에서의 신앙으로 개종을 가져올 수 있다.

우리는 이웃 남녀를 위한 사랑과 선교명령을 받았기에, 이 보배를 우리 자신만 간직하는 것은 이기적이다. 복음의 진리는 또한 무슬림에게 전달되어야 한다. 복음을 무슬림에게 전달할 때 다음의 규칙들을 준수하라.

· 항상 성공을 보장하는 전도의 일반적인 방법은 존재하지 않는다. 각각의 상황과 각각의 사람이 다르다. 기독교인은 솔직하고 정직하며 그들

---

1) 이 상황에서 개종은 사람이 예수 그리스도를 신뢰하고 믿기 시작하는 것을 의미한다.

이 전도할 때 부끄러운 방법을 사용하지 않는다(참조, 고후 4:1-2).
- 기독교인이 말하는 것이 자신이 누구인가와 모순되지 않는 것이 중요하다. 개종자는 무슬림이 기독교인의 도덕적인 행위를 가깝게 지켜보고 있다는 것을 확증한다(참조, 롬 12:1-2; 살전 2:8).
- 우리 모두는 견해들을 흡수하는 데 있어서 능력의 한계가 있다. 무슬림도 예외가 아니다. 당신의 복음전도를 복음에 관한 너무 많은 정보로 익사시키지 마라. 한 번에 요점 하나씩을 설명하는 것이 훨씬 낫다.
- 무슬림에게 사고를 위한 자료를 주기 위하여 적절한 주제들을 간접적인 방식으로 제시할 수 있다. 기독교인은 예수님이 하셨듯이 비유들을 통하여 성경의 진리를 나누는 것을 배워야 한다(마 13:3, 34).[2]
- 적당한 시기에 무슬림이 성경을 읽도록 격려해야 한다.[3]

2. 복음제시 방법

어떤 사람들이 말하기를, "자연적인 것들 안에 영적인 것들이 있고 영적인 것들 안에 자연적인 것들이 있다"라고 했다. 기독교 신앙은 삶의 영적인 면을 구성하고 있으며, 엄청난 과시를 필요로 하지 않고 삶의 자연적인 부분이 된다. 부자연스러운 방식으로 신앙에 대해서 말하지 마라. 모든 기독교인은 영적인 대답으로 마음을 사로잡는 사건들과 연관을 시키는 자신의 용어를 사용하면서, 복음을 약간 다르게 설명해야 할 것이다. 예를 들면, 경건한 무슬림은 보통 유럽 사람보다도 영적인 대화에 더 빠르게 응답한다. 복음을 제시하는 방법들이 많이 있지만, 복음의 핵심을 지시하는 성경 구절

---

2) 또한 제3부 제15장 4.를 보라.
3) 누가복음 혹은 요한복음으로 시작하기를 적극 추천한다. 왜냐하면 그것은 무슬림들이 이해할 수 있는 용어들로 예수님의 생애를 묘사하기 때문이다. 또한 누가복음을 토대로 한 예수 영화 상영도 적합하다. 더 많은 정보를 위하여 www.jesus.ch or www.cfc.ch.를 보라.

을 사용한다.⁴⁾ 로마서 6:23과 같은 많은 구절들을 가능하면 암송하는 것이 유리하다.

로마서 6:23	설명
왜냐하면 죄의 삯은 사망이기 때문이다.	하나님의 입장에서 죄의 심각성이 설명되어야 한다. 각 죄(생각, 언어, 행동)는 하나님과 분리로 귀결되는 사망을 의미한다.
그러나 하나님의 선물은 영생이다.	하나님은 오직 선물로 영생을 준다. 이것은 인간의 노력으로 획득될 수 없다. 선물은 대가 지불 없이 받는다. 영생은 천국/낙원에서 하나님의 면전에서 사는 것을 의미한다(참조, 요 5:24).
그리스도 예수 우리 주 안에서	예수 그리스도는 메시아인데, 우리를 대신하여 우리 죄를 위하여 십자가에서 죽음으로 말미암아 그분을 믿는 모두가 살 수 있다. 예수님은 하나님에 의해서 지명된 완벽한 희생제물이시다(참조, 요 3:16; 14:6).

기독교인은 상황에 따라서 자연스럽게 접근하는 방법을 택해야 한다.

· 성경의 각 구절이나 더 긴 구절들 사용하기(위의 표 참조).
· 성경의 진리를 설명하기 위하여 이야기와 비유 사용하기.⁵⁾
· 신약의 문맥에서 구약이야기 나누기.⁶⁾
· 구약의 예언들이 신약에서 어떻게 성취되었는가 설명하기-성경의 신적 기원에 대한 증명. 아마도 성경이 사람에 의해서 수집될 수 없었다는 사실을 어느 누구에게든지 깨닫게 하고 납득시키는 것만큼 더 좋은 방법은 없다. 왜냐하면 어느 누구도 그리스도가 베들레헴에서 동정녀에게 탄생함으로 이 세상에 올 것이라고 예측할 수 없었기 때문이다(미 5:2; 눅 2:47).⁷⁾

---
4) 예를 들면, 요 3:16; 딤전 2:5-6; 롬 3:23-24; 5:12, 21; 엡 2:8-9; 요일 4:9; 5:11 등을 보라.
5) 제3부 제15장 4.를 보라.
6) 예를 들면, 제3부 제16장 1.에서 보여진 대로 "아브라함"에 대한 주제이다(디딤돌로서 꾸란을 사용하지 않고).
7) 더 많은 참고구절을 위하여 제2부 9장 2항을 보라.

· 성경과 일치하는 꾸란에 언급된 주제들과 본문들을 고르고 성경에 비추어서 설명하기.[8]

3. 특별 성경공부

전도는 하나님, 예수, 인간, 죄 그리고 다시 하나님과 화평하는 것에 대한 정보를 제일 먼저 전달하는 것을 의미한다. 많은 경우에 반기독교 견해들을 흡수했던 그들의 과거 때문에, 무슬림은 보통 복음을 이해하기 위하여 상당한 시간이 필요하다. 진정한 관심을 보인다면 그들과 함께 개인적으로나 비공식적으로 성경공부를 하는 것이 도움이 된다. 다음의 주제들은 기본적이다. 가능하다면 다음의 주어진 순서대로 설명되어야 한다.[9]

1) 성경: 많은 무슬림이 유년기부터 성경이 왜곡된 것이라고 배운다. 무슬림은 성경이 어떻게 우리에게 왔으며 왜 신뢰할 만한가를 배울 필요가 있다. 만약에 그들이 성경을 신뢰하기를 시작한다면, 그들이 구원의 메시지를 받아들이는 것은 더 쉽다는 것을 발견한다. 그들은 스스로 성경을 읽고 진리와 씨름하는 시간을 보낼 필요가 있다.

2) 하나님: 알라에 대한 일부 꾸란의 진술들은 하나님에 대한 성경의 묘사와 일치하는 것 같다. 다른 한편으로, 다른 중요한 진술들은 공개적으로 성경의 진술들과 모순된다. 무슬림은 누가 진정한 하나님이고 하나님이 자신, 율법, 사랑에 대하여 무엇이라고 말하는가를 알아야 한다. 무슬림은 인류를 향한 하나님의 사랑에 대해서 배우고 영접하고, 선물로서 영생을 받을 수 있는 한 길을 하나님이 모든 사람들에게 제공하신 것을 보아야 한다.

---

8) 제3부 16장을 보라.
9) 합당한 코스들의 실례가 여러 단체들로부터 요구될 수 있다(예를 들면, Nehls〈1985〉를 보라). 여기 목록에 있는 7가지의 요점들은 강좌에 포함되어야 하는 주제들의 요약이다.

3) **인류와 죄**: 인간 타락의 교리가 설명되어야 한다. 무슬림이 하나님의 관점에서 죄의 고통과 결과를 이해할 필요가 있다. 그들은 스스로 죄로부터 해방될 수 없다고 이해할 때까지 구속자의 필요성을 이해할 수 없을 것이다.

4) **예수**: 무슬림은 예수님이 진정으로 누구인가와 왜 그분이 세상에 오셨는가를 이해할 필요가 있다. 이것은 구약 시대에 드려진 희생제물의 의미와 목적을 이해하는 것을 전제로 한다. 이것은 사람들이 십자가에서의 예수님의 죽음과 그들을 위한 부활에 대해 더 쉽게 이해하고 받아들이도록 돕는다. 무슬림은 선지자 이상이며 진정한 메시아와 하나님의 아들이신, 진정한 예수님을 알아야 한다.

5) **하나님 나라**: 하나님 나라로 다시 태어날 필요성을 설명할 필요가 있다. 하나님 나라와 이슬람 움마(umma, 공동체)의 차이뿐만 아니라 어떻게 기독교인으로서 도덕적인 생활을 하며 하나님께 영광을 돌리기 위하여 우리의 창조주와 화목하며 사는지에 대한 성경의 가르침을 설명할 필요가 있다.

6) **성령**: 무슬림은 누가 성령인지, 그분이 무엇을 하시는지 그리고 어떻게 삼위일체의 교리를 깨달을 수 있는지를 이해할 필요가 있다.

7) **선교와 인류의 미래**: 하나님은 모든 기독교인이 세상에서 증인이 되도록 부르시고 항상 그의 제자들과 동행할 것이라고 약속하신다. 무슬림은 기독교인의 하나님이 약속하시고 지키신다는 것과 기독교인의 미래는 안전하다는 것 등을 배울 필요가 있다. 하나님은 믿음 안에서 예수님을 따르는 사람들에게 구원의 확신을 주신다.

4. 예화, 비유 그리고 이야기 사용하기

이야기는 성경의 진리를 무슬림에게 전달하기 위한 귀중한 보조물이다. 예수님은 그분의 청중들에게 숙고하도록 도전을 주기 위하여 비유를 사용했다(눅 6:39). 아랍 문화에서 이야기는 일상생활의 중요한 부분이다. 스토리텔링의 접근방식에 한계가 있음을 인식하지만 스토리텔링은 실천하는 데 도움을 주는 기술이다. 그리고 유용한 이야기들은 수집되어야 한다. 여기에서 선택된 짧은 이야기들을 제시한다.

익사하는 사람

무슬림은 꾸란이 마지막이고 완전한 하나님의 계시라고 확신한다. 기독교인은 예수님이 완전한 하나님의 계시라고 믿는다. 하나님의 계시로서 인류를 위하여 책 혹은 사람 중에 무엇이 더 나은가? 다음의 예가 더 깊은 이해를 위하여 사용될 수 있다.

당신이 호숫가에 서 있다는 것을 상상하고 어떤 사람이 물 속에서 도움을 요청하며 우는 것을 보라. 당신은 무엇을 할 것인가? 당신은 가장 가까운 서점에 가서 "어떻게 수영을 잘하는 사람이 될 것인가"라는 제목의 책을 사서 그 책을 물 속에 있는 그 사람에게 던져줄 것인가? 아니면 당신은 수영을 잘하는 사람으로서 호수에 뛰어들어 익사하는 사람을 살리려는가?

썩은 달걀

무슬림은 선행으로 악행을 상쇄할 수 있고, 죄에 대한 예수님의 희생제사 없이 알라가 그들을 낙원으로 들어가게 한다고 생각한다. 무슬림은 하나님이 죄를 심각하게 취급하고 있고 죄가 오직 하나님의 계획에 따라서만 사함을 받을 수 있다고 이해해야 한다.

주부가 여러 개의 달걀을 사용하여 반죽을 섞었다. 그녀는 실수로 썩은 달걀을 넣었다. 바로 그녀는 무엇을 해야 하는가? 그녀는 거기에 더 좋은 달걀을 넣고 썩은 달걀이 있다는 것을 알아채지 못할 것이라는 소망을 가져야 하는가? 아니다. 누구나 혼합물 안에 있는 좋은 달걀의 숫자에 상관없이 썩은 달걀 하나가 전체 반죽을
상하게 한다는 것을 안다. 같은 방식으로 하나의 죄가 전체의 삶을 망친다. 그리고 하나님은 우리가 그분의 죄 용서에 대한 방식을 받아들이지 않는다면 죄의 상태에 있는 우리를 받으실 수 없다.

협곡에서 점프하기

무슬림은 선행으로 천국에 들어가려고 한다. 하지만 이것은 우리의 자력으로 불가능하다. 어느 누구도 완벽한 사람은 없다. 다음의 예를 고려하라.

보행자들의 한 그룹이 30m 넓이의 협곡을 건너야 한다. 할 수 있다고 생각하는 사람들은 점프한다. 일부는 5m를 그럭저럭 점프하고 다른 이들은 좀 더 멀리 점프하지만 어느 누구도 반대편 협곡에 도달할 수 없다. 모두가 협곡 아래로 떨어진다. 천국의 입장권을 얻기 원하는 사람들에게도 같은 상황이 발생한다. 천국에 들어가는 유일한 방법이 있다. 그것은 하나의 다리, "예수"라 불리는 하나님의 다리이다.

선물을 위하여 지불하기?

성경은 하나님이 선물로서 영생을 준다고 분명히 진술한다. 천국을 구매하기 원하는 사람들은-무슬림이 선행으로 구매하는 것처럼-실질적으로 선물로서 유효한 것만을 구매하려고 한다. 물론 기독교인은 영생을 구매하려는 것이 아니라 그들이 받은 선물에 하나님께 감사하여 선행을 한다.

부자가 초청한 가난한 사람을 상상하라. 파티가 끝날 무렵, 부자는 가난한 사람에게 큰 선물을 준다. 새 차! 하지만 가난한 사람은 그 차를 선물로 받기를 원하지 않는다. 그는 적어도 그 선물을 위하여 지불하기를 원한다. 주인은 그것 때문에 속상하지 않을까? 하나님이 오직 선물로서 영생을 주기를 원했듯이 그는 선물로 차를 주기를 원했다.

네 개의 보고서

무슬림에게는 무함마드에 대한 진술을 담고 있는 가장 권위 있는 유일한 책인 꾸란이 있다. 기독교인은 다른 관점에서 예수님의 생애를 묘사하고 있는 사복음서를 가지고 있다. 무슬림은 사복음서를 받아들이는 것이 어렵다는 것을 안다. 왜냐하면 그것이 문자적으로 동일한 것을 말하지 않기 때문이다. 다음의 비교는 네 개의 보고의 중요성을 강조한다.

네 명의 친구가 교통사고를 보았다. 경찰이 도착하여 네 명의 증인 각자에게 서면으로 목격자 진술서를 작성하도록 요청한다. 각 증인은 자신의 언어와 스타일대로 그의 보고서를 작성한다고 가정해 보자. 진술서의 분량은 다르다. 그런데 대신 동일한 단어들을 사용하는 네 개의 동일한 문서들이 경찰에게 주어졌다고 가정하자. 어느 것이 더 신뢰성이 있는가? 경찰은 분명히 네 개의 동일한 보고서의 경우에 무엇인가 문제가 있다고 추측할 것이다. 그 증인들은 합의를 보고 한 번역본으로 결정을 한 것이다.

두 명의 고용주

당신이 직업을 찾고 있고 두 제안 중에 선택해야 한다고 가정하라. 첫 번째 공장에서 사장은 당신에게 직업을 보장하고 당신이 매월 마지막 날에 월급을 받을 것이라고 자기가 서명한 계약서를 준다. 두 번째 공장에서는 사장이 당신에게 계약서도 주지 않고 월급에 대한 보장도 하지 않는다. 그 사장은 당신이 책임 있게 일하고 만약에 사장으로서 그가 기분이 좋으면 당신에게 사례를 한다고 암시한다. 당신은 둘 중 어떤 제안을 택할 것인가? 분명히 첫 번째 일 것이다! 기독교에서 하나님은 구원의 한 길을 제공하고 이 제안을 받아들이는 모든 사람에게 천국을 보장하신다. 이슬람에서 알라는 구원의 많은 다른 방법을 제공하지만 보장을 주지는 못한다.[10]

---
10) 또한 제2부 제11장 3의 주제에 관하여 보라. "낙원으로 가는 길…."

Ask your muslim friend

제 16 장

공통점 접근법

한 기독교인이 꾸란을 알고 반복해서 그것을 언급하는 무슬림을 만났다면 그는 꾸란을 무슬림과 공부하고 건설적으로 대화 중에 사용해야 한다. 그때 기독교와 이슬람 사이의 유사점들이 성경의 진리들을 전달하는 데 사용될 수 있다.[1] 하지만 기독교인은 자기들이 꾸란을 권위 있는 것으로 받아들이고 있다는 인상을 무슬림에게 주는 것을 피해야 한다. 무슬림이 꾸란을 참고문헌으로 언급하지 않는다면, 기독교인이 그렇게 할 필요가 없다. 그 대신 성경을 참고문헌의 기준으로 사용하는 것이 좋겠다.

무슬림이 반복적으로 꾸란을 언급하고 인용할 때, 기독교인은 꾸란과 다른 필요한 서적을 공부해야 한다. 일부 꾸란의 진술들이 성경과 일치하지만 일반적으로 어떤 일정한 부분까지만이다. 이러한 유사점과 차이점들을 아는 것이 중요하다.[2] 이 "공통점 접근법"은 기독교인이 성경과 일치하는 꾸란의 진술을 골라서 계속해서 성경에 따라서 무슬림에게 이를 설명하는 것을 의미한다. 일부 실례들이 다음의 항들에서 제안된다.

---

1) 예를 들면, 이것은 사도 바울이 아덴에서 사용했던 방법이다(행 17:22-23을 보라).
2) 제2부 8장에 유사점과 차이점들의 일부가 이미 열거되어 있다.

1. 아브라함, 하나님의 친구

아브라함은 성경과 꾸란에서 "하나님의 친구"라는 칭호를 받은 유일한 선지자이다.[3] 기독교인은 왜 아브라함에게만 이 유일한 칭호가 주어졌는지를 무슬림에게 물어볼 수 있다. 성경만이 이것을 설명한다.

아브라함은 하나님을 신뢰함으로 훌륭하게 인도되었다. 그의 순종은-그가 희생제물을 드려야 하는-하나님이 언젠가 자신의 아들, 예수님을 통하여 무엇을 할 것이라는 것을 예시한다. 그래서 아브라함은 이 사건을 통하여 복음을 슬쩍 비춘다. 아브라함은 이 경험을 통하여 하나님의 메시지인, 그분의 구원의 계획을 인식할 수 있었다. 이삭은 예수님의 이미지였다(참조, 요 8:56; 창 22:8).

- 이 일은 사랑했던 아들을 통하여 일어났다.
- 그 아들은 별난 출생을 통하여 세상에 왔다.
- 그 희생제물은 죄에 대한 제물이었다.
- 축복의 약속이 그 아들을 통하여 왔다.

이삭이 산 위로 나무를 지고 올라갔듯이 예수님도 나무 십자가를 지셨다. 이삭이 결박되었듯이 예수님도 결박되셨다. 마지막에 이삭은 희생제물로 드려지지 않았지만(하나님이 양 한 마리를 보냈다. 창 22:11-13), 하나님은 그분의 아들을 통하여 미래에 무엇을 할 것인가에 대한 교훈을 아브라함에게 주셨다. 하나님은 아브라함에게 축복을 상기시키셨다(창 22:16-18). 아브라함은 그의 진정한 추종자들이 육체가 아니라 믿음으로 왔다는 것을 깨달았다.

이러한 사실들과 아브라함의 믿음을 받아들이는 모든 사람들은 이 믿음의 실체를 통하여 아브라함의 후손이 되고 하나님의 자녀가 된다. 또한 이것이 선지자들(사 53:7, 10)과 세례 요한(요 1:29)에 의해서 확인되었다. 이것

---

3) 대하20:7; 사 41:8; 약 2:23/ 꾸란 4:125.

이 아브라함이 하나님의 친구라고 불리는 이유이다. 성경과 꾸란의 자료 비교하라.[4]

진술들	성경	꾸란
모든 진정한 믿는 자들의 아버지와 원형으로서 아브라함	유대인: 눅 3:8; 요 8:33, 39 기독교인: 롬 4:16; 갈 3:7, 9	원형: 꾸란 2:124 하니프(Hanif: 유일신론자): 꾸란 3:67; 16:120
하나님은 아브라함에게 믿음으로 순종하도록 명령한다.	갈 3:6-9	꾸란 2:130; 2:135; 3:95; 6:161; 22:78
아들의 약속	창 17:15-16; 롬 4:18	꾸란 11:71; 37:112
아들을 희생제물로 드리라는 명령[5]	창 22:1-13	꾸란 37:102

---

4) 가장 중요한 참고구절들만이 열거되어 있다.
5) 무슬림은 희생제물로 드려졌던 아들이 이삭이 아니라 이스마엘이었다고 주장한다. 하지만 꾸란 어느 곳에도 이스마엘이었다고 분명하게 언급하지 않는다. 반대로, 문맥은 오히려 이삭을 가리킨다. 꾸란 15:53; 29:27; 37:100-113; 51:24-31을 보라. 또한 무슬림은 희생제사가 메카 근처에 있는 미나(Mina)에서 발생했다고 믿는다.

> **무슬림에게 다음의 질문들을 하고 상황이 허락한다면 참고구절들을 함께 읽으라.**
> - 왜 아브라함은 "하나님의 친구"라고 불렸는가?
> - 왜 아브라함은 모든 진정한 믿는 자들의 아버지였는가?
> - 아브라함의 믿음은 무엇이었는가?
> - 왜 아브라함은 그의 아들을 희생제물로 드리라고 명령을 받았었는가?
> - 만약에 당신이 희생제물로 드려졌던 사람이 이스마엘이었다고 믿는다면, 당신은 나에게 어디에서 그렇게 말하는지 제시할 수 있는가?

2. 예수 그리스도의 유일성

꾸란은 예수님의 신성과 십자가형을 부인한다.[6] 하지만 꾸란의 많은 다른 본문들은 예수님에 대해서 긍정적이고 성경과 일부는 일치한다. 이러한 꾸란의 진술들은 대부분 분명하게 설명되어 있지 않으며 모호한 암시들이 있기에 성경에 따라서 설명될 수 있다. 예수님에 대한 다음의 주제들은 꾸란에 언급되어 있지만, 성경에서만 설명이 되어 있고 성경에서만 드러난다.

진술들	성경	꾸란
예수님은 동정녀 마리아에게서 났다.	눅 1:26-35	꾸란 3:45-47; 19:17-21
하늘로 승천	행 1:9-11	꾸란 4:157-158
칭호: "말씀"	요 1:1-14	꾸란 4:171
예수님은 최후의 심판날에 온다.[7]	마 25:31-32	꾸란 43:61
예수님의 죽음	요 19:28-37	꾸란 19:33

이 진술들과 칭호들이 성경에 따라서 설명이 될 때, 예수님이 인류를 위

---

6) 꾸란 4:157; 5:19를 보라. 또한 제2부 제10장을 보라.
7) 꾸란은 예수님의 재림을 성경만큼 분명하게 가르치지 않는다. 그러나 무슬림은 일반적으로 꾸란 43:61이 세상에 예수님의 재림에 대해서 언급한다고 주장한다.

하여 하나님으로부터 온 완전한 계시라는 것이 보여질 것이다. 우리는 예수님을 통하여서만 인류를 위한 하나님의 구원을 받을 수 있다.

> **무슬림에게 다음의 질문들을 하고 토론하라.**
> - 왜 예수님은 동정녀 탄생을 하셨는가?
> - 예수님의 아버지는 누구신가?
> - 왜 하나님은 예수님을 하늘로 승천하게 하시고 무함마드는 그렇게 하지 않도록 하셨는가? 하나님이 그렇게 하신 이유가 무엇인가?
> - 왜 "하나님의 말씀"의 칭호가 꾸란에서 예수님께만 주어졌는가?

3. 메시아

꾸란에 언급된 다른 주제는 메시아의 개념이다. 꾸란에 있는 여러 본문들은 예수님께 메시아 예수(al-Masih 'Isa)의 칭호를 준다(꾸란 3:45; 4:157, 171). 무함마드가 메디나에 있는 동안에 유대인과 기독교인으로부터 이 칭호를 채택했다고 가정한다. 이 칭호는 항상 정관사, "그 메시아"와 함께 사용된다. 꾸란은 이 칭호를 유일하게 예수님께만 적용되는 것으로 간주하지만, 어떠한 설명도 없다. 무슬림은 스스로에게 "이 메시아 칭호가 의미하는 것은 무엇인가"를 질문해야 한다. 다시 기독교인은 성경만이 해답을 제공해 주는 주제를 설명할 기회를 가진다.

"그리스도"는 "메시아"를 헬라어로 번역한 것이고 "기름 부은 자"라는 뜻이다(참조, 요 1:41; 4:25). 기름을 붓는다는 것은 하나님의 사역을 위한 특별한 임무를 위하여 부름을 받고 갖추는 것을 의미한다. 주님의 기름 부음을 받은 자는 제일 우선 이스라엘의 왕이다. 다윗은 특별한 방식으로 주의 기름 부음을 받은 자였다. 그의 집은 약속된 위대한 "통치자"를 낳을 것이라는 약속을 받았다.[8] 예언들은 하나님의 계시의 절정이 될 종말론적인 메시아를 가리킨다.[9] 구속자인 이 메시아의 대망은 구약의 완성과 예수님의 출현 사이에 있는 유대문헌들에서 발견된다. 예수님 시대에 이러한 소망은 유대인들의 비참한 정치적인 상황에 의해서 굳건해지고 생생하게 되었다. 메시아에 대한 이러한 약속들이 예수님 안에서 성취되었다. 메시아, 다시 말해 하나님의 그리스도라는 그의 주장은 천사가 그분의 다가오는 출생을 알릴 때에 마리아에게 예고되고 가야바(Caiaphas)와 의회 앞과 제자들의 통찰력을 통하여 확인되었다.[10] 예수님의 메시아적 임무와 그분의 권위에 대한 주장은 교회의 선포의 핵심에 남아 있고 그분의 주권에 대하여 최종적이고 완전한 승인 때까지 그렇게 남아 있을 것이다.[11]

마태복음 22:42에서 "너희는 그리스도에 대하여 어떻게 생각하며 뉘 자손이냐"라는 바리새인들에게 하는 예수님의 질문은 무슬림에게도 해당될 수 있다. 성경의 문맥은 메시아가 하나님의 아들이라는 것을 분명히 한다.[12] 유대인에게 있어서 과거나 현재에 예수님 안에서 메시아적인 소망들이 성취되었다고 인정하는 것은 어렵다. 마찬가지로 무슬림도 예수님의 "메시아" 칭호에 대한 성경적인 설명을 받아들이는 것도 어렵다. 그러므로 이 칭호의 의미를 설명하는 것이 중요하다.

> **무슬림에게 할 질문들**
> - 왜 꾸란은 예수님에게 "메시아"라는 칭호를 주는가?
> - 이 중요한 "메시아" 칭호가 당신에게는 어떤 의미가 있는가?

---

8) 단 9:25; 사 9:6-7; 11:1-5, 10; 42:1; 53을 보라.
9) 예언들을 보라. 슥 6:12; 미 5:1; 단 7:13-14.
10) 눅 1:31-33; 마 16:16; 26:63,64; 요 1:41을 보라.
11) 행 9:20, 22; 10:36-38; 빌 2:9-11을 보라.
12) 눅 4:41; 마 16:16; 26:63-64; 요 11:27; 20:31을 보라.

4. 하나님의 어린양

희생제물의 축제(아랍어: 이드 알 아드하〈'Id al-adha〉, 터키어: kurban bayrami)는 이슬람에서 가장 큰 축제이다. 왜냐하면 무슬림이 아브라함의 아들의 희생제물을 기억하기 때문이다.[13] 가족들이 보통 축제의 동물로 쓰여지는 양을 도살한다. 짧은 기도 후에, 목 동맥을 자르면 제물의 피가 준비된 도랑으로 흐른다. 그리고 나서 죽은 동물의 가죽을 벗기고 세 조각으로 나눈다. 첫 번째는 보통 친척들에게 주고 두 번째는 가난한 자들에게 주며 가족들은 세 번째 부분을 가진다.

그 희생제물은 아브라함의 희생제물을 기념하는 것으로만 의미가 있다. 꾸란은 모든 더 깊은 영적인 의미를 부인한다(꾸란 22:32-37). 하지만 민속 이슬람에서 여러 가지의 더 깊은 의미들이 추가되고 있다. 일부는 동물이 장자를 대신하거나 혹은 알라에게 일반적인 감사표시로, 혹은 악한 영들로부터 보호를 위하여 도살된다. 꾸란은 이 질문들에 대하여 분명한 대답을 주지 않기에 기독교인은 성경으로부터 영적인 의미를 설명할 좋은 기회를 가진다.[14] 하나님이 구약의 희생제물들을 공포했다. 동물은 대속물로 제공되고 죽으므로 그 사람이 산다.

상징적으로 죄는 사람으로부터 희생제물인 동물로 전가된다. 성경에 따르면, 피 흘림이 없이는 죄 용서가 없다(히 9:22). 만약에 어떤 사람이 죄를 반복해서 짓는다면, 구약의 희생제물은 반복되어야 했다. 신약에서 하나님은 예수님을 통하여 새 언약을 제정하셨다. 예수님이 모든 죄를 위한 유일한 희생제물로서 죽으셨다(히 10:14). 이것은 희생제물인 동물의 도살을 종결시킨다. 왜냐하면 예수님이 "세상 죄를 지고 가는 하나님의 어린양"(요 1:29)이시기 때문이다. 믿음으로 이 희생제물을 받아들이는 자는 구원을 받

---

13) 성경 이야기와는 반대로, 대부분의 무슬림은 희생제물로 드려질 아들은 이삭이 아니라 이스마엘이었다고 생각한다. 제3부 제16장 1.에 있는 각주를 보라.
14) 또한 제2부 제10장 4., 제11장 3. 그리고 제3부 제16장 1.을 보라.

을 것이다.[15]

> **무슬림과 토론할 질문들**
> · 왜 무슬림은 오늘날 여전히 희생제물의 이드 알 아드하('Id al-adha; 속죄의 축제)를 지키는가?
> · 어떻게 축제는 거행되는가?
> · "희생제물(양)의 피를 흘리는 것과 고기를 먹는 것"의 의미는 무엇인가?

5. 추가 주제들

꾸란에서 가져와서 성경을 따라 설명될 수 있는 더 많은 주제들이 있다. 이 "공통점 접근법"과 관련된 주제들의 연구는 길크리스트(Gilchrist)가 쓴 『무슬림에게 복음 전하기』(Sharing The Gospel with Muslims, 2003)라는 책에 있다.

구약의 인물들	신약
아담: 흙으로 만들어지고 하늘로부터 온 인간	예수: 꾸란과 성경에서 유일함
하와: 사탄의 세 가지 큰 유혹	하나님의 아들: 메시아, 영, 말씀
노아: 첫 번째 의의 전도자	알마시후 이사(Al-masihu Isa): 하나님의 기름 부음을 받은 자
아브라함: 그에게 선포된 복음	
이삭: 아버지의 사랑의 반영	하나님의 사랑: 아버지, 아들, 성령
요셉: 올 구원자의 상징	누줄 이사(Nuzul-l-Isa): 예수님의 재림
모세: 율법과 은혜의 명확한 대조	
다윗: 죽음과 부활의 예언들	
솔로몬: 다윗의 진정한 아들의 이미지	
이사야: 하나님이 선택한 종을 보라	

---

15) 희생제물인 어린양에 대한 중요한 성경 구절은 창 4:4-7; 22:6-8; 출 12:3-7, 22, 23; 레 16장; 사 53:4-8; 요 1:29, 36; 행 8:26-39; 벧전 1:18-21; 계 5:6-8; 21:22.

제 17 장

지역 교회에서 비전 실현하기

전체 기독교 공동체가 무슬림 선교를 후원하는 것은 지극히 중요하다. 엄격한 규칙은 아니지만, 다음의 일반적인 가이드라인들이 적절한 상황과 문화의 환경에 적응될 필요가 있다. 교회가 어떻게 실행할 것인가에 대한 고려가 있어야 한다. 종교의 자유는 이집트에 있는 교회보다도 영국교회에 더 있기에 즉시 할 수 있는 복음전도 방법의 다양성이 더 있다. 성령의 인도하심은 각 공동체에 적합한 전도방법을 세우는 데 필수적이다.

무슬림 전도의 유익
- 교회는 무슬림 전도방법에 대한 새로운 관점을 가질 것이다.
- 교회의 회중들이 새로운 사역들과 무슬림의 개종을 위하여 기도하는 데 동기부여가 될 것이다.
- 기독교인은 교육을 받아 무슬림에게 전도하는 데 있어서 두려움이 사라지기 시작할 것이다.
- 기독교인은 무슬림에게 전도하는 데 더 효과적일 것이고 새로운 우정이 개발될 것이다.
- 성경에 대한 지식을 더 잘 갖추게 될 것이고 기독교인은 무슬림에게 이

해되는 방식으로 그들의 신앙을 나누는 방법을 배울 것이다.
- 이슬람에 대한 기본적인 지식은 기독교인이 무슬림과 보다 나은 관계를 갖도록 할 것이다.
- 이슬람에서 개종한 자들은 훈련된 기독교인에 의해서 돌봄을 받을 것이다.

1. 동기부여와 교육

대위임령은 말한다.

> 예수께서 나아와 말씀하여 이르시되 하늘과 땅의 모든 권세를 내게 주셨으니 그러므로 너희는 가서 모든 민족을 제자로 삼아 아버지와 아들과 성령의 이름으로 세례를 베풀고 내가 너희에게 분부한 모든 것을 가르쳐 지키게 하라 볼지어다 내가 세상 끝날까지 너희와 항상 함께 있으리라 하시니라(마 28:18-20).

이 구절로부터 예수님에게서 다음을 배울 수 있다.

- 그분은 모든 권세를 가지고 계신다. 만약에 당신이 그분을 따르면, 당신은 가장 높은 능력 아래 있게 된다. 아무것도 당신을 해하지 못할 것이다.
- 그분은 모든 기독교인이 모든 사람(무슬림 포함)에게 복음을 전하라고 명령하셨다.
- 그분은 또한 기독교인이 그들을 제자로 삼고 세례를 주며 가르치라고 명령하셨다.
- 예수님은 지시와 명령뿐만 아니라 놀라운 약속을 주셨다. 그분은 항상 당신과 함께 있을 것이며 당신을 도울 것이다.

교회 공동체 전체는 대임위령이 모든 사람-무슬림을 포함하여-에게 명령되었다는 것을 받아들이는 것이 중요하다! 보통 기독교인은 무슬림에게 전도하는 것을 두려워하거나 수줍어하지만, 기독교인은 진리를 알기에 이것을 나누어야 한다. 두려움은 흔히 무지로 말미암는다. 다음의 주제들에 관한 교육은 요긴한 정보를 교인들에게 줄 것이다.

- 이슬람개론: 역사, 무함마드의 생애, 꾸란, 샤리아(Shari'a) 등. 기독교인은 무슬림 친구들의 신앙에 대해서 알 때, 의사소통과 관계가 개선된다.
- 변증학: 무슬림이 기독교 신앙에 대한 반론에 지혜롭게 대응할 수 있기 위하여
- 실제적인 지침: 무슬림을 일상생활에서 실제적으로 만나는 방법

2. 특공대 조직하기

가능하면 많은 교인들이 상호작용을 하여 이슬람에 대한 기본적인 지식, 변증학과 실제적인 지침을 습득해야 한다. 하지만 교회 안에 있는 특별 그룹은 심화훈련을 받고 기도와 무슬림 전도를 조정해야 한다.

권고사항
- 교회 지도자들은 무슬림 선교가 미래 사역의 일부가 될 것이라는 것에 동의할 필요가 있다.
- 기독교 공동체 전체는 전략과 앞으로 나아가야 할 구체적인 단계들에 관해서 충분히 알아야 한다.
- 교회는 1명의 리더와 함께 5-10명의 경건한 기독교인들을 특공대로 임명한다.
- 이 특공대는 기도와 사역의 계획과 미래의 훈련을 위하여 정기적으로 만난다.

3. 특공대의 책임

특공대는 계획들을 개발하고 복음을 나누기 위하여 무슬림 공동체와의 접촉을 발전시키는 것에 관한 결정을 한다. 특공대는 다음의 책임을 진다.

- 이웃에서 무슬림을 만나기 위한 새로운 사역을 위하여 솔선수범 하기.
- 사역들을 실행하며 조정하기.
- 기도후원을 부탁하기 위하여 교인들에게 알리기.
- 특공대와 전체 교회를 위해서 진행 중인 훈련을 계획하고 실행하기.
- 새로운 개종자들을 충분히 돌보기.
- 무슬림에게 전도하기 위해 동일한 비전을 갖고 있는 다른 교회들과 단체들과의 가능한 접촉을 개발하기(격려, 연합훈련, 기도를 위하여).

이 특공대는 지속적인 훈련과 격려를 필요로 한다. 기독교 신학뿐만 아니라 이슬람 서적에 대해서 아는 연속적인 훈련이 필요하다. 훈련시간들은 미래를 위한 평가와 조정과 함께 결말을 내야 한다.

다른 중요한 면은 네트워킹이다. 특공대는 언제든지 가능하면, 다른 이웃 교회들의 특공대들과 연락하며 정보를 교환해야 한다.

- 서로 격려하고 기도하기
- 차후 훈련을 조정하고 연합하기
- 과거의 사역으로부터의 경험을 교환하기
- 미래의 연합사역을 계획하고 실행하기

4. 가능한 사역

많은 기도와 토론을 통하여 교회, 특별히 특공대는 주어진 어느 상황에서도 무슬림에게 복음을 나누도록 인도하는 기독교 전도를 향상시킬 합당한 사역들을 인식할 필요가 있다. 더 나은 아이디어들을 북돋기 위하여 그리고 새로운 방법들을 꾸준히 개발하도록 가능한 방법들을 여기서 제안한다.

- 가정에 있는 무슬림을 방문하기 위한 조직적인 프로그램을 실행하라(예를 들면, 특별히 고안된 설문지의 도움과 함께).
- 병원, 감옥 등과 같은 공공장소에 있는 무슬림을 방문하라.
- 모스크에 있는 그들을 방문하고 답례로 당신의 교회에 무슬림을 초청하라.
- 책상이 있는 공공장소에서 서적을 나누어 주어라.
- 매해 연말, 매일의 짧은 경건구절이 있는 달력을 나누어 주어라.
- 컴퓨터 지식, 언어습득 그리고 다른 희망하는 기술들에 관한 강좌를 제공하라.
- 하이킹, 자전거 여행 혹은 박물관 방문과 같은 연합사역을 조직하라.
- 동의하는 주제들에 관한 특별한 회담을 조직하라.[1]
- 그들의 생일에 개인들을 방문하라. 선물을 주고 짧은 성경 구절을 읽어 주어라.
- 그들의 특별한 축제의 초청을 받아들이고 답례로 그들을 당신의 교회의 특별한 행사에 초청하라.
- 그들을 개인적으로 혹은 단체로, 당신의 집이나 교회에 특별한 음식을 준비하여 초청하라. 음악, 노래, 성경 구절 읽기, 영화상영 등의 프로그램을 제공하라.
- 그들의 집이나 우편함에 전도지를 나누어 주고 그들이 토론하기를 원

---
1) 제3부 제17장 5.를 보라.

하는 질문들이 있는가를 그들에게 물어보기 위하여 전화하라.[2]

설문지 접근법

무슬림에게 한 가지 접근법은 특별히 고안된 설문지를 통해서이다. 여러 가능성 있는 형태들이 있다. 두 명 혹은 세 명의 기독교인이 무슬림 가정을 방문하기 위해서 함께 가야 한다. 다음은 이에 대한 실제적인 지침들이다.

현관 앞 자기소개
- 안녕하세요, 제 이름은…그리고 이분은 제 친구…입니다. 우리는…왔고 종교·사회적 질문들에 관한 조사를 하고 있는데 하나님을 찾는 모든 사람들을 돕기 위한 것입니다!
- 우리는 몇 가지 질문에 대한 당신의 생각을 듣고 싶은데, 시간 좀 내주실래요?(그 사람이 "예"라고 하면 당신은 계속해도 된다. 대답을 "아니오"라고 하면 "제가 당신에게 영생이 있음을 어떻게 확신하게 되었는지를 설명해도 괜찮겠습니까"와 같은 것들을 말함으로 설문지 없이 종교적인 대화에 들어가도록 시도하라. 만약에 그 사람이 관심이 없으면 작별인사를 하라. 시간이 적절하지 않으면 다른 날에 만나기로 약속을 시도하라)

질문들

사회적 질문
- 여기에서 얼마나 사셨습니까?
- 당신은 이 지역에서 행복합니까?
- 당신은 이 지역을 더 좋은 지역으로 만들기 위하여 어떤 변화를 원합니까?

---

2) 전도지가 무슬림 독자들을 위하여 특별히 쓰여지고 그 상황에 관련이 있어야 한다.

종교적 질문
· 당신의 종교는 무엇입니까?
· 당신은 특정한 종교단체에 속해 있습니까?
· 당신은 출생 혹은 개인적인 결정을 통하여 이 종교에 속했습니까?
· 당신 자신의 실제적인 신앙생활에 대해 어떻게 생각하십니까(매우 종교적 또는 간혹 혹은 거의 실천이 없는가)?
· 왜 당신은 당신의 신앙을 진정한 것으로 간주하십니까?
· 당신은 a) 죽음? b) 심판의 날? c) 하나님이 당신에게 자비를 주시지 않을 것을 두려워합니까?
· 당신이 어느 날 천국에서 하나님과 있을 것이라고 확신합니까?
· 만약 당신이 오늘 죽고 하나님 앞에 섰을 때에 그분이 당신에게 "왜 내가 너를 천국에 들어가도록 해야 하니?"라고 물어보신다면 당신은 무엇이라고 대답하겠습니까?

설문조사를 마친 후
· 우리는 설문조사를 마쳤습니다. 당신의 대답은 흥미로웠습니다! 시간을 내주셔서 감사합니다!
· 당신은 우리의 조사에 대한 결과와 평가에 대해서 알기를 원하십니까?
· 제가 죽은 후에 하나님과 천국에 있을 것이라고 어떻게 제가 아는지를 설명할 수 있는 시간을 좀 더 내주시겠습니까?
· 당신은 기독교 문서 혹은 DVD를 받으시기를 원하십니까?
· 내가 당신을 다음에 방문하기를 원하십니까?

다음의 실례대로 무슬림 방문 사항을 기록하라.

장소:		주소:
이름:		전화번호:
일자/누구:	제공도서:	관찰:

5. 무슬림과의 특별한 만남 만들기

다른 신앙을 가진 사람들과의 평화로운 만남을 위한 여러 가지 방법이 있다. 여기에서 제안을 하나 한다.

"보다 나은 이해를 위한 만남"의 목적은 비평하는 것이 아니라 동의한 주제에 관해서 다른 견해들을 제시하는 것이다. 각자의 신앙을 제시하고 상대방의 이야기를 들을 때 진술들은 모순되지만, 일부 진술들은 일치한다. 서로의 신앙에 대한 더 나은 이해는 두 공동체를 새로운 우정으로 인도할 수 있다. 기독교인은 무슬림을 개종시킬 수 없다. 이것은 하나님의 사역이다! 기독교인과 무슬림 누구나 자신의 종교를 이러한 만남의 결과로써 바꿀 수 있다는 것을 알고 수용해야 한다.[3]

· 무슬림과 기독교인이 교회와 모스크에서 번갈아가면서 만난다.
· 전체 조직에 대해서는 조직위원회의 준비모임에서 자세하게 논의 되고 동의되도록 한다.
· 동의한 주제에 대해서 입장을 발표하기 위하여 양편에 동일한 분량의 시간을 제공한다(예를 들어, 공평하게 30분).

---

3) 그런 모임들은 양쪽 편에서 승인된 종교의 자유가 있는 곳에서만 가능하다.

- 두 번의 발표 후에, 질문과 대답을 위한 30분 정도의 다른 토의시간을 가진다. 양쪽 편에서 임명된 대표가 이 토의시간을 인도한다. 주제에 연관된 질문만을 허용한다. 사람들을 공격하거나 모욕하는 질문은 삼가해야 한다. 간단한 견해와 질문과 대답들은 허용하도록 한다.
- 개인적인 대화와 토론을 위한 자유시간을 제공한다. 그런 시간에 기독교인은 복음을 전하는 시간을 가지게 된다. 이때 다과와 간식이 제공되어야 한다.

선택된 주제들은 종교적이고 사회적이어야 한다.

종교적인 것	사회적인 것
· 하나님의 단일성 · "죄"는 무엇인가? 사람은 어떻게 천국에 들어가는가? · 예수 그리스도는 누구인가? 무함마드는 누구인가? · 성경과 꾸란: 기원과 영감 · 하나님과 사람의 관계 · 진정한 선지자의 표준은 무엇인가? · 하나님의 속성 · 기도와 금식 · 진정한 기독교인과 무슬림의 표준은 무엇인가? · "교회"와 "움마"의 정의? · 심판의 날에 무슨 일이 발생하는가?	· 인권과 종교 자유 · 도덕성, 정직성 · 가족생활: 남편과·아내·자녀관계 · 결혼생활 · 지역사회에서 자녀양육 · 우정과 이웃에 대한 기본적인 규칙들 · 테러의 원인은 무엇인가? · 전쟁은 어떻게 피할 수 있는가? · 왜 많은 부정부패가 있는가? · 문화생활 · 어떻게 다른 민족들 사이에 평화로운 삶이 성취될 것인가?

Ask your muslim friend

제 18 장

개종과 제자훈련

    제2차 세계대전 이후에, 새로운 국제경제상황, 특정한 민족, 정치 혹은 종교단체들의 수많은 내전과 핍박은 세계인구의 엄청난 이동을 불러일으켰다. 수백만의 사람들이 안전과 안정 그리고 일자리를 찾아서 한 나라에서 다른 나라로 이주했다. 결과적으로 기독교인과 무슬림은 세계의 거의 모든 지역에서 매일 만난다. 기독교인과 무슬림이 서로의 신앙을 공유하고 있다는 인식 또한 광범위하게 증가하고 있다. 기독교와 이슬람에 한 가지 공통적인 면은 적극적인 선교종교라는 것이다. 이러한 태도는 그들 각자의 경전에 기초를 둔다.

    수고하고 무거운 짐 진 자들아 다 내게로 오라 내가 너희를 쉬게 하리라(마 11:28).[1)]

    "지혜와 아름다운 설교로 그대의 주의 길에 (모든 사람을) 초청하라. 최상의 그리고 가장 은혜로운 방법으로 그들과 논쟁하라"(꾸란 16:125).

---

1) 기독교인은 진리의 복음을 전해야 하지만 오직 성령만이 개종을 일으킬 수 있다는 것을 강조하여야 한다(예를 들면, 행 10:44를 보라). 기독교인은 예수님을 따르는 방법을 개종자들에게 가르치도록 부름을 받았다(마 28:20).

일부 기독교인과 무슬림은 여러 이유로 자신의 신앙에 만족하지 못하고 환멸을 느낀다. 그런 사람들은 절실한 필요들을 만족시키는 대안을 찾는다. 최근에 기독교로부터 이슬람 그리고 이슬람으로부터 기독교로 자신의 신앙을 바꾸는 사람들이 많아졌다.

나는 개인적으로 아프리카와 유럽에 있는 많은 사람들이 개종하는 것을 목격했다. 2000년에 스위스의 취리히에서 무슬림이 비공식적이면서 관심을 끄는 방식으로 그들의 신앙을 소개했던 사건이 있었다. 유럽인들을 위한 이슬람의 적절성에 대한 연설이 있었고 이슬람 서적이 판매되고 동양 음식이 무료로 제공되었다. 거기에는 이미 이슬람으로 개종한 스위스 사람들과 이슬람에서 매우 매력적인 것을 찾았지만 아직 공식적으로 이슬람을 받아들일 결심은 하지 않고 있던 많은 사람들이 있었다. 대부분의 사람들은 기독교 환경에서 자랐다고 말했고 일부는 전에 기독교인이었다고 고백했다.

다른 한편으로 나는 평생 무슬림이었으나 최근에 기독교로 개종한 이슬람 국가에서 온 사업가를 만났다. 그는 비밀리에 성경을 손에 넣어 자신의 언어로 읽었다. 그는 유럽으로 여행을 하며 교회를 방문하고 기독교인들에게 강연하면서, 기독교인이 된 것은 옳은 발걸음이었다는 것을 분명히 깨달았다. 핍박과 두려움 때문에, 그가 기독교인으로서 고국으로 되돌아가는 것은 가능하지 않았다. 그는 개종에 대한 대가를 치르고 가족과 직업을 버리고 유럽에서 완전히 새로운 삶을 시작할 준비가 되었다. 이 사업가는 그의 고국에는 이슬람에 환멸을 느끼고 있는 사람들이 많다고 말했다.

1. 개종의 동기

나는 박사학위논문에서 20명의 개종자들을 면담했는데, 기독교에서 이슬람으로 개종한 10명과 이슬람에서 기독교로 개종한 10명이었다.[2] 그 이야

---

2) Maurer(1999)를 보라.

기들은 내가 확인했던 다섯 가지 동기 중에서 2, 3, 4번이 각 개종과정에 있어서 주요한 역할을 했다는 것을 드러낸다.[3] 다음에서 나의 연구결과에 따라서, 가장 중요한 다섯 가지 개종의 동기를 간략하게 요약한다. 하지만 이것들이 유일한 것만은 아니다.

5가지 개종 동기

1) 종교적인 동기

이 동기는 때때로 개종을 위한 "지적인" 동기 혹은 전통적으로 "순수한" 동기라고 불린다. 어떤 한 사람이 서적, 텔레비전, 강의 그리고 다른 미디어를 통하여 종교적, 영적 이슈들에 대한 지식을 찾고 있다. 나의 연구에서는 이것은 어떤 한 사람이 기독교나 이슬람신앙의 지식을 적극적으로 습득한다는 것을 의미한다.

면담한 일부 개종자들은 기독교나 이슬람에 대한 지식을 찾고 있었다. 왜냐하면 그들의 원래 신앙에 대한 경험과 함께 문제나 "위기"가 있었기 때문이다. 그 주요한 이유는 가르침 혹은 의식들을 이해할 수 없다는 것이었다. 그런 사람들은 그들의 신앙의 가르침을 더 이상 이해하거나 동의할 수 없었기 때문에 어서 그것을 떠나서 대안을 찾아야 한다는 압박감을 느꼈다. 새로운 종교가 "더 낫고" 더 "이해할 수 있는" 것으로 경험되었기 때문에, 그들은 다른 새 종교에 끌렸다.

2) 신비적인 동기

신비적인 개종 경험은 "일반적으로 갑작스럽고 잊지 못할 통찰력으로 오

---

[3] 또한 그 이야기들은 개종이 보통 꽤 오랜 기간-여러 달과 혹은 때로는 여러 해-동안에 일어난다는 것을 나타낸다.

는 것인데 환상, 음성 혹은 과학적으로 알 수 없는 경험에 의해서 야기된다." "과학적으로 알 수 없는 현상"은 보통 과학적으로나 이성적으로 쉽게 설명될 수 없는 경험으로 묘사된다. 성경에서 신비적 경험에 대한 표본적 개종은 일반적으로 다메섹 도상에서 경험한 다소 출신의 사울에게서 일어났다고 본다(행 9장). 이것은 종교적 용어로 영적인 신적 능력의 직접적인 간섭이라는 것이다. 그런 개종에서 이런 능력의 간섭자는 "인간이해를 뛰어넘는 방법들로 역사하는" 성령이시다.

"초자연적"의 용어는 때때로 "자연 혹은 물리적인 법칙으로 설명될 수 없고" "영들의 세계"에서 근본적인 원인을 가지는 상황에서 사용된다. 만약에 사람들이 초자역적인 경험들에 대해서 말한다면 그들은 보통 중요한 꿈, 비전 혹은 감명, 비상한 사건 혹은 보통 갑작스럽고 예상치 못한 사건을 언급한다. 감정적인 각성의 수준은 아주 높은데, 때때로 신의 현현의[4] 황홀경, 경외, 사랑 혹은 심지어 두려움을 포함한다. 계시는 사람이 받는 비상한 드러남이다. 이 비상한 통찰력은 사람이 종교를 바꾸는 것과 같이 다른 방법으로는 쉽게 취할 수 없는 방향으로 발걸음을 옮기도록 한다. 꿈과 환상은 개종을 일으키거나 확증하게 하거나 양쪽 모두를 할 수 있도록 도울 수 있다.

3) 애정의 동기

이것은 개종 과정에 있어서 결정적인 요인으로 사람 간의 유대관계를 강조한다. 사람은 다른 사람이나 단체로부터 사랑과 양육을 받고 인정될 때 애정을 경험한다. 사람간의 유대관계는 새로운 일원이 되는 사람의 근본적인 필요에 도움이 되어 줄 때 깊어진다. 나의 인터뷰에서 개종의 동기는 주로 그/그녀의 종교활동에 대해서 찬사를 한 사람에 대한 애정의 형태로 나타났다. 그런 사람은 동성 혹은 이성 친구이거나 친척이었다. 부정적 애정

---

[4] "신의 현현": 하나님의 나타나심.

의 요인들은 흔히 특정한 사람의 삶에 위기를 만드는 가족 구성원의 죽음이나 이혼과 같은 외상 사건들이고 이를 통해서 그/그녀를 개종과정으로 인도한다.

4) 사회 정치적인 동기

이것은 그/그녀의 사회-정치집단 안에 있는 개인들의 기능과 연관이 있다. 사람에게는 사회-정치적인 배경들이 그/그녀의 종교적 신념을 바꾸는데 동기부여가 된다. 나의 면담에서 많은 개종자들이 사회-정치적 상황을 다른 종교를 포용하기 위한 이유로 언급한 것을 보면 이 동기는 아주 강한 것임을 알 수 있다.

5) 물질적인 동기

이것은 특별히 나의 연구를 위하여 중요한데, 여러 개종자들에 의해서 언급되었다. 많은 가난한 사람들이 아주 비참한 상황에 처했기 때문에 개종으로 인해 운명을 개선할 수 있는 여지가 보일 때에는 자신의 신앙을 바꾸려 한다. 이 동기는 음식, 의복, 선물, 집 등과 같은 혜택을 위한 욕구를 포함하는데, 때때로 "불순하다"는 비평을 받는다. 일자리 제공이나 장학금 수여 역시 개종을 위한 물질적인 동기라 할 수 있다. 가난은 때때로 개종의 과정으로 사람을 "밀어 넣는" 위기를 조성한다.

2. 이슬람에서 기독교로 개종

복음에 관심이 있고 기독교 신앙에 대해서 더 알기를 원하는 무슬림은 특별한 도움을 필요로 한다. 이 구도자가 필요로 하는 후원을 아끼지 않아야 하고 특별히 적절하고 쉽게 이해할 수 있는 성경공부반에 그들을 소개해야 한다. 뿐만 아니라 기독교적 가치와 지역 교회의 역할이 하나님의 말씀인 성경의 근거와 함께 상세하게 설명되어야 한다.

보통 그리스도에게로의 개종은 긴 과정이고 여러 요인들의 결과이다. 개종자들의 삶에서 어려운 시기를 만났을 때 사랑과 배려로 계속해서 관심을 가져야 한다.[5] 대부분의 경우 개종자는 몹시 중압감에 시달리며 핍박으로 고생한다. 왜냐하면 가족뿐만 아니라 지역 무슬림 공동체는 그들을 다시 이슬람으로 되돌리기 위하여 무슨 일이든지 할 것이기 때문이다. 무슬림 공동체의 이러한 반응은 이슬람을 떠나는 모든 사람은 반역자이고 가족에게 엄청난 불명예를 가져다준다는 가르침에 근거를 둔다. 만약 개종자가 마음을 바꾸지 않고 이슬람으로 돌아가지 않는다면 대부분의 경우에 그는 가족으로부터 추방 당하고 상속유산을 잃어버릴 것이다. 때때로 개종자는 죽음의 위협을 받는다.[6]

결과적으로 개종자들은 그들의 새로운 삶을 시작할 수 있는 새로운 가족과 공동체를 필요로 한다. 기독교 가족이나 공동체는 각 개종자를 입양하고 많은 사랑으로 돌봐주어야 한다. 개종자들은 개종이 의미하는 바가 무엇인지를 분명히 이해하는 것이 중요하다. 따라서 그들은 복음을 제대로 이해하도록 해야 한다. 중요한 요점들은 다음과 같다.

- 무함마드로부터 예수님에게 자신의 믿음을 이전하기(요 14:6).
- 부활하시고 살아계신 예수 그리스도를 개인적인 구세주와 구속자로 알기(요 1:12; 계 3:20).
- 성령의 인도하심 하에 그리스도를 순종해야 하는 주님으로 알기(요 14:23-26).

---

5) 영적, 사회적 필요 둘 다가 언급되어야 한다.
6) 정통 순니 신앙에 따르면, 이슬람을 떠나는 무슬림은 삼일 동안 그의 입장을 고려하고 이슬람으로 되돌아와야 한다. 그렇지 않으면 그는 사형에 처해진다.

· 모든 죄를 고백하기(행 2:38; 요일 1:9). 이것은 어두움의 권세와 신비적인 의식들과의 어떠한 관계도 부인하는 것을 포함한다. 이 영역에서 문제가 일어나면 경험이 있는 기독교인 상담자의 도움을 요청해야 한다.

3. 제자훈련

개종자들을 돌볼 때 다음의 요점들을 마음속에 새기고 있어야 한다.[7]

1) 개종자에게 성경의 가르침들을 줄 때 충분한 시간과 돌봄이 주어져야 한다. 특별히 기도와 기독교적 생활방식이 철저하게 설명되어야 한다. 그리고 나서 개종자가 적절한 기초 성경강좌를 계속 공부할 수 있도록 도와야 한다.
2) 개종자들에게 이질적인 문화를 이식하지 않도록 주의해야 한다.
3) 개종자들은 그들을 사랑하고 그들이 필요로 하는 것을 이해하는 교회와 기독교 단체에 소개되어야 한다. 교회가 운영되는 방식이 설명되어야 하고, 교회는 그런 개종자들을 환영하고 제자훈련을 할 수 있어야 한다.[8]
4) 예수 그리스도를 믿는 비슷한 배경의 다른 사람들과 개종자들이 교제를 하게 하는 것은 항상 도움이 된다.
5) 개종자들이 규칙체계로 통제되거나 거기에 종속되지 않도록 해야 한다. 그들은 독립적이고 성숙한 기독교인으로 발전하고 성장하기 위하여 충분한 자유를 필요로 한다.
6) 개종자들은 교회 지도자와 상담하여, 그들이 세례를 받을 시기를 결정해야 한다.

---

7) PALM 코스는 특별히 그런 사람들을 위해 준비되었다. www.takwin-masihi.org
8) 그러므로 기독교인은 적합한 서적들을 공부할 뿐만 아니라 적당한 훈련코스에 참석함으로 철저하게 자신들을 훈련하고 교육할 준비가 되어 있어야 한다.

7) 개종 이야기들을 너무 일찍 말하는 것은 경솔하다. 개종자들이 공적으로 말하게 하는 것은 종종 지혜롭지 못하다. 왜냐하면 그것이 그들 스스로를 무슬림 투사들의 목표물들이 되도록 하거나 자만하게 할 수 있기 때문이다.
8) 개종자들에게 돈을 주는 것은 장기적으로 볼 때 삼가해야 한다. 이것은 도움이 되지 않는 의존상태를 만들 수 있다. 일자리를 찾아서 개종자가 봉급으로 돈을 받거나, 그들이 되갚아야 하는 적은 융자금을 주는 것이 더 낫다.

4. 기독교에서 이슬람으로 개종

사람들이 기독교에서 돌아서는 것과 이슬람과 같은 다른 종교를 받아들이는 것은 공공연한 사실이다.[9] 대부분의 경우 이들은 기독교 공동체가 멀리하는 사람들이다. 그러나 이것이 그들을 향한 합당한 기독교인의 태도인가? 제자들이 예수님으로부터 돌아섰을 때에 예수님은 어떻게 반응하셨는가?[10] 예수님은 그들에게 압력을 가하지 않으셨다. 그분은 제자들이 스스로 결정하도록 하셨다. 그분은 그들을 무조건적으로 사랑할 각오가 되어 있으셨고 그들이 그렇게 하기를 결정하면 그들을 가도록 하셨다. 오늘날 기독교인도 예수님과 같은 태도를 취해야 하지 않을까?

실제적인 가이드라인

1) 개인적으로, 교회 공동체적으로 이 사람들을 사랑으로 계속해서 관심

---

[9] "거듭난 기독교인"은 그런 사람들을 "명목적 기독교인들"이라고 부른다. 이들은 기독교 환경에서 자라서 "기독교인"이라고 보이지만, 전혀 예수 그리스도께 개인적인 헌신을 하지 않았다.
[10] 예를 들면, 요 6:60-71과 막 10:17-22를 보라.

을 갖고 그리고 그들이 왜 이러한 결정을 했는지를 이해하려고 노력해야 한다.
2) 비록 그런 사람이 이슬람으로 개종하고 계속해서 개종을 고집한다 하더라도 우호적인 교제가 결코 단절되지 않도록 해야 한다.
3) 기독교 공동체는 있을 만한 실수로부터 배우려고 하고 미래에 더 나은 것을 하려고 할 때 이러한 열리고 우호적인 교제로부터 귀한 것을 얻을 수 있다.
4) 그 사람이 마음을 바꾸고 기독교로 돌아온다면, 공동체는 그를 두 팔을 벌려 환영해야 한다.[11]

이러한 우호적인 태도는 기독교인이 하나님의 사랑을 다른 사람들에게 전하기 위한 올바른 태도이다.

---

11) 예수님은 성령훼방죄를 제외하고, 모든 죄가 사함을 받을 수 있다고 말한다(막 3:28-30; 눅 12:10; 마 12:31-32). 성령훼방죄는 고의로 성령의 분명하고 의심할 여지가 없는 사역들을 훼방하고 그의 사역을 사탄의 탓으로 돌리는 것을 의미한다.

Ask your muslim friend

제 19 장

정치적 이슈

1. 샤리아(Shariʻa), 민주주의 그리고 인권

샤리아(Shariʻa)의 도입과 모든 국가가 이슬람 국가가 되도록 하려는 이슬람원리주의의 압력은 세속주의와 민주주의 국가의 생각들과는 모순이 된다. 그것은 국제적으로 지지되는 만국인권선언(UDHR)과는 현저히 다르다. 이 모순은 다음의 이슈들에 중심을 둔다.

- 완전한 종교의 자유와 같은 기본적인 인권의 거부
- 남자와 여자의 동등성의 거부
- 종교와 국가의 분리의 거부
- 무슬림이 종교를 떠날 수 있는 권리의 거부

민주주의는 국민들에 의한 정치를 의미한다. 이것은 선거방식으로 행해진다. 성인이면 누구나 후보자를 선택할 수 있다. 다수의 표를 획득한 정당은 지배정당이 된다. 한편, 이슬람은 알라가 통치하는 국가인 신정정치를 추구한다. 실제적으로 성직자가 권력을 가지고 있다. 그러므로 원리주의 이슬람은 민주주의와 조화되지 않는다.[1] 대부분의 정치적 이슬람이 존재하는 국가들은 현재까지 민주주의에 대한 어떠한 의미 있는 개념을 받아들이는 데 있어 크게 실패했다.

여러 주요한 무슬림 국가들은 만국인권선언이 비서구 국가들의 문화와 종교상황을 고려하는 데 실패했다는 이유로 비평했다. 이란은 만국인권선언(UDHR)이 "유대-기독교전통에 따른 세속적인 이해"이며 이슬람법을 거스르지 않고서는 무슬림들에게 전이될 수 없는 것이라고 선언했다. 그리하여 이슬람회의기구(OIC)는 카이로인권선언을 이슬람세계에 채택했는데 이것은 만국인권선언과는 근본적으로 다르고 샤리아만을 인권의 유일한 근거로 여긴다. 이 선언은 전해지는 바에 의하면 예사롭지 않게 이종문화간의 합의를 위협하고, 비무슬림과 여성에 대한 참을 수 없는 차별과 기본적 권리와 자유의 제한, 그리고 인류의 순수성과 존엄성에 대한 침범 때문에 국제사법재판소(ICJ)의 혹평을 받았다.

증가하는 샤리아(Shari'a)법의 적용은 몇 갑절의 핍박의 가능성을 만들고 있다. 사우디아라비아, 아프가니스탄 그리고 파키스탄과 같은 나라들의 법원들은 기독교로 개종하면 사형을 선도한다. 많은 이슬람 국가에서 친척들이 때때로 기독교인이 된 사람들을 살해한다. 이같은 현실은 세계적으로 기독교인에게 많은 고난을 가져다준다. 기독교인은 기도하고 금식하며 필요한 도움을 줌으로써 서로를 도와주도록 부름을 받았다. 더 많은 지침은 다음 장에 있다.

---

1) 민주주의(문자적으로 "국민"이라는 데모스⟨demos⟩와 "정치"라는 크라토스⟨kratos⟩의 합성어인 헬라어 데모크라티아⟨demokratia⟩에서 온, 문자적으로 "국민에 의한 정치")는 국민의 뜻에 의한 정부의 형태이다. 이는 지배권력을 선출하는 것과 법에 대한 투표를 시민들이 한다는 것을 의미이다. 국가의 힘은 신정정치에서처럼 종교당국이 아닌 국민의 손에 있다. 헬라어 데오크라티아(theokratia)에서 온 신정정치: 직접적인 신의 인도나 신에 의해서 인도된 것으로 간주된 관리들에 의한 국가 정치.

2. 이슬람의 폭력과 테러

무함마드와 초기 칼리프(caliphs)에 의해서 실천되었던 원조 이슬람으로 되돌아가기를 원하는 원리주의 무슬림이 있다. 이 무슬림은 물라(Mullahs)와 이맘(Imams)과 종교지도자들에 의해서 주로 인도되며, 그들이 믿는 것은 꾸란, 하디스와 이슬람학자들의 연구에 근거를 둔다. 그들은 서구 교육을 경멸하고 모든 진정한 지식이 꾸란과 하디스(hadith)에서 온다고 믿는다. 그들은 물리적 지하드(jihad)를 믿는다. 일부는 보통 "테러분자"로 불리는데, 그들이 믿는대로 믿지 않는 국가를 향한 폭탄테러와 자살공격에 동참한다. 이러한 급진주의자들은 그들이 진정한 이슬람을 실천하고 있다고 믿는다. 파키스탄에서 탈레반과 그들의 후원자들은 이 그룹 안에서 매우 활동적이고 이 급진주의/극단주의 무슬림은 무슬림 가운데서 소수지만 상당한 영향력이 있다.

다른 그룹은 서구화된 근대주의 무슬림이라 불린다. 그들은 이슬람이 과학과 문화와 경제의 진보가 있는 현대세계에 적응하고 그 안에서 실천되어야 한다고 믿는다. 그들의 지도자들은 서구 교육을 받은 학자, 과학자와 정치 지도자들이다. 그들은 영적인 지하드(jihad)는 믿지만, 그들이 공격을 받고 싸움을 해야만 하는 상황이 없는 한 물리적 전쟁에 참여하기를 원하지 않는다. 그들은 "살고, 살려주기"를 원한다. 유럽과 다른 서구 국가들에서는 급진주의 이슬람의 태풍이 몰아치고 있다. 세속 서구 사회는 원리주의 이슬람 이데올로기와 맞서고 있다.

이슬람은 불신자들을 대항하여 전쟁을 하도록 명령하는 교리, 신학과 법 제도를 가지고 있는 유일한 종교인가? 꾸란의 26개의 장들이 지하드(jihad)를 다루고 있다는 것이 사실인가? 그 싸움에 강건한 신자들이 의무적으로 참가해야 하는가(꾸란 2:216: "싸움이 규정되어 있다…")? 그 본문은 무슬림에게 "내가 불신자들의 마음을 두렵게 하리니" 그리고 "그들의 목을 치며"(꾸란 8:12) 좀 더 정확하게 말하면, 그들의 목을 자르라고 명령하고 있다는 것인가? 일반적으로 말하면, 그러한 질문들은 꾸란이 정말로 비무슬림에 대항하여 폭력을 조장하는가에 초점을 둔다. 그리고 폭력적인 성전(jihad), 자기희생, 납치, 심지어 참수에 대한 테러리스트들의 생각들이 얼마나 많이 그 본문에서 정확히 오는가? 알라에 대한 충성의 "시험"은 일반적으로 좋은 행동이나 신앙이 아닌가? 그렇지만 불신자와 싸움으로 순교하는 것은 이슬람에서 구원의 더 높은 단계인가(참조, 꾸란 4:74; 4:95; 9:111; 47:4)?

추가 질문들

- 불신자들을 살해하는 동안에 순교자가 되는 무슬림의 죄는 살해하는 그 행위 자체로 말미암아 용서함을 받는가(꾸란 4:95)?
- 순교자들은 낙원에서 다른 육체적인 기쁨 중에 있는 처녀들을 보상으로 받는 것이 사실인가(꾸란 38:52; 55:56; 56:22)?
- 여자나 노인과 같이 지하드(jihad)에 참여하지 못하는 사람들은 알라를 위하여 불신자들과 싸우는 사람들에게 "보호와 도움"을 주는 것이 요구되는가(꾸란 8:74)?
- 이슬람이 무력으로 확장되는 것을 지지하는가? 무함마드에게 계시된 대로 지하드의 마지막 명령은 이슬람의 이름으로 세계를 정복하는 것인가(꾸란 9:29)?
- 이슬람은 "황금률"을 가르치지 않는 종교인가(꾸란 48:29)?[2]
- 그 대신에 꾸란은 비무슬림, 특별히 유대인과 기독교인에 대하여 폭력과 증오를 가르치는가(꾸란 5:54)?
- 전능한 알라는 그를 보호하고 방어하기 위하여 미약한 작은 인간들을 필요로 하는가?
- 알라는 다른 이들 앞에서 그를 방어하기 위하여 인간들에게 기꺼이 의존하려고 하는가?

---

[2] 기독교인에 의하면, "황금률"은 다음과 같다. "무엇이든지 남에게 대접을 받고자 하는 대로 너희도 남을 대접하라 이것이 율법이요 선지자니라"(마 7:12).

기독교인은 어떻게 응답해야 하는가?

무슬림이 광폭해질 때 종종 어떤 사고를 당할 수 있다.

한 번은 나는 기독교 친구와 함께 무슬림 가정을 방문했다. 대화를 하는 중에 우리는 논쟁을 하게 되었고 나의 기독교 친구는 "무함마드가 거짓말쟁이"라고 말했다. 그러자 그 무슬림은 성질을 내며 칼을 가지러 부엌으로 달려갔다! 우리는 그 집을 재빠르게 떠났고 다시는 되돌아갈 수 없었.

또 다른 경우는 한 무슬림과 종교적인 문제로 토론을 하고 있을 때였다. 나는 낙원에 들어가는 옳은 길에 대하여 성경이 말하는 것을 설명했다. 그런데 그가 갑자기 내가 말하는 것을 가로막고 만약에 내가 기독교 신앙에 대하여 계속해서 나누기를 원한다면, 그는 나를 죽이겠다고 말했다. 나는 너무 놀랐다. 그 이후 종교 이외의 것에 대하여 이야기하기로 결심했다!

호전적인 무슬림에 의해서 공격을 받는 사람들이 반드시 다른 신앙을 가진 사람들만은 아니다. 많은 개방적인 무슬림은 핍박 때문에 그들의 가정에서 도망쳐야 했다. 이는 순니(Sunni) 무슬림을 대적하는 시아(Shi'a)무슬림의 경우처럼 큰 이슬람단체들에서만 일어나는 일이 아니다. 많은 소수파 이슬람 단체들은 다른 이슬람 단체들에 대항하여 폭력을 사용하고 재산과 생명을 취한다. 실제적인 위협은 그들의 유일한 신앙제도를 방어하고 포교하기 위하여 다른 사람들의 생명과 재산을 파멸하려고 준비한 호전적인 무슬림으로부터 온다.

나는 내 눈으로 폭력을 직접 목격했다. 어느 날 아침 나는 무슬림 친구의 집을 방문했다. 그런데 놀랍게도, 그의 집에 화재가 일어났다. 그 친구는 매우 슬퍼하면서 다른 그룹의 무슬림이 가솔린 폭탄으로 그의 집을 공격했다고 말했다.

여러 번의 토론 모임 후에 한 무슬림 친구가 나에게 말한 것을 나는 결코 잊지 못할 것이다.

> 기독교인 여러분과 함께 만나 토론하게 되어서 너무나 기쁩니다. 우리는 이 토론을 통해 우리의 의견의 일치 뿐만 아니라 차이점도 깨닫습니다. 그리고 모임 후에 평안히 떠날 수 있어 좋습니다. 우리는 이러한 이슈들로 무슬림 형제들과 토론을 할 수 없었습니다. 왜냐하면 그들이 모임 후에 폭력적이 되어서 아마도 우리의 생명과 재산을 파괴할 지도 모른다는 불안 때문입니다.

세계의 많은 지역으로 여행하는 동안, 나는 무슬림으로부터 극심한 핍박에 직면해 있는 많은 기독교인을 만났다. 나이지리아나 인도네시아에 있는 기독교인은 무슬림 폭도가 그들의 교회나 집들을 불태우고 파괴하기 위하여 접근할 때에 어떻게 반응해야 하는가? 그들의 생명이 위험에 처할 때에 그들은 어떻게 반응해야 하는가? 그들은 단지 기도만 해야 하는가? 혹은 그들은 물리적으로 그들의 재산과 생명을 방어해야 하는가? 일반적인 해결책이 없기 때문에 이것들은 어려운 상황들이다. 기독교인은 기도하고 하나님의 음성을 따라 행동해야 한다. 하나님은 항상 모든 사람들의 판단과 행동들을 통제하신다!

무슬림은 왜 폭력에 호소하는가? 그들은 왜 물리적으로 이슬람과 무함마드를 방어해야 한다고 믿는가?

- 호전적인 무슬림은 위에서 언급된 대로 꾸란의 다양한 구절들로부터 그들의 행동들을 위한 정당성을 찾는다.
- 꾸란은 연대기적인 순서대로 기록되지 않았다. 폭력을 조장하는 구절들은 평화를 조장하는 구절과 나란히 있다. 그런데 무슬림은 그들에게 호소하는 그러한 구절들을 선택하는 경향이 있다. 그들이 좋아하지 않는 구절들은 무시된다.

- 무함마드는 역할모델인데, 그는 이슬람의 이름으로 타당한 것이라 간주할 때에 다른 사람들로부터 재산을 빼앗고 사람들을 살해했다.
- 시작부터 이슬람은 변화가 필요할 때에 얼굴을 바꾸고, 난처한 입장에 있을 때에는 부인하고, 힘이 있을 때에는 재차 단언하는 편의의 종교로 나타난다.

> **결론**
> - 무함마드와 이슬람을 거스르는 어느 것도 결코 말하지 말라. 당신의 진술들을 질문지에 기록하라.
> - 예를 들면, "나는…을 확신한다"라고 말하기보다는 오히려 "나는 책에서…읽었거나 혹은 나는…을 들었다"라고 말하라. 이것은 당신의 무슬림 친구의 시선을 당신으로부터 그 책으로 이끈다. 그러면 그는 당신의 우정을 위태롭게 하지 않고 책에 쓰여진 것을 논박할 수 있다.
> - 개인적으로 무슬림과 말하는 동안에 그, 혹은 그녀는 다른 무슬림이 함께 있을 때보다 더 솔직하고 정직할 것이다. 다른 무슬림이 있는 경우 그 사람은 이슬람을 변호하기 위한 사회적 의무를 느낀다.

3. 이슬람의 위기

이슬람 안에 두 극단주의자들의 이슬람 이데올로기 사이에 긴장상태가 있다. 다시 말하면,

1) 급진적인 이데올로기: 무함마드처럼 살고 모든 이슬람법 지키기
2) 현대주의자의 견해: 현대(서구) 생활방식에 적응하기

현대인들을 충족시키기 위하여, 이슬람은 최근에 다른 길들을 취하고 있고 앞으로도 그렇게 할 것이다. 원리주의가 일부 추종자들의 마음을 끄는 동안 많은 사람들이 더 개인화된 신앙으로 향하고 있다. 아랍세계에서 이에

대한 중요한 지지자 중의 한 명은 바로 청년 무슬림 설교가인 암르 칼레드 (Amr Khaled)이다.[3] 칼레드는 무슬림 신학교에서 훈련을 받지 않았으나 전통적인 이슬람이 공식적으로 허용하는 것보다 무슬림을 알라에게 더 가깝게 데려갈 수 있을 것 같은 매우 개인화된 신앙을 선포한다. 이것은 시대에 뒤지지 않기 위한 이슬람의 "모핑"(컴퓨터 그래픽스로 화면을 차례로 변형시키는 특수촬영기술-역주) 혹은 "과도기"의 실례이다.

이슬람에서 이 "모핑"의 다른 예는 젊은이들에게 더 호소력 있는 현대 이슬람 음반을 냈던 사미 유수프(Sami Yusuf)이다.[4] 이슬람의 오래된 파수꾼 알 아즈하르(Al Azhar)의 훈련받은 성직자들은 이슬람에 대한 이 변형된 표현에 대해서 호의적이지 않다.

이슬람 정부는 더욱 더 세속화되고 있다. 아마도 튀니지는 그 첫째 실례일 것이다. 유럽연합 가입을 추진하는 터키는 또 다른 실례일 것이다. 이슬람이 미래에 어떤 길을 따라야 할까? 이슬람이 더 현대적이고 참신한 신앙이 될 것인가, 혹은 이슬람의 리더십이 오래된 파수꾼의 손에 그대로 남게 될까? 이것은 21세기의 중요한 질문이다. 이슬람이 스스로를 재건하고 현대화할 수 있을까? 예를 들면, 이것이 지하드에 대한 현대 이해를 따라갈 수 있을까? 이러한 질문들은 중요한 것으로 보인다.

무슬림과 이러한 쟁점들에 대해서 토론할 때에 기독교인은 다시 도전을 받는다. 다음 단계들은 일반적인 지침으로서 도움이 된다.

1) 주의 깊게 듣고 무슬림이 이슬람에 대해서 표현하는 급진적이거나 현대적인 사고에 대해서 지대한 관심을 보여라.
2) 적합한 질문들을 하라.
3) 당신의 실제적인 신앙에 대한 간증을 나눔으로 대화를 영적인 것으로 전환하도록 노력하라.

---

3) www.amrkhaled.net을 보라.
4) www.samiyusuf.com을 보라.

4) 이러한 새로운 이데올로기를 연구할 준비를 갖추고 관련된 웹사이트를 읽어라.

4. 음모설과 이에 반응하는 방법

아랍의 많은 기독교인은 무슬림에 대한 음모설에 직면한다. 이집트 항공기가 뉴욕에서 이륙 후에 곧 바로 추락하였을 때에(항공기 990편, 1999년 10월 31일), 그 설은 CIA 혹은 모사드(Mossad, 이스라엘 비밀 정보기관-역주)가 비행기를 추락시켰다는 것이다. 물론 이것은 터무니없는 것이다. 조사관들은 조종사가 비행기를 추락시켰다고 결론을 냈다. 그러나 이집트인들은 이것을 받아들일 수 없었다.

대부분의 아랍인은 미국에서 유대인이 강력한 로비를 통하여 세계를 지배하고 있다고 확신한다. 그들은 유대인들이 세계를 지배할 목적으로 미디어, 엔터테인먼트 사업과 정치를 통해서 자신들이 삶의 모든 영역에서 좋은 위치에 있다는 것을 보여준다고 지적한다. 무슬림은 유대인이 세계에서 일어나는 것 중에 많은 부분과 관련해서 비난을 받아야 한다고 생각한다.

이러한 음모설들에 대해 기독교인이 어떻게 반응해야 하는가? 다음의 소견들은 지침으로 도움이 된다.

· 지구에 있는 모든 악이 이슬람 때문이라고 탓하는 것과 같이 기독교인은 일방적인 방식으로 반응하지 말아야 한다.
· 양쪽 모두를 보고 성급한 판단을 피하도록 애써라.
· 이슬람을 공격하는 공격적인 진술들을 피하라.
· 한편이나 다른 편을 취하는 대신에 당신의 무슬림 친구를 질문들로 도전하라.
· 당신의 토론이 영적인 대화가 되도록 노력하라.

Ask your muslim friend

제 20 장

사회적 이슈

1. 기독교인과 무슬림의 결혼

기독교 여자는 무슬림 남자와 결혼하지 말아야 하고 기독교 남자도 무슬림 여자와 결혼하지 말아야 한다. 신앙과 영적이고 실제적인 삶과 결혼의 개념은 너무나 다르다.

무슬림과 이미 결혼한 기독교인은[1] 기독교 회중이나 교회의 교인으로 남아 있을 수 있어야 한다. 기독교 공동체는 그런 부부들을 상담으로 도와야 한다. 이슬람 견해에 따르면 결혼은 오직 한 배우자와만 평생 하나가 되겠다는 것을 기본적으로 약속하는 것이 아니다. 남자와 비교하여 여자들을 위한 평등한 권리는 분명히 주어지지 않았다. 이슬람법에 따르면 무슬림 여자는 기독교 남자와 결혼이 허용되지 않는다. 왜냐하면 남자가 교육에 대하여 결정을 할 권리와 자녀양육권을 가지고 있기 때문이다.

종교뿐만 아니라 배우자의 문화가 근본적으로 다른 결혼생활에서 문제들은 피할 수 없다. 진보적이고 관용적인 무슬림이 있음에도 불구하고 갈등이

---

[1] 결혼계약서를 사용하는 것을 권장한다. 견본들은 Secretariat.isdc-dfjp@unil.ch로부터 구할 수 있다.

있을 경우에, 무슬림 남자는 자기의 이익을 위해 주저없이 이슬람법을 적용할 것이다. 결혼과 자녀양육권에 관한 세밀한 법적인 사항을 알아보기 위해 양쪽 배우자의 국가법을 조사할 필요가 있다. 국제 결혼을 했거나 이를 심사숙고하고 있는 사람들이 관계된 이슈들을 충분히 생각할 수 있도록 돕기 위한 방책들이 있다.[2]

2. 비이슬람 국가에서 무슬림의 통합

많은 무슬림은 여러 이유로 더 나은 삶을 누리기 위하여 그들의 고향인 이슬람 국가를 떠나서 비이슬람 국가에 정착한다.[3] 그 나라들은 종종 자유가 있는 민주주의 사회인 세속적인 서구 국가들이다. 주로 자유롭고 종교의 가르침을 실천하지 않는 많은 무슬림에게는 그러한 문화를 가진 새로운 생활방식이 처음에는 적응하기가 어렵지만, 결국은 잘 통합된다. 시민권을 취득한 다음 세대들의 무슬림 대부분은 선조의 이슬람 국가보다 출생한 국가에서 더 마음이 편하다.

이슬람 신앙을 실천하는 무슬림은 이슬람의 생활방식을 자연스럽게 지원하지 않는 공공생활의 구조에 적응하는 데 어려움을 겪고 종종 불평한다. 그들은 심지어 현행법 자체가 무슬림이 지키기에는 어렵게 되어 있다고 생각한다. 그러나 이것은 정당하지 않다. 왜냐하면 다른 소수 종교그룹이나 단체들도 동일한 규칙과 법령을 지켜야 하기 때문이다. 일부 무슬림은 오히려 거만하게 서구 사회는 이슬람을 실천하도록 무슬림의 요구를 받아들여야 한다고 요구한다! 이들 무슬림은 십중팔구 그들의 이슬람 고향국가에서 동일한 자유를 가지고 있지 않았음에도 불구하고, 불평하고 있는 것이다! 우리는 그들이 자유가 좀 제한적이지만 그래도 이슬람을 지원하는 구조가

---

2) 예를 들면, 국제 결혼에 대한 주제에 관해서는 Fraser(1993)를 보라.
3) 이유들은 직업을 얻고, 대학에서 공부하고, 자유로운 사회를 즐기고, 의료적 치료의 혜택을 받고, 이슬람을 포교하는 것 등이다.

있는 그들의 이슬람 국가로 왜 다시 이주하지 않는가를 질문해도 좋을 것이다. 새로운 국가로 이주하는 것은 그 나라의 새로운 생활방식, 규칙과 법에 적응하는 것을 전제로 한다. 종교적 축제와 다른 예식들을 준수하는 것에 관해서는, 무슬림은 필요한 조정을 하고 절충을 받아들이거나 단순히 그 국가의 현행법에 순종할 필요가 있다.

비이슬람 국가에 오는 무슬림이 잘 통합되기 위하여 수용해야 할 기본사항들은 다음과 같다.

1) 이슬람 국가에서 온 무슬림을 포함하여 모든 이민자들은 적절한 통합을 위한 근간이 되는 통합과 공용어/지방 언어를 배우는 강좌에 참석해야 한다.
2) 무슬림은 심지어 그들이 살고 있는 국가의 현행법이 이슬람법과 다를 때에라도[4] 그 현행법을 존중해야 한다. 피의 복수, 강제 결혼, 여자에 대한 억압(꾸란 4:34에 기술되어 있는 대로 여자 구타)과 무력, 폭력 혹은 테러의 수단들로 이슬람을 포교하는 것 같은 이슬람법이나 전통들은 포기되어야 한다.
3) 병행 사회들은 묵인되지 않을 것이다. 무슬림은 세속국가 안에 분리된 이슬람 세계를 도입하는 게토(ghetto) 심성구조와 함께 사는 것이 허용되지 않는다.
4) 무슬림은 그 국가에 있는 다른 종교단체와 같이 동일한 권리와 입장을 갖는다. 그러나 특혜는 허용되지 않을 것이다.
5) 이맘(imam)과 이슬람 교사는 그들의 가르침을 공개해야 한다. 세속 국가는 모든 가르침이 법규에 적합한가를 심사하고 주시할 권위를 가지고 있다. 다른 종교에 반대하는 가르침과 진술들은 묵인되지 않을 것이다. 이러한 기준을 따르지 않는 이슬람 교사들은 추방되어야 한다.

---

4) 이것이 주된 문제 중의 하나이다. 급진적인 무슬림은 결과적으로 세속법을 준수하지 않고 이슬람법을 모든 국가에 강요할 것이다.

6) 모스크와 그들의 시설들은 비무슬림을 포함하여 모든 사람들에게 공개되어야 한다. 무슬림은 그들의 모든 사역이 투명하도록 요구된다.
7) 다른 종교공동체처럼, 무슬림은 신앙을 실천하는 것이 세속국가의 법에 적합한 선에서는 그들의 신앙을 실천하도록 허락되어야 한다. 무슬림은 자신의 공동묘지를 가져도 되고 첨탑이 있는 모스크를 건축하도록 허용되어야 하지만, 건축법에 맞는 경우에만 해당된다.
8) 학교에 있는 남학생과 여학생은 평등하게 대우를 받아야 한다. 종교적 이유로 개인적으로 결석하는 것은 허용되지 말아야 한다(예외는 공동체의 공휴일 축제). 무슬림은 지역전통과 문화를 수용해야 한다.
9) 예를 들면, 직장에서 머리 스카프나 다른 이슬람 옷의 착용과 같은 다른 모든 문제들에 있어서 무슬림은 지역의 법령을 준수해야 한다.

3. 상황화

구체적인 선교용어, "상황화"는 세계교회협의회(WCC)의 후원으로 신학교육기금위원회(TEF)가 신학교육에 급진적인 개혁들을 강하게 촉구하는 보고서 *Ministry in Context*를 출판하였을 때인 1972년에 전면에 등장했다. 그것은 여성신학, 자유신학과 소위 흑인신학을 포함한다. 그때부터 이 쟁점에 대한 뜨거운 논쟁이 있었다. 요컨대 상황화는 토착화와 그 이상 함축된 모든 것을 포함한다. 이것은 특별한 사람들의 그룹에 맞게 기독교를 만드는 민족신학을 세우거나 개발하는 것을 포함한다.

상황화는 실제로 새로운 선교용어이다. 하지만 그 뿌리는 초대교회의 삶과 사역에서 발견된다. 특별히 바울은 상황화 신학과 접근법을 표현했던 완전히 상황화된 설교가였다.

> 내가 모든 사람에게 자유로우나 스스로 모든 사람에게 종이 된 것은 더 많은 사람을 얻고자 함이라(고전 9:19).

유대인은 율법을 포기하는 것을 꺼려했기 때문에 바울은 그들에게 율법 준수를 단념하라고 요구하지 않았다. 그 대신 그는 그들의 세계관을 인정하고 그들의 토라(Thora)를 포기하지 않고 예수님을 믿도록 초청했다. 그는 이방인에게 복음을 전했을 때도, 비슷한 방식으로 그들을 대했다. 율법과 다른 유대 전통들은 이교도들의 비위에 거슬렸다. 그래서 바울은-최고의 해석 가치로서 사랑과 함께-도덕법을 확언했고 그들의 개종을 위하여 의식법/희생법을 무효로 했다. 그는 성경적 기독교는 어느 특정한 문화에 관계되지 않는다고 주장했다. 기본적인 기독교 진리는 그리스도 안의 믿음 하나이다. 이 진리를 받아들이는 사람은 누구든지, 그의 문화가 무엇이든지, 기독교 진영에 들어간다.

상황화의 일반 특징들은

- 태도와 관습이 분명하게 종교와 건전한 도덕에 반하지 않는다면, 그것을 바꾸기 위하여 어떤 압력을 가하지 않는 것이다.
- 사람들과 당신 자신의 관습 사이에 있는 비위에 거슬리는 현저한 차이를 묘사하지 말라.
- 성경의 메시지를 양보하지 않고 당신 자신을 그들에게 적응하도록 온 힘을 기울여라.

기독교인과 무슬림, 두 개의 주요한 세계 공동체 사이의 관계는 여러 요인들 때문에[5] 과거와 현재에 극도로 긴장되어 있다. 무슬림에게 복음을 전하는 것에 관하여 기독교인이 직면하는 질문은 하나님의 말씀과 기독교인의 실천 중에 어느 면들이 협상이 가능하고 어느 면이 아닌가? 매개변수들은 무엇인가? "상황화"를 실천함으로써 어떤 종류의 신호들이 지역 무슬림

---

5) 일부 요인들은 팔레스타인과 예루살렘 문제, 십자군 원정, 급진주의 무슬림에 의해서 일어나는 테러리즘과 폭력이다.

공동체에 전달되는가?

이방 문화에 들어갈 때에 이 그룹 안에 있는 사람들에게 적응하는 것과 예의범절에 무례하지 않는 옷을 입거나 심지어 그 지역의 의복을 입는 것은 의무이다. 우리는 언어를 배우고 널리 행해진 관습에 적응해야 하고 우리의 행동으로 현지인(host people)의 기분을 상하게 하지 않도록 분명히 해야 한다.

이슬람에서 많은 문화형태들은 종교적인 의미를 지니고 있다. 어떻게 기독교인이 반응해야 하는가? 어느 부분이 성경적 관습과 내용에 충돌하는가? 문제의 요점들 중에 어느 면이 영적인 중요성을 가지고 있으며 어느 면들이 단순히 형식인가? 당신의 간증이나 성경의 내용을 타협하는 것은 어떤 것도 실천될 수 없다. 일부 선교사들은 내가 기꺼이 받아들이는 것 이상으로 훨씬 도가 지나치다. 그들은 지역 주민들이 그리스도께 오도록 하기 위하여 모든 걸림돌을 제거할 목적으로 이것을 한다. 그러나 그들이 어떤 종류의 신자들이 될 것인가? 이 점에 관해서 모든 사람들은 하나님 앞에서 그, 혹은 그녀 스스로가 결정을 해야 한다. 그렇다면 쟁점들은 무엇인가?

상황화를 요구하는 일부 주제들의 개요들이 있다

- 기독교 신자들의 정체성: 기독교인은 주 예수 그리스도와 그분에 대한 그들의 헌신을 부인하지 않을 것이다. 일부 상황화를 하는 사람들은 자신이 그리스도의 몸의 지체임을 밝히지 않는다. 그들은 모스크에 계속 가지만, 스스로를 "이사(Isa-예수)의 추종자"[6]라고 명명한다. 그들은 기독교인인가에 대해서 질문을 받을 때에 그것을 부인할 것이다.

- 종교 의식들: 어떤 사람들은 이슬람 방식으로 기도를 하고, 라마단 기간

---
6) 무슬림이 예수님을 "이사"(Isa)라고 부르는 것은 통례이다. 이것에 의해서 그들은 꾸란에 묘사된 예수님을 말하려고 한다.

에 금식과 다른 이슬람의 종교축일들을 지키고, 머리에 모자(Skullcap, 무슬림 남자들이 씀-역주) 등을 쓸 것이다. 그런 표시에 의해서 그들은 자신들이 무슬림임을 밝힌다.

· 언어: 선교지의 언어를 습득하는 것은 상황화 선교사들을 위하여 절대 필요한 것이다. 왜냐하면 복음을 위한 효과적인 의사소통은 언어능력 없이는 불가능하기 때문이다.

· 음식: 이슬람 상황에서 살고 있는 기독교인은 돼지고기를 먹어야 하는가? 그들은 맥주나 포도주를 마셔도 되는가? 그들은 할랄(halal) 음식을 먹어야 하는가? 이것은 기호의 문제가 아니라 사랑의 문제이다. 그런 상황에서 돼지고기와 술은 금지되어야 한다. 우리는 할랄(halal)이 되지 않은 음식을 거의 얻을 수 없을 것이다(참조, 고전 8:6-9과 10:23-31).

· 의복: 상황화 선교사들은 흔히 선교지의 의복을 입고 그것에 대해서 감사표시를 하도록 장려된다. 이것이 모든 상황에서 권할 만한 것인가에 대한 질문은 여전히 남는다. 예를 들면, 이것은 걸프지역에서는 엄격하게 금지된다.

· 예수 모스크(Masjid-e 'Isa): 일부 상황화 선교사들에 따르면, 무슬림은 모든 것에 있어서 기독교인에 적대적이다. 이 적대감이 정상적인 인간관계로 감소하지 않는 경우엔 합당한 전도가 일어날 수 없다. 무슬림이 가장 질색하는 것은 기독교 교회이다. 상황화를 하는 사람들은 기독교 교회는 "예수 모스크"라고 부르거나 심지어 무슬림 모스크의 패턴에 따라서 교회를 세우는 것이 더 낫지 않겠는가 하는 제안한다. 하지만 이것은 지나치지 않은가? 우리는 이것이 진정한 기독교인이 되는 무슬림에게 장애물이 되기도 한다는 것에 대해서 논쟁할 수 있다. 왜냐하면 그들은

여전히 이슬람 세계의 일부인 "이슬람 모스크"에서 예배를 드리고 있기 때문이다.

- **성경암송**: 노래로 꾸란을 암송하는 것은 이슬람 풍습이다. 꾸란 학교에서 꽤 많은 무슬림이 꾸란 전체를 암송하는 것을 배운다. 이들은 하피즈(hafiz)라 불린다. 이것을 성경에 적용한다면 얼마나 현명할까? 분명히 성경의 일부분을 암송하는 것은 좋은 습관이지만, 그것을 자랑할 것은 못 된다.

- **축일**: 세계의 모든 나라는 독특한 방식으로 거행되는 종교, 사회, 문화 축제를 가지고 있다. 상황화된 선교사들은 두 개의 무슬림 축일('Id al-Fitr: 라마단의 끝나는 날, 'Id al-'adha: 속죄의 축일)을 '기독교' 축제로('Ids) 거행해야 한다고 제안하기도 한다. 여기에 기독교인이 어느 정도 참여해야 하는가? 이것은 권할 만한 것이 아니다. 왜냐하면 기독교인이 무슬림이 되기 위한 여정에 있다고 무슬림이 오해할 수 있기 때문이다. 기독교인은 주 예수 그리스도를 부끄러워하지 않고 오히려 부활절, 오순절과 크리스마스 행사를 거행해야 한다.

경험을 통해 볼 때에 대개 무슬림은 신앙고백을 하는 것을 주저하지 않는다. 만약에 기독교인이 주 예수만을 경외하는 신앙고백을 하지 않는다면 무슬림은 그들을 겁쟁이나 불신자로 간주할 것이다.

이 주제에 대해서 토론했던 것에 비추어서 복음의 상황화는 우선 세계관, 가치 체계, 문화와 관습의 깊은 연구를 요구한다. 중립적인 것은 무엇이며 무엇이 종교적 메시지를 담고 있는가? 모든 종교의식이나 상징은 영적인 의미를 가지고 있다. 기독교인은 따라서 복음의 메시지와 타협하지 않도록 주의해야 한다. 모든 상황에 적용되는 일반적인 대답은 없다. 반대로 모든 기독교인은 상황화가 주어진 어떤 상황에서 어느 정도까지 적용해야 할지에 대해서 그, 혹은 그녀 자신의 지혜로운 결정을 해야 한다.

4. 현대 이슬람의 얼굴

여러 해 동안 현대성(modernity)은 교회에 영향력을 미치고 있다. 이것은 성경의 정당성, 가치, 신뢰성과 신빙성 그리고 그것이 의미하는 것이 무엇인가에 대해서 의문을 던진다. 성경 비평가들은 성경을 여지없이 혹평하려고 한다. 하나님을 신화의 영역에 놓는다. 역사적 그리스도의 그 존재 자체에 대해서 강하게 의문시하고 있다. 기독교인은 단순한 사람이라는 조롱이나 원리주의자들과 광신자들이라는 공격을 받고 있다. 세계 창조에 대한 가르침은 과학적인 신빙성이 부족한 것으로 비웃음을 당하고 있고 진화론으로 대치되었다. 교회는 죽어가고 있지만 성경의 완전성은 그대로 굳게 서 있다. 오늘날 예전보다 더 많은 신실한 신자들이 있다.

이슬람은 아직 현대화에 직면하고 있지 않다. 이슬람은 꾸란과 하디스에 대한 비평을 허용하지 않는다. 무슬림 대중은 예전보다도 현재 훨씬 더 교리교육을 주입하고 열광적이지만 서구와 현대성의 엄청난 이데올로기적 힘에 이슬람은 결국 영향을 받을 것이다. 세속화된 사회에 있는 2세대와 3세대 무슬림은 이미 도전을 받고 있고 이슬람 경전의 역사성과 신뢰성이 공개적으로 도전을 받을 때 어쩌면 파국의 결말이 다가올 것이다.

개념의 군집 혹은 상징의 집합으로서 서구화는 지금 이슬람 세계의 문화에 가장 큰 도전이다. 대중문화가 텔레비전과 인터넷에 의해서 지배되고 있고 번갈아 서구 이미지와 산물에 의해서 지배된다. 일부 중동의 도시들에서는 텔레비전 채널이 100개, 혹은 그 이상이 있다. 카이로(Cairo)에서 텔레비전을 가지고 있지 않은 주택을 찾는 것은 어렵다. 컴퓨터들이 도처에 있고 이슬람 국가 안에 더 많은 무슬림이 그들의 거실에서 인터넷에 접속을 하고 있다.

이 서구화하는 세력이 이슬람과 아랍 세계에 부담을 준다. 평범하고 온건한 아랍인들은 그들의 가족이 서구에 있는 사람들보다도 더 품위 있고 훌륭하다고 믿는다. 그들은 자신들이 더 하나님을 경외하고 그들의 딸들은 더 정숙하며, 그들의 공동체는 더 결집력이 있다고 생각한다. 평범한 아랍인들이 그들의 문화, 관대, 환대와 명예를 자랑스러워하는 것도 당연하다.

이슬람과 특별히 아랍 세계가 직면하고 있는 고통스러운 딜레마는 서구와 세속적이고 때때로 부도덕적인 가치기준의 맹공 가운데서 어떻게 그들의 가치기준 안에 남아 있을 것인가이다. 반응들은 이슬람과 아랍 세계에 대한 완전한 거부로부터 서구화에 대한 거부 혹은 타협점을 찾으려는 시도에 이르기까지 다양하게 걸쳐있다.

- 일부는 실제로 이주하고 다른 사람들은 정서적으로 이주하는데, 이들은 이슬람이나 아랍세계를 실제적으로 떠나지 않고 그들이 서구 생활방식이라고 가정하는 것을 채택한다.
- 일부는 서구에서 흔한 현실도피주의를 추구한다. 쇼핑, 텔레비전, 인터넷, 마약, 신비주의.
- 일부는 급진적인 이슬람으로 변한다.
- 극소수는 기독교인이 된다.
- 그리고 서구에 있는 대부분의 사람들처럼 나머지는 단지 최선을 다하여 도덕적 모순을 얼렁뚱땅 넘긴다.

오늘날 무슬림을 분리시키는 영역 중의 하나는 여자의 권리와 책임의 영역이다. 꾸란은 주후 7세기 여자의 역할들을 꽤 자세하게 정의하고 있다. 꾸란의 교훈들은 21세기에 어떻게 적용되어야 하는가? 결혼과 이혼, 상속 그리고 여자들을 위한 의복법에 대한 질문들은 중동에서 중요한 쟁점이다. 오늘날 일부 무슬림은 이슬람의 기본적인 신앙과 실천들로 되돌아가려는 시도로, 그들의 부모들과 조상들이 타협했던 것을 거부한다.

미래는 이슬람 세계를 무엇이라고 생각하게 될까? 역사는 국가와 공동체(umma) 문화에 끊임없는 변화를 그려준다. 한 가지 확실한 것은 안정성보다는 오히려 불안정성이 계속되고 있다는 것이다. 중동은 긴장과 혼란의 중심인 것 같다. 거의 동일하게 들리는 두 셈족언어인 아랍어 살람(salam)과 히브리어 샬롬(shalom)은 다 중동 사람들이 수세기 동안 열망했던 평화를 가리킨다. 그러나 기독교인은 오직 한 분 만이 진정한 평화를 가져올 수 있다는 것을 알고 있다. 지금까지 나타났던 가장 위대한 선지자 예수 그리스도, 메시아이신 하나님의 아들이 말씀하신다.

> 이것을 너희에게 이름은 너희로 내 안에서 평안을 누리게 하려 함이라
> 세상에서는 너희가 환난을 당하나 담대하라
> 내가 세상을 이기었노라 하시니라(요 16:33).

참고문헌과 추천도서

Adeney, M 2002. *Daughters of Islam – Building Bridges with Muslim Women.* Illinois: IVP.

Ali, A Yusuf (ed). 1946 (Printed: 4/1993). *The Holy Qur'an.* WIPE International.

Ali, N 1987. *Frontiers in Muslim-Christian Encounter.* Oxford: Regnum.

Al-Omari, J 2003. *The Arab Way—how to work more effectively with Arab Cultures.* Oxford.

Battle For The Hearts. 12 Episodes of interactive training. Trans World Radio and Life Challenge Africa 2001.

Beaumont, M 2005. *Christology in Dialogue with Muslims.* Waynesboro, GA: Paternoster.

Bell, S 2006. *The Journey from Fear to Faith.* Authentic Media.

Belteshazzar & Abednego, 2006. *The Mosque and its Role in Society.* Pilcrow Press.

Brooks, G 1995. *Nine Parts of Desire—the hidden World of Islamic Women.* London: Penguin.

Burge, G M 2003. *Whose Land? Whose Promise? What Christians are not being told about Israel and the Palestinians.* Cleveland: Pilgrim Press.

Campbell, W 1986. *The Qur'an and the Bible in the light of history and science.* Upper Darby: AWM.

Caner, E and Caner E F 2002. *Unveiling Islam.* Grand Rapids: Spectrum Books Lim.

Chacour, E 2003. *Blood Brothers.* Chosen Books.

Chapman, C 1995. *Cross and Crescent—Responding to the challenge of Islam.* Leicester: IVP.

Chapman, C 2004. *Whose Holy City? – Jerusalem and the Israeli-Palestinian Conflict.* Oxford: LION.

Cooper, A 2003. *Ishmael my Brother.* London: Monarch Books.

Crone & Cook, P & M 1977. *Hagarism: the Making of the Islamic World.* Cambridge: University Press.

Durie, M 2006. *Do we worship the same God?* Australia: Harvest Publication.

Endress, G 2002. *ISLAM—An Historical Introduction.* Edinburgh: University Press.

Esposito, J L & Voll J O 1996. *Islam and Democracy.* Oxford: University Press.

Fraser, J 1993. *Love across Latitudes—A Workbook on Cross-cultural Marriages.* Loughborough: AWM.

Free, J P 1992. *Archaeology and Bible History.* Zondervan.

Gabriel, M A 2002. I*slam and Terrorism.* Florida: Chrarisma House.

Gaudeul, J M 1999. *Called from Islam to Christ—why Muslims become Christians.* London: Monarch.

Geisler N L & Saleeb A 1993. *Answering Islam—the Crescent in the Light of the Cross.* Grand Rapids: Baker.

George, R 2000. *The Qur'an in the Light of Christ.* WIN International.

Gibb, H & Kramers, J 1953. *Shorter Encyclopaedia of Islam.* New York: Cornell University Press.

Gilchrist, J 1989. *Jam'Al-Qur'an—The Codification of the Qur'an Text.* Johannesburg: MERCSA.

Gilchrist, J 1994. *Muhammad—the Prophet of Islam.* Johannesburg: MERCSA.

Gilchrist, J 1995. *The Qur'an—the Scripture of Islam.* Johannesburg: MERCSA.

Gilchrist, J 1997. *Sufi Muslim Saints of India & South Africa.* Johannesburg: MERCSA.

Gilchrist, J 1999. *Facing the Muslim Challenge—a Handbook of Christian-Muslim Apologetics.* Johannesburg: MERCSA

Gilchrist, J 2003. *Sharing the Gospel with Muslims—a Handbook for Bible-based Muslim Evangelism.* Cape Town: Life Challenge Africa.

Glasser, I & N 1998. *Partners or Prisoners? Christian Thinking about Women and Islam.* Cumbria: Paternoster.

Glubb, J B 1979. *The Life and Times of Muhammad.* London: Hodder and Stoughton.

Goddard, H 2000. *A History of Christian-Muslim Relations.* Chicago: New Amsterdam Books.

Goldsmith, M 2004. *Islam and Christian Witness.* OM Publishing.

Goodwin, J 2003. *Price of Honor —Muslim Women lift the Veil of Silence on the Islamic World.* London: Penguin.

Greenlee, D 2005. *From the Straight Path to the Narrow Way: Journeys of Faith.* Waynesboro: Authentic.

Guillaume, A 1955. *The Life of Muhammad.* Oxford: University Press.

Haddad, Y & W Z 1995. *Christian-Muslim Encounters*. Gainsville, FL: University of Florida Press.

Hughes, T P 1982. *Dictionary of Islam*. New Delhi: COSMO.

Ibn Warraq, 1995. *Why I am not a Muslim*. Amherst, NY: Promotheus Books.

Jeffery, A 1975. *Materials for the History of the Text of the Qur'an*. New York: AMS Press.

Johnstone, P & Mandryk J 2001. *Operation World—when we pray God works*. Virginia: Paternoster.

Jonsson, D J 2005. *The Clash of Ideologies—the Making of the Christian and Islamic Worlds*. USA: Xulon.

Kateregga B D & Shenk D W 1980. *Islam and Christianity—a Muslim and a Christian in Dialogue*. Grand Rapids: Eerdmans.

Khan, M M 1996. *Summarized Sahih Al-Bukhari (Arabic-English)*. Riyadh: Dar-us-Salam.

Khurshid, A 1976. *Islam—its meaning and message*. Leicester: Islamic Foundation.

Khursihd, A & Zafar, I A 1980. *Islamic Perspectives*. Leicester: Islamic Foundation.

Lewis, B 1995. *The Middle East—a brief History of the last 2000 Years*. New York: SCRIBNER.

Lewis, B 2003. *The Crisis of Islam—Holy War and Unholy Terror*. London: Phoenix.

Love, R 2000. *Muslims, Magic and the Kingdom of God—Church Planting among Folk Muslims*. California: William Carey.

Maqsood, R W 2006. *Islam—teach yourself*. London: Hodder Education.

Marshall, D 1999. *God, Muhammad and the Unbelievers*. London: Curzon.

Maurer, A 1999. *In Search of a New Life: Conversion Motives of Christians and Muslims*. Pretoria: UNISA.

Mernissi, F 1985. *Women and Islam, an Historical and Theological Enquiry*. Oxford: Blackwell.

Moucarry, C 2001. *Faith to Faith—Christianity & Islam in dialogue*. Leicester: IVP.

Muller, R 2000. *Tools for Muslim Evangelism*. Ontario: Essence.

Muller, R 2001. *Honor and Shame-Unlocking the Door*. Xlibris Corporation.

Muller, R 2004. *The Messenger, The Message & The Community—three critical Issues for the Cross-Cultural Church-Planter*. Ontario: Essence.

Musk, B 1989. *The Unseen Face of Islam—sharing the Gospel with ordinary Muslims*. London: MARC.

Musk, B 1995. *Touching the Soul of Islam—sharing the Gospel in Muslim Cultures*. Crowborough: MARC.

Musk, B 2003. *Holy War – why do some Muslims become Fundamentalists?* London: Monarch.

Musk, B 2005. *Kissing Cousins – Christians and Muslims face to face*. London: Monarch.

Nehls, G 1985. *Al-Kitab "The Book" – a Bible correspondence course for Muslims*. Wellington: Biblecor.

Nehls, G & Eric, W 2006. *Reach Out: What every Christian needs to know about Islam and Muslims*. Nairobi: Life Challenge Africa.

Nehls, G & Eric, W 2005. *Islam – Basic Aspects: Trainers Textbook 1*. Nairobi: Life Challenge Africa.

Nehls, G & Eric, W 2006. *Christian-Islamic Controversy: Trainers Textbook 2*. Nairobi: Life Challenge Africa.

Nehls, G & Eric, W 2006. *Practical-Tactical Approach: Trainers Textbook 3*. Nairobi: Life Challenge Africa.

Newbegin L, Sanneh L, Taylor J 2005. *Faith and Power – Christianity and Islam in "Secular" Britain*. Wipf & Stock Publishers.

Newman, N A 1993. *Early Christian-Muslim Dialogue: Collection of Documents (632-900 AD)*. USA: IBRI.

Nydell, M K 1996. *Understanding Arabs – a Guide for Westerners*. USA: Intercultural Press.

Parrinder, E G 1965. *Jesus in the Qur'an*. London: Sheldon Press.

Parshall, P 1985. *Beyond the Mosque – Christians within Muslim Community*. Grand Rapids: Baker.

Parshall, P 1994. *Inside the Community – Understanding Muslims through Their Traditions*. Grand Rapids: Baker House.

Parshall, P & J 2002. *Lifting the Veil – the World of Muslim Women*. USA: Gabriel.

Parsons, M 2005. *Unveiling God – Contextualizing Christology for Islamic Culture*. Passadena: Carey.

Pietzsch, H 2004. *Welcome Home*. Cape Town: Life Challenge Africa.

Riddell, P G & Cotterell P. *Islam in Conflict – past, present and future*. Leicester: IVP.

Riddell, P G 2004. *Christians and Muslims – Pressures and potential in a post-9/11 world*. London: IVP.

Robinson, S 2003. *Mosques & Miracles – Revealing Islam and God's Grace*. Australia: City Harvest.

Roy, O 2006. *Globalized Islam: The Search for a new Ummah*. Columbia: University Press.

Saal, W J 1991. *Reaching Muslims for Christ*. Chicago: Moody.

Safa Reza F. 1996. *Inside Islam – Exposing and Reaching the World of Islam*. Charisma House.

Schimmel, A 1975. *Mystical Dimensions of Islam*. Chapel Hill: University of N. Carolina.

Schlorf, S 2006. *Missiological Models in Ministry to Muslims*. Pennsylvania: Middle East Recourses.

Shorrosh Dr. Anis A. 1988. *Islam Revealed – A Christian Arab's View of Islam*. Thomas Nelson Publishers.

Siddiqui, A H 1999. *The Life of Muhammad*. Malaysia: Islamic Book Trust.

Smith, M 2004. *Through her eyes – Perspectives on life from Christian women serving in the Muslim world*. Waynesboro: Authentic.

Sookhdeo, P 2001. *A Christian's Pocket Guide to Islam*. Scotland: Christian Focus.

Sookhdeo, P 2004. *Understanding Islamic Terrorism*. London: Isaac Publishing.

Steer, M 2003. *A Christian's Pocket Guide to Islam*. Oldham: FFM.

Stoner, P W 1969. *Science Speaks*. Moody Press.

Tabataba'i, A S M H 1975. *Shi'ite Islam*. New York: State University. (Translated from the Persian and edited by Seyyed Hossein Nasr).

Tucker, J E 1993. *Arab Women, Old Boundaries & New Frontiers*. Indianapolis: University Press.

Watt, M 1953. *Muhammad at Mecca and Muhammad at Medina*. New York: Oxford University Press.

Watt, W M 1964. *Muhammad—Prophet and Statesman*. Oxford: University Press.

Watt, W M 1980. *Islamic Political Thought*. Edinburgh: University Press.

Wehr, H 1979. *A Dictionary of modern written Arabic (Arabic-English)*. Wiesbaden: Otto Harrassowitz.

Williams, J 1998. *Don't they know it's Friday? Cross-cultural considerations for business and life in the Gulf*. Dubai: Gulf Business Books.

Ye'or, B 1985. *Dhimmi: Jews and Christians under Islam*. 2nd ed. London: Ass. University Press.

Zebiri, K 1997. *Muslims and Christians Face to Face*. Oxford: One World.

Zeidan, D 2000. *The Fifth Pillar: A Spiritual Pilgrimage*. Carlisle, UK: Piquant.

Zeidan, D 2003. *Sword of Allah – Islamic Fundamentalism from an Evangelical Perspective*. Gabriel Publishing.

Zenjibari, M A 2002. *Islam and Christianity – a comparative Study*. Qum/Iran: Ansariyan.

Zwemer, S M 2006. *Raymond Lull – First Missionary to the Moslems*. Diggory Press Limited.

자료

본서는 기독교인에게 이슬람에 대하여 그리고 무슬림과 어떻게 의미깊은 대화를 시작할 수 있을까에 대한 기본적인 이해를 제공하기 위해 쓰여졌다. 더 깊은 도움과 상급의 학습을 위해서는 다음의 웹사이트를 방문하기 바란다.

· www.aymf.net (www.ask-your-muslim-friend.net)

본 웹사이트는 계속 업데이트되고 있으며 본서의 제목들에 따라 체계적인 방식으로 추가 자료들이 수록되어 있다.

위에 언급한 웹사이트에서 많은 정보를 찾겠지만 다음의 웹사이트도 방문하기 바란다.

· www.answeringislam.net

· www.wikipedia.com

인터넷 접속이 불가능하면 다음의 주소로 연락하기 바란다.

· Ask your Muslim Friend (IFI)

  P.O. Box 367

  8610 Uster 1

  Switzerland

약어표

AD	=	Anno Domini (years after Christ)
AH	=	After Hijra (The Islamic calendar starts with the year when Muhammad emigrated from Mecca to Medina, 622 AD)
b	=	born
BC	=	Before Christ
ch	=	chapter
cf	=	cross reference
d	=	died
f	=	see also the following verse
ff	=	see also the following verses
MBB	=	Muslim Background Believers (people who were Muslims and have become Christians)
MERCSA	=	Muslim Evangelism Resource Centre Southern Africa
p	=	page
pp	=	pages
v	=	verse
Vol	=	Volume
WEA	=	World Evangelical Alliance

아랍어 용어 모음

　다음에 표현되는 아랍어 단어들은 이슬람과 아랍 전통으로부터 기인하는 개념들이다. 이슬람에서의 개념들을 아랍어 문화에 대한 독특한 개념들로부터 혹은 그 언어 자체로부터 분리하는 것은 어려울 것이다. 많은 아랍어 개념들이 이슬람의 의미와 더불어 아랍의 세속적인 의미를 담고 있다. 한 예로 다아와(da'wa)의 개념을 들 수 있다. 아랍어의 복잡성 가운데 하나는 동일한 단어가 복합적 의미들을 가질 수 있다는 것이다. "이슬람"(Islam)이란 단어가 바로 그 좋은 예이다. 독자들은 아랍어가 라틴 알파벳과 정확히 동등하지 않은 문자들, 부호들 그리고 철자법 관습들과 함께 그 자체의 알파벳으로 쓰여진 것을 또한 주목해야 한다(아랍어 알파벳을 보라).
　다음의 목록은 아랍어 용어들과 숙어의 음역(transliteration)이다. 무슬림이 특정한 아랍어 단어들을 deen이나 혹은 din으로서 다르게 음역할 수 있다. 아랍어 단어들의 철자법은 영어 본문 내에서 다를 수 있다. 이 책에서 독자들이 다소간 단어들을 올바로 발음하게 하도록 음역의 체계를 선택하였다. 단어를 어떻게 발음하는지에 대한 힌트가 주어지는데 이것은 괄호 안에 표기될 것이다. 당연히 이것은 단순화한 것이다. 아랍어 소리는 영어와 똑같이 상통하지 않는다. 아랍어는 세 자음으로 구성된 어근들로부터 만들어진다. 모음들은 문장의 구성요소를 (예를 들어 형용사, 명사 등)을 만들기 위해 다른 방식으로 덧붙여진다.

용어들은 알파벳순으로 나열되었다(관사들인 al, an, ar, ash, at, az와 상관없이 말이다).

음역	아랍어	설명
'abd	عَبْد	"종: 예배자: 노예." 무슬림은 그들 스스로 알라의 종과 노예로 생각한다. 무슬림은 'Abd Allah (Servant of Allah)와 같은 이름을 가진다.
adhan (aadhaan)	آذَان	알림(announcement): mu'adhdhin에 의한 공적인 기도로의 초대
Ahl al-Kitab (Ahl al-Kitaab)	أَهْل الكِتَاب	"성경의 백성", 신적인 기원이라고 믿어지는 성경을 가지고 이슬람 이전의 유일신론적인 종교를 따르는 자들
Allah(Allaah)	الله	"하나님"에 대한 아랍어
Allahu akbar (Allaahu akbar)	الله أَكْبَر	"알라는 매우 위대하다." 이 외침은 매일의 예전적 기도를 소개하고 또한 장례식이나 동물들을 도살할 때 말해진다.
al-Ansar (al-Ansaar)	الأَنْصَار	"조력자들." 메카로부터의 히즈라 이후 메디나에서 무슬림들을 도왔던 무슬림 개종자들
arkan al-Islam (arkaan al-Islaam)	أَرْكَان الإِسْلَام	"이슬람의 기둥들"(The Pillars of Islam), 이슬람의 의무사항들: 교의, 기도, 조세, 금식, 성지순례
Ashura ('Aashooraa)	عَاشُورَاء	무하람(Muharram) 달의 10째 날. 시아파에게는 카빌라에서 후세인의 죽음을 통곡하는 날
aslama	أَسْلَمَ	항복하기, 알라에게 부복, 알라에게 굴복함
aya (aaya)	آيَة	"표징, 기적, 절" 꾸란의 6,200절 중의 하나, 기적을 가리킴
Ayatu Allah (Aayatollaah)	آيَة الله	"알라의 표징"(Sign), 시아파에서 매우 높은 영적 지도자의 호칭(아야톨라)

음역	아랍어	설명
al-Baqara	البَقَرَة	"암소장", 꾸란의 2장의 명칭
baraka	بَرَكة	"축복", 축복의 능력
al-basmala	البَسْمَلَة	"가장 인정많고 자비하신 하나님의 이름으로"란 관용표현. 꾸란의 장들 앞에 그리고 많은 행동들 앞에 사용됨
burquʻ	بُرْقُع	부르카(burka), 여성이 입는 긴 베일 혹은 장옷(드레이프)
chador(chaadoor)	شَادُور	페르시아의 "텐트", 얼굴을 제외한 몸과 머리를 가리는 검은 망토
daʻi(daaʻee)	دَاعِي	"초대하는 사람"(One who calls or invites). 이슬람선교사
Dar al-Harb (Daar al-Harb)	دَار الحَرْب	"전쟁의 집"(The House of war), 아직 이슬람 지역이나 나라가 아니어서 정복되어야 하는 곳
Dar al-Islam (Daar al-Islaam)	دَار الإِسْلام	"이슬람의 집"(The House of Islam), 이슬람이 통치하는 지역
daʻwa	دَعْوَة	이슬람에의 "초청"(call, invitation), 선교
Dervish(Derveesh)	دَرْوِيش	페르시아의 "가난한 자"(poor), 춤과 낭송을 통하여 황홀경에 빠져 알라에게 가까이 다가오려고 노력하는 이슬람의 신비주의자
dhikr	ذِكر	"기억"(remembrance), 신비주의에서 특정한 구절의 계속적인 반복에 의한 알라에 대한 기억
dhimmi(dhimmee)	ذِمِّي	이슬람을 스스로 받아들이지 않은(유대인 혹은 기독교인과 같은) 무슬림 지역의 거주자(꾸란 9:8-10). 그는 조세를 내야하고 때로는 굴욕스러운 의무를 수행함.
din (deen)	دِين	"종교", 이슬람에서 종교적 실천

음역	아랍어	설명
du'a'(du'aa')	دُعَاء	개인적 애원의 기도
fana'(fanaa')	فَنَاء	"지나감, 존재하는 것을 그침." 무슬림 수피가 알라와의 합일(union)을 위한 단계의 하나로 알라의 속성에 대해 명상을 통해 자기 부정과 알라를 깨달음
al-Fatiha (al-Faatiha)	الفَاتِحَة	꾸란의 첫 장(sura)의 이름
fatwa(fatwaa)	فَتْوَى	법적 견해, 종교적 혹은 사법상 결정
al-Fiqh	الفِقْه	이슬람법
firqa	فِرْقَة	분파들(sects), 이슬람의 무리들 (groupings)
al-Furqan (al-Furgaan)	الفُرْقَان	옳고 그름, 진실과 거짓의 기준. 때때로 꾸란은 furqan으로 묘사된다.
ghusl	غُسْل	"세정"(washing), 전신의 완전한 세정 (ablution)
hadith (hadeeth)	حَدِيث	"말한 것, 보고서." 무함마드가 행하고 지시하고 그의 면전에서 행해진 것의 보고서. 많은 관습들과 전통들의 수집들이 있다(복수형: ahadith).
hafiz (haafiz)	حَافِظ	"지켜주는 자, 관리인." 전체의 꾸란을 암송하는 무슬림
al-hajj	الحَجّ	메카로의 "성지순례"(이슬람의 다섯 번째 기둥)
hajj (haajj)	حَاجّ	"순례자." 메카 성지순례를 수행한 무슬림에게 주어지는 이름
halal (halaal)	حَلَال	의식적으로 깨끗하기 때문에 무슬림에게 허용된 것
hanif (haneef)	حَنِيف	알라를 찾는 자(Allah-seeker): 정통 신자, 알라의 유일성을 고백하는 자

음역	아랍어	설명
al-Haqq	الحَقّ	진리, 똑바른 것
harām (haraam)	حَرَام	금기(taboo): 의식적으로 불결하므로 금지된 것
haram	حَرَم	신성화되고 보호된, 금지된 장소. 큰 모스크와 이슬람하우스의 사적인 거처를 위해 사용된다.
hijab(hijaab)	حِجَاب	"덮개"(cover). 정숙과 품위를 지키기 위한 목적으로 신체 가리개
al-Hijra	الهِجْرَة	"이주, 분리." 무함마드의 그리고 그의 추종자들의 메카로부터 메디나로의 이주(주후 622년)
hur (hoor)	حُور	"Houris." 낙원에서 남자 신자들을 즐겁게 해 줄 아몬드 모양의 눈과 미세한 피부를 가진 아름다운 처녀
Iblis(Iblees)	إِبْلِيس	꾸란에서 악마의 이름
'Id al-adha ('Eed al-Ad-haa)	عيد الأضْحَى	성지순례의 달에 아브라함이 그의 아들을 기꺼이 희생하고자 하였던 것을 기념하는 "희생의 축일"
'Id al-Fitr ('Eed al-Fitr)	عيد الفِطْر	라마단 기간의 끝에 "금식을 깨뜨리는 축제일"
ijma'(ijmaa')	إِجْمَاع	법적 문제에 관한 이슬람학자들의 "합의" (consensus)
ijtihad(ijtihaad)	إِجْمَاع	"애씀"(striving). 합리적인 사고에 의해 정의를 찾음. 이슬람의 법률 제정에 새로운 발전을 가져오기 위해 적용시키는 하나의 방식
imam(imaam)	إِمَام	"지도자"(leader), 예를 들어, 모스크에서 기도를 인도하는 자
al-iman(al-eemaan)	الإِيمَان	"신앙"(belief)

음역	아랍어	설명
al-Injil(al-Injeel)	الإنجيل	"복음서"(The Gospel). 무슬림이 알라가 예수님에게 주었다고 주장하는 한 책의 이름.
in sha' Allah (in shaa' Allaah)	إن شاء الله	"알라의 뜻이라면", "희망이 있는"(hopefully)을 의미하는 감탄의 표현
iqra'	إقرأ	"읽으라! 낭송하라!"
irtidad(irtidaad)	إرتداد	이슬람으로부터의 배교(apostasy)
'Isa('Eesaa)	عيسى	꾸란에서 예수님의 이름
al-Islam(al-Islaam)	الإسلام	알라의 뜻에 "복종." 이 종교의 추종자들은 무슬림이라 불린다.
isnad(isnaad)	إسناد	하디스의 증거자들의 사슬(chain)
Jahannam	جهنم	지옥
al-Jahiliyya (al-Jaahiliyya)	الجاهلية	"무지의 시대." 무함마드 이전 아랍인들이 많은 우상들을 숭배하였을 때를 가리키는 무슬림이 말하는 시기.
al-Janna	الجنة	"동산", 낙원(Paradise)
Jibril(Jibreel)	جبريل	"가브리엘." 무함마드에게 꾸란의 계시의 중계자였던 천사 가브리엘 혹은 영(ghost)
jihad (jihaad)	جهاد	알라를 위한 "노력." 무슬림은 그들 자신의 나쁜 면들 그리고 이슬람의 보급을 위해 불신자에 대항하여 싸우는데, 이를 "성전"(holy war)이라 일컫는다.
jinn	جن	악마들, 영들, 불에서 만들어진 보이지 않는 존재들
jizya	جزية	무슬림 국가에서 유대인과 기독교인에 대한 인두세 혹은 "머리 조세"(head tax)

음역	아랍어	설명
jum'a	جُمْعَة	금요일 정오의 기도
al-Ka'ba	الكَعْبَة	"정육방체." 이슬람의 중심적인 성소(원래 아브라함이 지었다는)인 메카에 있는 입방체 건물로 검은돌(Black Stone)을 포함한다. 성지순례 때 이 돌에 입맞춘다.
kafir (kaafir)	كَافِر	"불신자." 이슬람신앙에 속하지 않는 자로 불신(kufr)의 죄를 가진 자
kalima	كَلِمَة	"말씀"(Word)
al-khalifa (al-khaleefa)	الخَلِيفَة	무함마드의 "계승자", 칼리프, 이슬람의 지도자
khilafa(khilaafa)	خِلَافَة	칼리프체제(caliphate), 칼리프의 통치 혹은 영역
khutba	خُطْبَة	모스크에서 금요일 정오 기도모임 동안 전달되는 설교
al-Kiswa	الكِسْوَة	"케이프"(The Cape). 메카의 카아바를 둘러싼 천.
kitab(kitaab)	كِتَاب	"책." 꾸란 또는 다른 "거룩한 기록"에 사용된 것에 대한 표현
kufr	كُفْر	"불신", 참람됨, 알라를 부인하는 것
Laylat al-Qadr	لَيْلَة القَدْر	"권능의 밤." 무함마드가 꾸란의 첫 계시를 받았을 때를 기리는 라마단의 끝 무렵의 축제
al-Madina (al-Madeena)	المَدِينَة	메디나; 메카에서 400 km 떨어진 도시. 무함마드의 때에 이 도시는 야트립(Yathrib, 꾸란 33:13)이라 불렀다. 오늘날 이 도시는 무슬림만이 들어갈 수 있다.
madrasa	مَدْرَسَة	"학교." 이전에는 신학적인 고등학교

음역	아랍어	설명
al-Mahdi (al-Mahdee)	المَهْدِي	"올바로 인도된 자"(The Rightly Guided) 최후의 날에 무슬림에 의해 기대되는.
Makka	مَكَّة	이슬람의 성스러운 도시 메카. 무함마드가 태어난 곳. 무슬림만이 이 도시에 들어오는 것이 허용된다.
malak(malaak)	مَلاك	"천사". 무슬림은 천사들이 빛(light)으로부터 만들어졌다고 믿는다.
manara(manaara)	مَنَارَة	미나렛: 모스크의 탑. 이 망루에서부터 기도하러 오라고 소리를 낸다.
mansukh (mansookh)	مَنْسُوخ	"파기된 어떤 것." 꾸란의 나중 계시에 의해 무효화된 꾸란의 절
masbaha	مَسْبَحَة	무슬림 기도 체인(rosary)은 99개 혹은 33개의 진주구슬로 되어있는데 알라의 99개 이름과 속성들을 낭송하는 데 사용된다.
al-Masih (al-Maseeh)	المَسِيح	"메시아": 예수님을 표시하기 위해 꾸란에서 사용되었다.
masjid	مَسْجِد	기도하는 장소: 모스크
matn	مَتْن	하디스의 상응하는 "텍스트"
mawla (mawlaa)	مَوْلَى	"Lord, mullah; mollah." 이슬람의 성직자와 학자들
mawlana (mawlaanaa)	مَوْلانَا	문자적으로 "우리의 주님, 우리의 주인." 대부분 존경받는 종교 지도자의 이름에 앞서는 호칭으로 사용된다.
mihrab (mihraab)	مِحْرَاب	기도의 방향(qibla)을 표시하는 모스크의 니치(niche)
minbar	مِنْبَر	모스크에서의 설교단
al-Mi'raj (al-Mi'raaj)	المَعْرَاج	"승천"(The Ascension). 무함마드의 야간여행(Night Journey) 동안에 일곱 개의 하늘을 여행.

아랍어 용어 모음 317

음역	아랍어	설명
al-Mizan (al-Meezaan)	الْمِيزَان	"저울눈"(The Scale). "심판의 날"(Day of Judgment)에 그의 나쁜 행동에 대하여 좋은 행동을 재는 거대한 저울눈.
mu'adhdhin	مُؤَذِّن	기도하러 오라고 부르는 자, 무에진(muezzin)
mufti (muftee)	مُفْتِي	법적 전문가, 법적 의견(fatwa)을 내도록 허용된 자
Muhammad	مُحَمَّد	"찬양받을 자." 이슬람 종교의 창설자 무함마드
mujahidin (mujaahideen)	مُجَاهِدِين	싸우는 자들. 지하드에서 싸우는 무슬림 전사들.
murtadd	مُرْتَدّ	쿠프르(kufr; 이슬람에서 불신)를 선언하는 무슬림
musalla(musallaa)	مُصَلَّى	"기도의 장소." 기도를 위해 무슬림이 사용하는 작은 깔개
mushrik	مُشْرِك	"우상숭배자." 쉬르크(shirk)의 죄를 가진 자, 예: 추가적인 신적 존재로서 알라와 다른 것들을 결부시키는 것.
Muslim	مُسْلِم	무슬림. 이슬람의 추종자. 용어 모함메단(Mohammedan)은 옛날에 사용하던 방식으로 지금은 사용하지 않는다.
mut'a	مُتْعَة	"향락"(Enjoyment). 시아의 법에서 지불과 계약으로 이뤄지는 일시적 결혼.
nabi(nabiyy)	نَبِيّ	알라로부터 영감에 의해(천사들, 영감 혹은 꿈을 통하여) 메시지를 받은 "선지자."
an-Nar(an-Naar)	النَّار	"불", 지옥불
nasikh (naasikh)	نَاسِخ	꾸란의 초기 섹션(mansukh)을 대체하는 나중의 절
al-Qadar	الْقَدَر	운명, 운명예정
qadi (qaadee)	قَاضِي	"재판관"(Judge)

음역	아랍어	설명
qibla	قِبْلَة	기도의 방향-메카를 향하여 이름지어진.
qiyas(qiyaas)	قِيَاس	대조. 추론에 의한 결론
Quraish	قُرَيْش	무함마드가 속하였던 아라비아 부족의 이름. 이 부족은 꾸란과 이슬람의 역사에서 중요한 역할을 하였다.
al-Qur'an (al-Qur'aan)	القُرْآن	"낭송, 낭독." 이슬람의 거룩한 책
ar-Rabb	الرَّبّ	"주님"(The Lord), 예: 알라(God)
rak'a	رَكْعَة	절함, 경외함, 예식적 기도에서 부복함. 복수형: ruku'(rokoo')
Ramadan (Ramadaan)	رَمَضَان	금식의 달(아홉 번째 달)
rasul(rasool)	رَسُول	"메신저, 대사, 사도." 인류에게 책을 가져오는 자(이슬람에서 모세, 다윗, 예수 그리고 무함마드)로 단순히 메시지만 가져오는 선지자(nabi)보다 더 중요하다.
ruh(rooh)	رُوح	"영혼, 영." 알라가 아담의 진흙에 불어넣은 신성한 호흡
as-salamu 'alai-kum (as-salaamu 'alaikum)	السَّلَامُ عَلَيْكُم	이슬람의 인사. 문자적으로 "평화가 당신에게 임하기를"(Peace be upon you).
salat(salaat)	صَلاة	예식적인 기도
sawm	صَوْم	라마단 달의 "금식"
ash-Shahada (ash-Shahaada)	الشَّهَادَة	무슬림의 믿음의 고백. "신(god)은 없으나 알라(Allah)만이 있으며 무함마드는 알라의 메신저이다." 이것은 이슬람의 첫째 기둥이다.
shahid (shaheed)	شَهِيد	"증거자, 순교자"

음역	아랍어	설명
shaikh	شَيْخ	"노인"(Old man). 아라비아 나라들에서 족장, 이슬람의 선생, 존경할 만한 노인
ash-Shaitan (ash-Shaitaan)	الشَّيْطَان	"사탄, 악마." 또한 이블리스(Iblis)로 알려진.
ash-Shari'a (ash-Sharee'a)	الشَّرِيعَة	"법", 이슬람의 종교법
ash-Shi'a (ash-Shee'a)	الشِّيعَة	문자적으로 "알리의 당"(the Party of Ali), 이슬람의 분파, 본래 정치적인 성격으로 갈라짐. 그들은 무함마드의 조카 알리가 첫 칼리프였다고 믿는다.
shirk	شِرْك	우상숭배: 알라와 다른 것을 결합시키는 것. 이것은 이슬람에서 용서될 수 없는 죄이다.
as-Sira(as-Seera)	السِّيرَة	무함마드의 "삶 혹은 자서전"
as-Sirat(as-Siraat)	السِّرَاط	낙원으로 인도하는 좁고 면도칼같이 예리한 다리. 오직 의로운(충성스러운) 무슬림만이 그 다리를 건널 수 있고 다른 자들은 끝없이 깊은 구렁으로 떨어질 것이다.
Sufi(Soofee)	صُوفِي	수피즘(Sufism)의 추종자들, 이슬람의 부문인 고행적 신비주의자
as-Sunna	السُّنَّة	"도로"(The Path). 관습, 전통, 생활방식, 무함마드와 그의 추종자들이 어떻게 살았는지에 관한 전통
Sunni (Sunnee)	سُنِّي	순니파, 모든 무슬림 중에 대략 85%가 순니 무슬림
Sura (Soora)	سُورَة	꾸란의 장(chapter), 총 114장
tafsir (tafseer)	تَفْسِير	"해석, 주석, 설명." 꾸란의 주해

음역	아랍어	설명
tahrif(tahreef)	تَحْرِيف	"부패, 변조, 위조." 무슬림은 성경이 부패되었으나 꾸란은 그것의 본래의 형태를 보존하고 있다고 믿는다.
takfir(takfeer)	تَكْفِير	이슬람을 떠나는 사람들에서 특별히 한 사람을 불신자(kafir)로 선언하는 것
tanzil(tanzeel)	تَنْزِيل	"계시"(계시가 가브리엘에 의해 무함마드에게 읽혀졌다는), 꾸란의 계시에 대한 무슬림의 이해
taqiyya	تَقِيَّة	"조심, 두려움, 위장" 위협이나 핍박하에 있을 때 무슬림이 그들의 믿음을 숨겨도 된다는 개념을 일컬음이다.
at-Taurat (at-Tawraat)	التَّوْرَاة	"토라" 모세오경. 무슬림은 알라가 모세오경을 계시했다고 믿는다.
Tawhid (Tawheed)	تَوْحِيد	알라가 하나라는 알라의 단일성(unity)과 유일성(uniqueness)을 고백하는 "유일신앙"
al-'ulama' (al-'ulamaa')	العُلَمَاء	"지식있는 사람들" 이슬람법과 종교의 학자들, 종교적 지식의 대표들, 무슬림 사회의 지도자들
al-umma (al-umma)	الأُمَّة	"국가." 모든 무슬림의 공동체
al-'umra (al-'umra)	العُمْرَة	작은 성지순례. 하지와 같지 않게 이것은 어느 때나 취해질 수 있는데 카아바와 그와 직결된 주변지역으로 제한된다.
wahy	وَحْي	"영감"(inspiration)
wudu' (wudoo')	وُضُوء	기도 의식 이전의 "의식적 세정"
Yathrib	يَثْرِب	무함마드 시대에 메디나의 도시가 불리어진 이름
az-Zabur (az-Zaboor)	الزَّبُور	"시편", 다윗 왕에게 계시된 책
az-zakat (az-zakaat)	الزَّكَاة	필수적인 구제를 위한 조세(이슬람의 세 번째 기둥)

음역	아랍어	설명
Zamzam	زَمْزَم	메카의 모스크 지역에 있는 성스러운 우물. 무슬림은 그것이 하갈의 우물이었다고 주장한다.

색인

색인은 전체단어를 포함하기 보다는 중요하다고 생각하여 선택한 일부 단어들로 구성되었다. 별표(*)가 따르는 단어는 앞의 아랍어 용어 모음에 설명되었다.

[ㄱ]

가잘리(Ghazzali) 126
가족(family) 140, 146, 154, 227
개종(conversion) 220, 225, 242-243, 271, 295
결혼(marriage) 41, 291, 317
계시(revelation) 38, 74, 320
계약(covenant) 86, 123, 251
고고학(archaeology) 172
고난(suffering) 26, 172, 282
고넬료(Cornelius) 192-193, 219
관대(hospitality) 113, 115, 146
관습(customs) 146, 151, 224, 295
교회(church) 35, 261, 286
구원(salvation) 222, 232, 240, 243

금식(fasting) 86, 108, 110, 204-205, 269, 282, 297
기도(prayer) 106, 110, 113, 192, 201, 310
기독교(Christianity) 25, 33, 63-64, 196
기독교인(Christians) 22, 58, 61, 201
기적(miracles) 74, 173, 213
꾸라이쉬(Quraish*) 32, 37, 45, 318
꾸란(Qur'an*) 174, 201, 236
끼야스(Qiyas*) 95-96, 318

[ㄴ]

나이지리아(Nigeria) 63, 286
낙원(paradise) 74, 89, 104

남아프리카공화국(South Africa) 7, 9, 63-64

[ㄷ]

다신 숭배(polytheism) 124
다아와(daʻwa*) 114, 309
다윗(David) 74, 103, 167
동정녀(virgin) 171, 178, 245
드루즈(Druze) 133-135
딤미(dhimmi*) 44-45

[ㄹ]

라마단(Ramadan*) 158-160, 204, 207
라카아(rakʻa*) 106, 205
라틴아메리카(Latin America) 70
러시아(Russia) 50, 66, 175
레바논(Lebanon) 67-70, 96

[ㅁ]

마리아(Mary) 34, 74, 78
마술(magic) 146
말리키(Malikites) 96
맘루크(Mamluk) 제국 51-52
메디나(Medina*) 313, 315, 320
메시아(Messiah*) 257, 301, 316
메카(Mecca*) 234, 255, 310
모로코(Morocco) 54, 63

모스크(mosque) 235, 265, 294
몽골인(mongols) 50-51
무슬림 축일(ʻId al-Fitr*) 298, 313
무아타질라파(Muʻtazilites) 123
무에진(muezzin) 107
문화(culture) 31, 53, 65-66
미국(U.S.A.) 67-69, 143, 289
미나렛(minaret) 316
미르자 굴람 아흐마드(Mirza Ghulam Ahmad) 131
민속이슬람(Popular Islam) 145-146, 204, 206
민속종교(folk religion) 56
민주주의(democracy) 228, 281-282, 292
믿음(iman) 101, 313

[ㅂ]

바나바서(gospel of Barnabas) 209, 211, 216
바라카(baraka*) 127, 311ㅌㅌ
바하이(Baháʼí) 57, 135-138
반대(objections) 81, 139
배교(apostasy) 116, 314
법(Law) 116, 122, 317, 319
베두인(Bedouin) 32
복음(gospel) 163, 169, 187
부카리(Bukhari) 85-86, 89-90, 178
북아프리카(North Africa) 49, 51, 54, 62
분파(Sects) 65, 72, 121

불교(Buddhism) 126-127, 225
비유(parables) 74, 127
비잔틴(Byzantine) 30, 46, 50, 53

[ㅅ]

사당(shrine) 128, 146
사랑(love) 21, 88, 115
사우디아라비아(Saudi Arabia) 119, 124
싸움(sawm*) 108, 318
사탄의 구절들(Satanic Verses) 79, 81
사파비드 황제(Safavid Empire) 51
쌀라트(salat*) 106, 202, 318
살만 러쉬디(Salman Rushdie) 81
삼위일체(Trinity) 34, 193-194
상황화(contextualization) 221, 294-295
샤리아(Shari'a*) 51, 93
샤피(Shafi'ites) 96
샤하다(Shahada*) 114
선교사(missionary) 114, 130, 205
선지자(prophet) 131-132, 134, 137, 166, 169
성경(Bible) 167, 206, 295, 320
성령(Holy Spirit) 25, 168, 179
성지순례(pilgrimage) 310, 312-313, 315, 320
세이드 쿠틉(Sayyid Qutb) 143
수단(Sudan) 63, 69, 98, 154
수도사(Dervish*) 59, 128
수도승(monk) 35

수피(Sufi*) 129, 148, 312
순교(Martyrdom) 47, 123, 134, 141
순나(Sunna*) 83-84, 95, 143
순니(Sunni*) 124, 126-127, 143, 148
쉬르크(shirk*) 35, 124
스페인(Spain) 49, 210
시리아(Syria) 52, 68, 73
시아(Shi'a*) 81, 90, 96
식민주의(colonialism) 54, 64, 139
신비주의(Mysticism) 126, 148, 300
신정정치(theocracy) 119, 228, 281-282
실례(illustrations) 125, 146, 288
심판(judgment) 166, 178, 192, 195
십자가형(crucifixion) 183-184, 186, 256
십자군(crusades) 50, 221, 235, 295

[ㅇ]

아다트(Adat) 법 99
아담(Adam) 29, 74, 318
아라비아반도(Arabian Peninsula) 29, 74
아바스 왕조(Abbasid) 50-51
아부 바크르(Abu Bakr) 47, 128
아브라함(Abraham) 44, 59, 74, 78
아슈라('Ashura*) 134, 159
아시아(Asia) 30, 58, 217-218
아야톨라 호메이니(Ayatollah Khomeini) 55, 69, 81
아타터크(Ataturk) 54, 140, 142
아프가니스탄(Afghanistan) 53, 59-60

아프리카(Africa) 62, 69-70, 96
아흐마디야(Ahmadiyya) 65, 104, 131-132
알라(Allah*) 176, 178, 180, 187, 246
알리(Ali) 41, 92, 319
어린이들(children) 108, 240, 241
여러 종파들(schisms) 122
여성(women) 27, 65, 78
연민(compassion) 205
영국(Great Britain) 225, 227, 261
예루살렘(Jerusalem) 33, 44, 74
예멘(Yemen) 31, 96
예수(Jesus) 34, 64, 76, 132
예언(prophecy) 132, 171, 182, 186
오스만 황제(Ottoman Empire) 51
와하비(Wahhabis) 52, 123, 130
용서(forgiveness) 166, 168, 178, 188, 189
우마르(Umar) 30, 47, 59
우상(idols) 75, 143, 182
우정(friendship) 222, 229, 236
우트만(Uthman) 48, 76, 86
운명예정(Qadar) 104
움마(umma*) 132, 247, 269
움마야드(Umayyad) 49-50
원리주의(fundamentalism) 283, 287
월력(calendar) 43
위기(crisis) 66, 225, 273, 275, 287
유대교(Judaism) 30, 33, 57
유대인(Jews) 72, 74, 90, 103
유럽(Europe) 130, 185, 244, 272
융합(integration) 151

음모(conspiracy) 289
이끄라(iqra*) 41, 314
이라크(Iraq) 31, 60, 69
이란(Iran) 69, 80, 81, 138
이맘(imam*) 96, 202, 283, 293
이삭(Issac) 179, 254, 260
이스라엘(Israel) 58, 68, 69, 121
이스마엘(Ishmael) 44, 109, 256, 259
이슬람주의(Islamism) 59, 97, 139, 140
이슬람의 구역(Dar al-Islam*) 112, 311
이야기(stories) 166, 179, 188
이즈마(ijma*) 95, 145
이집트(Egypt) 225, 261, 289
이혼(divorce) 86, 98, 300
인도(India) 53, 60, 96, 130
인도네시아(Indonesia) 55-56, 60, 96, 286
인질(Injil*) 169-170, 314
인터넷(internet) 61, 299, 300
일부다처제(polygamy) 98, 135, 154

[ㅈ]

자부르(Zabur*) 103, 320
자유의지(free will) 104, 123, 125, 206
자카트(zakat*) 108, 320
전쟁의 구역(Dar al-Harb*) 112, 311
전통(traditions) 29, 34, 39
정령숭배자(animists) 32
정통(orthodox) 67, 77, 103, 105
제자훈련(discipleship) 271, 277

존경(honour) 40, 127, 134
중국(China) 30, 56, 60
중동(Middle East) 54, 58, 61, 68, 70
증거(witness) 85, 87
지브리일(Jibril/Gabriel) 74, 212
지옥(hell) 74, 78, 89, 104
지하드(jihad*) 110-111, 120, 132, 283
진실(truth) 163, 172

[ㅊ]

창조(creation) 78, 89, 102, 188
천국(heaven) 89, 138, 245, 249, 267
천사(angels) 102, 258, 316
축제(feasts) 27, 123, 134, 157

[ㅋ]

카쉬미르(Kashmir) 60, 131, 185
카아바(Ka'ba*) 74, 109, 315
칼리마(kalima*) 106, 315
칼리프(caliph) 30, 46, 315
캐나다(Canada) 69
코끼리(elephant) 36-39
쿠르드(Kurds) 60, 69
쿠프르(kufr*) 35, 146, 197, 315

[ㅌ]

타블리히(Tablighi) 129-130
타우휘드(Tawhid*) 102, 125, 133
탈리반(Taliban) 59
태도(attitude) 24, 44, 154
태평양(Pacific) 67, 68
터키(Turkey) 96, 98, 128, 140, 142
테러리스트(terrorist) 143, 149, 284
토라(Taurat*) 320
튀니지(Tunisia) 54, 63, 100, 119

[ㅍ]

파기(abrogation) 78, 142, 316
파키스탄(Pakistan) 53, 60, 66, 68, 69
파티마(Fatima) 91, 122
팔레스타인(Palestine) 50, 58, 68
평화(peace) 72, 101, 112-113, 119
폭력(violence) 113, 142, 228
필리핀(Philippines) 58, 61
핍박(persecution) 242, 271-272, 276, 320

[ㅎ]

하나님(God) 26, 30, 33, 34, 135, 164-165
하나님의 아들(Son of God) 166, 168, 180, 181
하나피(Hanafites) 96

하디스(hadith*) 84, 86, 111, 206
하디자(Khadija) 41-42
하람(haram*) 161-162
하리즈파(Kharijites) 123-124
하산 알 바나(Al-Banna, Hassan) 142
한발리(hanbali) 124
한발리(Hanbalites) 96
할랄(halal*) 161, 231, 297, 312
핫지(hajj*) 109, 160
협정(treaty) 45, 58
히즈라(Hijra*) 119, 157-158, 310, 313
힌두교(Hinduism) 56-57, 60, 126

무슬림 전도학개론

ASK YOUR MUSLIM FRIEND

2011년 5월 6일 초판 발행
2012년 9월 20일 초판 2쇄 발행

지은이 | 안드리아스 마우러

옮긴이 | 이승준·전병희

펴낸곳 | 사)기독교문서선교회
등록 | 제16-25호(1980. 1. 18)
주소 | 서울시 서초구 방배동 983-2
전화 | 02) 586-8761~3(본사)   031) 923-8762~3(영업부)
팩스 | 02) 523-0131(본사)   031) 923-8761(영업부)
홈페이지 | www.clcbook.com
이메일 | clckor@gmail.com
온라인 | 국민은행 043-01-0379-646, 기업은행 073-000308-04-020
　　　　　예금주: 사)기독교문서선교회

ISBN 978-89-341-0945-7 (93230)

* 낙장·파본은 교환해 드립니다.